U0925713

巴尔干玫瑰

保加利亚简史

[保加利亚] 伊万·伊尔切夫◎著
张国琨　张炜伦◎译

WA 世界知识出版社

图书在版编目（CIP）数据

巴尔干玫瑰：保加利亚简史 /（保）伊万·伊尔切夫著；张国琨，张炜伦译．--北京：世界知识出版社，2024.6

ISBN 978-7-5012-6760-6

Ⅰ.①巴… Ⅱ.①伊… ②张… ③张… Ⅲ.①保加利亚—历史 Ⅳ.①K544

中国国家版本馆 CIP 数据核字（2024）第 038203 号

图字：01-2023-5570 号

责任编辑　狄安略
特邀编辑　华子然
责任出版　赵　玥
责任校对　张　琨

书　　名　巴尔干玫瑰：保加利亚简史
　　　　　Baergan Meigui：Baojialiya Jianshi

作　　者　［保加利亚］伊万·伊尔切夫
译　　者　张国琨　张炜伦

地址邮编　北京市东城区干面胡同 51 号（100010）
网　　址　www.ishizhi.cn
电　　话　010-65233645（市场部）
经　　销　新华书店
印　　刷　北京虎彩文化传播有限公司
开　　本　710 毫米×1000 毫米　1/16　17⅝印张
字　　数　257 千字
版次印次　2024 年 6 月第一版　2024 年 6 月第一次印刷
书　　号　ISBN 978-7-5012-6760-6
定　　价　78.00 元

“巴尔干研究译丛”总序

在世界历史的长河中，“巴尔干”并非生僻的词汇，它始终指向那个笼罩着神秘色彩、多民族共生的山地半岛——被称为“欧洲火药桶”、充满了矛盾和纷争的多事之地。20世纪以来，巴尔干的民族主义冲击了帝国的专制统治，引发了世界格局的巨变，奏响了一曲曲民族纷争的悲歌，其间的血雨腥风一直被世人关注，由此衍生出的巴尔干研究更是国际学术界重点探讨的领域之一。然而，限于语言障碍等种种原因，我国巴尔干研究的历史积淀并不深厚，对其历史与现实纠葛的理解也难称真切。

众所周知，在全球化时代，语言文字的多样性是跨文化交流的首要障碍。不同文明间的交流互鉴首先要过语言关，不突破语言文字的屏障就谈不上真正的文化交流。在这个大背景下，如果把语言文字看作封闭不同文明的院墙，那么翻译就是开启不同文明之门的钥匙。客观地讲，翻译，特别是学术翻译在传递信息、启发民智、解放思想、推动学术研究、促进中外文化交流方面功不可没。虽然现在已经有相当多的学者可以通过直接阅读外文文献开展研究，但相对于世界上众多民族国家及其多样的语言文字来说，个人掌握的语种通常都很有限。因此，对于绝大多数研究者而言，翻译和阅读学术译著至今仍是他们保持与国际学术界思想交流互动的重要手段：前者是了解世界、追踪学术前沿、对话国际同行的最直接、最有效的方式；后者则是突破语言壁垒，通往多元文化世界的必由之路，也是学习了解不同国家历史文化的最经济、最便捷的途径。

事实上，自近代以来，中国的发展与翻译国外著作一直相伴而行。中国知识分子“睁眼看世界”首先是从翻译外国的著作开始的：魏源编写的《海国图志》首开翻译借鉴外国资料的先河。其后，中国知识界从未停止翻译引进国外的学术著作和优秀文化成果。例如，1897 年创立的商务印书馆从一开始就以“昌明教育、开启民智”为宗旨，重视翻译引进国外优秀的学术著作，历时百余年不辍。其赫赫有名的“汉译世界学术名著丛书”系列自 1982 年开始出版，截至 2019 年 4 月，已推出 17 辑 750 种单行本。该套丛书按广义的学科分为哲学、政治・法律・社会学、历史・地理学、经济学、语言学五类，分别用橘、绿、黄、蓝、赭五色标识，是我国现代出版史上规模最大、最为重要的学术丛书。通过翻译和阅读这些世界学术名著，一代又一代的中国学者开始了解世界、研究世界。再如，20 世纪 70 年代，全国 17 家出版社联合翻译世界各国历史的著作，在 1972—1978 年共翻译了 171 种国别史。这套书覆盖全球各个国家，甚至包括文莱①、斐济②、马耳他③等名不见经传的小国。当时的巴尔干半岛诸国，如南斯拉夫④、保加利亚⑤、罗马尼亚⑥、匈牙利⑦、阿尔巴尼亚⑧、希腊⑨等尽在其中。与该套国别史同期出版的还有一套国别地理系列，到 1978 年共翻译了

---

① ［苏］拉・维・叶法诺娃：《文莱：历史、经济和现状》，中山大学东南亚史研究室译，北京：商务印书馆，1978 年。

② ［美］J. W. 库尔特：《斐济现代史》，吴江霖、陈一百译，广州：广东人民出版社，1976 年。

③ ［英］布赖恩・布洛伊特：《马耳他简史》，黑龙江大学英语系翻译组译，哈尔滨：黑龙江人民出版社，1975 年。

④ ［英］斯蒂芬・克里索德主编，亨・克・达比等著：《南斯拉夫简史：从古代到 1966 年》，黑龙江大学英语系翻译组译，哈尔滨：黑龙江人民出版社，1976 年。

⑤ ［保］科谢夫、赫里斯托夫、安格洛夫：《保加利亚简史》，黑龙江大学英语系翻译组译，哈尔滨：黑龙江人民出版社，1974 年。

⑥ ［苏］弗・恩・维诺格拉多夫、叶・德・卡尔佩辛科等：《罗马尼亚近现代史》，中国科学院世界历史研究所翻译组译，北京：商务印书馆，1974 年。

⑦ ［苏］伊斯莱梁、涅仁斯基：《匈牙利现代史》，黑龙江大学俄语系翻译组译，哈尔滨：黑龙江人民出版社，1972 年。

⑧ ［阿尔巴尼亚］克里斯托・弗拉舍里：《阿尔巴尼亚史纲》，樊集译，北京：生活・读书・新知三联书店，1972 年。

⑨ ［英］休特利、达比、克劳利、伍德豪斯：《希腊简史：从古代到 1964 年》，中国科学院世界历史研究所翻译小组译，北京：商务印书馆，1974 年。

72 种。现在看来，这批史地译丛堪称我国国别区域研究的开端，只因其由多家出版社参与，没有统一的丛书冠名，故给人的整体印象不深。

进入 21 世纪，随着国力和国际影响力的不断上升，中国与世界的联系也越来越密切，走出国门旅游、求学、经商、访问的中国人越来越多，了解世界的需求呈现暴涨态势。在此期间，各大出版社对译介国外学术成果越来越重视，翻译著作难以计数，各种译丛更是如雨后春笋，层出不穷。比如广西师范大学出版社与学林出版社推出的“理想国译丛”，中信出版集团的“见识丛书”“新思文库”，社会科学文献出版社的“甲骨文丛书”，等等，都是近年来比较有影响的翻译系列。而随着 2013 年“一带一路”倡议的提出，国人对“一带一路”共建国家历史文化的了解诉求也倍增。以往少人问津的有关巴尔干的译著也开始问世，如《巴尔干两千年：穿越历史的幽灵》①《巴尔干五百年：从拜占庭帝国灭亡到 21 世纪》② 和《黑羊与灰鹰：巴尔干六百年》③ 等。但总体上讲，目前关于巴尔干地区国家历史文化作品的译介数量不多，特别是严谨的学术著作更少，无法满足学术界加强巴尔干研究的需要。在这种背景下，为更好地推动国内的巴尔干研究，首都师范大学文明区划研究中心与世界知识出版社合作，共同策划推出这套“巴尔干研究译丛”。

本丛书计划首批翻译出版十部在国际学术界有重要影响的巴尔干研究力作。其中包括美国著名巴尔干学者玛莉亚·托多洛娃的《想象巴尔干》④、保加利亚学者伊万·伊尔切夫的《巴尔干玫瑰：保加利亚简史》⑤、塞尔维亚学者斯维托扎尔·拉雅克和希腊学者康斯坦蒂娜·E. 博西乌等共

---

① ［美］罗伯特·D. 卡普兰：《巴尔干两千年：穿越历史的幽灵》，赵秀福译，北京：北京大学出版社，2018 年。

② ［英］马克·马佐尔：《巴尔干五百年：从拜占庭帝国灭亡到 21 世纪》，刘会梁译，北京：中信出版社，2017 年。

③ ［英］丽贝卡·韦斯特：《黑羊与灰鹰：巴尔干六百年》，向洪全、夏娟、陈丹杰译，北京：中信出版社，2019 年。

④ Maria Todorova, *Imaging the Balkans*, New York: Oxford University Press, 1997.

⑤ Ivan Ilchev, *The Rose of the Balkans: A Short History of Bulgaria*, Translated from the Bulgarian by Bistra Roushkova, Sofia: Colibri, 2005.

同主编的《巴尔干冷战史》①、挪威学者塞布丽娜·P. 拉梅特的《三个南斯拉夫：国家建构和合法化》② 等。这些著作都是经国内外一流的巴尔干学者认真推荐、极具代表性的学术佳作。它们的翻译出版对于我国学者开阔视野、追踪前沿、深化巴尔干研究都有重要的意义。

总之，我们希望通过翻译出版"巴尔干研究译丛"，持续不断地引进国际学者有影响的代表性著作，向国内有志于巴尔干研究的学者，特别是青年学者提供一批高水平的权威读本，帮助他们博观约取，后来居上，为提升我国巴尔干研究的水平贡献力量。

仅此初衷，聊表为序。

梁占军

2020年3月8日

---

① Svetozar Rajak, Konstantina E. Botsiou, Eirini Karamouzi, Evanthis Hatzivassiliou, eds., *The Balkans in the Cold War*, London: Palgrave Macmillan, 2017.

② Sabrina P. Ramet, *The Three Yugoslavias: State-Building and Legitimation, 1918-2005*, Bloomington and Indianapolis: Indiana University Press, 2006.

中文版序言

保加利亚与中国的关系相对于两国悠久的历史而言，可以说是起步比较晚的。诚然，在过去的几年中，一些历史学家相当谨慎地暗示，保加利亚人的先辈可能曾在靠近中国西部边界的地区创建了他们最早一批具有国家特征的机构。在这一时期，大草原发挥的作用与海洋后来的作用相当。早期保加利亚人可能曾经参与了游牧民族对古代中国那些富庶王国的袭击，不过这一点无法得到确证。

在中世纪，丝绸之路经过了巴尔干半岛上保加利亚的南部边界。商人和传教士更青睐君士坦丁堡，他们从那里踏上东去之路，途经高加索地区，穿越中亚，最终抵达中国。取道保加利亚的路线被他们视为极其艰险之途，因为在这条路上他们将不得不穿越大草原，面临各个好战部落的威胁。此外，保加利亚并不是一个有利可图的市场——在那里可出售的货物不多，可购买的货物则更少。海上商路通常也不青睐黑海——威尼斯商人更愿意经过叙利亚、波斯湾和阿拉伯海航行至中国南部。

然而，这未必意味着保加利亚人——或者至少他们当中最富有者——对中国出口的商品一无所知；他们至少了解一部分中国商品。拥有一件丝绸服装无疑是特权的标志。问题是，我们并不知道保加利亚沙皇和高层贵族的画像中那些丝绸服装是产于中国还是更邻近的拜占庭帝国（在史料中有一些不甚清晰的迹象显示，从10世纪开始，保加利亚也出产丝绸）。考古学家最终得出结论，近年来已发现许多物品毫无疑问是产于中国的。例如，在黑海之滨的卡利亚克拉（Kaliakra）要塞遗址发掘出了一个美丽的白软玉护身符，产于中国的元代。它究竟是如何抵达此地，至今依然众说纷纭。如果说在这一时期两国之间存在着贸易关系，似乎并不可信。在15世纪，奥斯曼土耳其人征服了巴尔干半岛，于是所有关于中国的消息湮灭了数个世纪。不过，有一些很不寻常的现象难以进行解释。1806年，东罗多彼山区的村庄多尔诺·卢科沃（Dolno Lukovo）修建了一座石质教堂。在教堂的壁画《最后的审判》中，一些罪人戴着当时中国苦力典型的三角帽，并有着明显的中国人的面部特征。画家在何处见过中国人，这并不清楚。我们能想到的最接近此处的地方，是伊斯坦布尔和塞萨洛尼基（Thessaloniki）这样的大港口。

1878年保加利亚解放之后，保加利亚社会对中国的兴趣增加了一些，但依然兴趣不大。我们必须牢记，关于中国的重大事件（包括起义、与列强的冲突等）的消息无一例外都是片面的——从来都没有真正来源于中国的消息出现在保加利亚报纸上。这些报纸只发表西方驻中国记者的报道和分析。尽管如此，保加利亚人由于刚刚沦为欧洲列强利己主义的牺牲者而对其他牺牲者表示同情，尤其是在中日冲突中，并且十分理解中国对“门户开放政策”的反对，因为这一政策实际上意味着将本国划分为若干势力范围。

在这一时期，保加利亚人获得了更多机会了解中国文学。1896年，保加利亚第一次出版了一位古代中国作家的著作《阿拉丁：一位青年术士的经历》（*Aladjan: The Life of a Young Magician*）。中国的短篇小说、童话和诗歌也发表在保加利亚的各类杂志上。

20世纪30年代，保加利亚人格奥尔基·季米特洛夫成为共产国际的总书记。中国共产党的发展被认为是他工作的一部分。他必须组织援助工作，为中国共产党反抗日本侵略者和国民党军队的斗争提供武器和军事顾问。一些保加利亚人还在人民解放军当中担任了军事顾问。一个不寻常的事实是，格奥尔基·季米特洛夫收养了曾担任过中国共产党主要领导人的王明的女儿。

在官方层面，1941 年，保加利亚与德国和日本签订了协议，因而盲目地跟从了日本在远东的政策。保加利亚承认了伪满洲国，并任命保加利亚驻东京全权大使为本国驻“新京”（伪满洲国时期长春市的名称）的代表。

1944 年，情况发生了彻底的转变，保加利亚成为苏联阵营中的一员。1949 年，保加利亚在全世界所有国家当中第二个正式承认中华人民共和国，并且到中苏关系破裂为止，保中两国关系的发展一直卓有成效。尤其令人印象深刻的是两国文化关系的发展。数十部中国长篇小说、短篇小说集和童话集在保加利亚出版。我记得十岁的时候，施耐庵的小说《水浒传》是我最喜欢的书籍之一（顺便一提的是，它翻译自俄文版，但后来又出版了直接译自中文版的新译本）。1954 年，索非亚大学开始教授中文，中文逐渐发展为一个本科专业，之后又发展为硕士专业。如今，索非亚大学每年都有一些学生获得中国研究方面的博士学位，并且我校与中国签订了一项联合培养硕士的协议。2007 年，孔子学院在索非亚大学创建。索非亚大学的孔子学院被孔子学院总部（中国教育部中外语言交流合作中心）指定为全世界第一批 14 所示范孔子学院之一，也是中东欧的第一所示范孔子学院。2014 年，索菲亚大学自豪地为诺贝尔奖得主莫言授予了荣誉博士学位。

我们为诸位读者献上的这本书是两国相互了解进程中继续迈出的一小步。希望你们阅读愉快。

伊万·伊尔切夫

目　录

第一章

保加利亚人的土地

保加利亚人生活的这片土地是欧洲历史上最早有人定居的地区之一，因为这里是世界上气候最先好转的几个地方之一。随着冰川向北退去，旧石器时期最早的人群也迁移至此，定居在荒凉的山谷之中。他们猎杀野生动物、捕鱼，并采集果实和可食用的块茎以维持生存。

这些久远时代的考古发现散布于欧洲的整个地中海沿岸地区，保加利亚地区自然也不例外。人们在很多地方发现了远古人类定居的遗迹，这些遗迹分布在河谷和黑海岸边众多的洞穴中，尤其是多瑙河流域的湖泊沿岸和滨海地带。这些地方的生活条件最适合简朴而艰辛的生活方式。保加利亚这些逝去已久的先民留存至今的遗迹很少。这些遗迹可能是一块石头，只有训练有素的考古学家才能识别出人工切割的痕迹；或者可能是一颗穿孔的洞熊牙齿，这颗牙齿可能曾经被当作护身符佩戴。

还有更多的考古发现可以追溯到新石器时代（Neolithic）和铜石并用时代（Aeneolithic）。在巴尔干山脉和罗多彼山脉（the Rhodopes）的洞穴中，甚至就在露天的洞穴中，能够挖掘到诸如斧、锄、刮皮器、骨针、刀之类的石器。在燃烧上百年的火堆留下的灰烬中，我们发现了前人宴席的遗迹——猛犸象、野牛、鹿的骨头以及谷物——这有助于我们想象他们相当简朴的菜单。破碎的洞熊颅骨证明他们曾与这些敌人搏斗，陶器碎片使我们能够复原最早的家用陶罐的形象，而遗留的岩画则使我们能够推测精神追求的诞生时间。

巴尔干地区北部和中部相对宜人的气候使生产稳步发展，随之也促进了人们对艺术的追求。从那时开始到积累物质财富欲望的产生和发展，只有一步之遥，尽管这一步经过了上千年。历史学家们近年来已开始将巴尔干半岛放在与美索不达米亚、埃及、安纳托利亚和东地中海地区同等的地位上考虑，将其作为最早见证真正文明诞生的中心之一。如今在保加利亚地区能够发现数百个当时的定居点土丘，有些相当小。在其他地方，人们持续定居了好几个世纪，在原先废弃的小屋之上又建起新的小屋，并堆积废弃物，导致定居点的地基逐渐升高。如今这些定居点的遗迹明显高于周围的平原。在旧扎戈拉（Stara Zagora）地区，人们发现了一些欧洲最古老的采矿遗迹，一口27米深的竖井使采矿者能够到达储量更丰富的铜矿层。

巴尔干地区是通向欧洲的门户，在整个人类历史上，很多迁徙者都曾从这里经过。他们有的来自北部，有的来自东部或南部。很多不同的族群（目前我们对这些族群知之甚少）定居在巴尔干半岛东部和中部之后，古代色雷斯民族（Thracian nation）从青铜时代的某个时间点开始逐渐形成。色雷斯人究竟是来自巴尔干东北的移民，还是当地的土著居民，到今天为止依然是个谜。

事实上，真正意义上的色雷斯民族并不存在，在公元前12世纪左右也并无任何希腊民族（Hellenic nation）存在的可能。色雷斯人形成了无数部落，居住在北至喀尔巴阡山脉、南至爱琴海的地区，其中一些部落跨越了达达尼尔海峡，定居在小亚细亚。这些部落有时和平相处，有时卷入矛盾冲突之中。我们对色雷斯人的认识相当有限而片面。他们并未努力创造自己的书写文字，尽管一些色雷斯手工制品［例如来自艾泽罗沃（Ezerovo）的金戒指］上有以希腊字母拼写的色雷斯语铭文，数十年来历史学家一直努力欲将其破译，却鲜有进展。后来色雷斯人使用希腊字母表，通常只记录一些简短的捐赠铭文。他们既没有书写的故事，也没有传奇，我们对他们的认识主要来自他们的南方邻居希腊人。然而，希腊人所作的描述并不准确客观：一方面，他们知道的不多，因为他们对色雷斯中心地区并不是特别感兴趣；另一方面，他们并不总是支持色雷斯人，因为双方经常交战。此外，双方的思维方式是不一样的，希腊人常常将色雷斯人习以为常的一些事物看作怪事并加以奚落嘲讽。

在公元前8—前6世纪，希腊人发现自己与色雷斯人已经成为近邻。那时，人口过剩的希腊城邦开始将一些更贫困和更具开拓精神的公民送至遥远的地方以寻求更好的生活和幸福。爱琴海和黑海沿岸希腊殖民地的数量逐渐增加，城市诞生了。其中一些城市，诸如瓦尔纳（Varna）、默森布里亚（Messembria）、索佐波尔（Sozopol）、波摩莱（Pomorie）和阿赫托波尔（Ahtopol）今日犹在，这些城市每年夏季都充满着成千上万名游客的声音，他们来此寻访温暖的海滩和美丽的古代遗迹。这些城市都没有达到西西里的锡拉库扎（Syracuse）、法国南部的马萨利亚［Massalia，即后来的马赛（Marseilles）］和意大利南部的锡巴里斯（Sybaris）等殖民地那样的重要地位，但它们大大推动了希腊人和色雷斯人之间的相互影响。

希腊人对色雷斯人的印象相当深，因为色雷斯人拥有广阔的土地和众多部落。根据希罗多德的记载，色雷斯的人口数量在全世界仅次于印度，超过其他任何一个国家。他们以善于饲养马匹而闻名：实际上，荷马史诗《伊利亚特》中就有一处叙述了色雷斯国王瑞索斯（Rhesus）的马匹被盗事件，他本来是来协助盟友特洛伊人的。色雷斯人的葡萄酒也得到了高度评价；色雷斯坟墓的壁画描绘了这样一些宴席，发酵的葡萄汁在席上四处流淌。在古代，一些最大的银矿坐落于色雷斯南部。除此之外，色雷斯人以农耕为主，尽管他们没有达到希腊人的文明程度，但也并未远远落后。

希腊与色雷斯最根本的区别在于色雷斯人没有城邦（polis）——城市（city）或共同体国家（communal state）。从希腊的意义上来说，这种类型的社会结构在色雷斯人的土地上并不存在。色雷斯人通常生活在小村庄里，居住在平房中，房子带有大园子用于饲养家畜。他们的家具很简单。他们在山里修筑防御工事，当需要时他们就会藏身于其中。色雷斯人的社会组织也低于希腊人的水平，他们长期生活在部落或不稳定的部落联盟之中。色雷斯人确实有一个贵族阶层，希腊人就按照自己的习俗将他们的部落首领称为国王，不过这些首领的地位其实远不如国王。按照色雷斯人的习俗，他们的贵族阶层兴起于战争与劫掠之中。他们的主要娱乐是狩猎。

直到大约公元前5世纪，色雷斯才出现第一批国家联盟，其中最强盛的王国是一个相当大的部落——奥德里西亚（Odrysae）。在希腊文化的影响下，奥德里西亚人成功地创建了一个相对稳定的国家结构，在其全盛时期曾覆盖半岛的整个中部地区。在希腊城邦战争中，奥德里西亚人是重要的盟友，也是危险的敌人，他们可以成功地使军事局势的天平从一边向另一边倾斜。就在这一时期出现了第一批城市类型的定居点，例如修托波利斯（Seuthopolis），它如今埋藏在一个水库的水底。希腊人在社会关系、农业、建筑和经济等方面影响了他们的邻居色雷斯人。

色雷斯人被认为是非常优秀的战士、受欢迎的雇佣兵。他们既能做步兵又能做骑兵，能够使用特殊的武器，包括轻盾牌、短矛和短剑，这种短剑形状特殊，被称为“色雷斯剑”。据希腊人称，在奥德里西亚国王西塔尔克斯（Sitalkes）的一次进军当中，他在自己的旗帜下会集了10万名战士。

希腊人厌恶色雷斯人对妇女的态度。虽然希腊妇女并未在城邦中享有绝对平等，但她们的地位要比在色雷斯高得多。在色雷斯，丈夫只是将妻子从她父母手中买过来，然后将她当作一个奴隶，其价值只在于做最卑贱的农活。

如今，只要有人穿越保加利亚南部，就会看到地平线上不远处的群山轮廓。然而，只有在靠近观察时，人们才会发现是许多大大小小的土丘打破了平原的轮廓。这些土丘很少有自然形成的，大部分都是人类活动的结果，它们就是色雷斯贵族的埋葬之处。贫穷卑微的色雷斯人埋葬在更加简朴的坟墓里，贵族的长眠之处则由数千吨堆积的泥土守卫。一些坟墓简朴而庄严，另一些则饰以精致的石工，还有一些坟墓的墙上有五彩缤纷的饰带，上面会描绘古代贵族宴席的盛况，或者展现赞颂死者生前功绩的画面。保加利亚是欧洲拥有定居点和坟墓土丘数量最多的地区之一，有些人统计为7个，另一些人则统计为1万个——这是名副其实的考古学家之梦，当然，也是盗墓挖宝人之梦。

希腊人的影响能够在大部分色雷斯文化的物质遗迹中发现，不过这种影响并不是单方面的。反过来，正是通过双方的精神文化，或者更确切地说是通过双方不同的世界观，色雷斯人也影响了他们的邻居。给希腊人印象最深的是，色雷斯人是多么乐于享受、宴饮无度。希腊思想家饶有兴致地分析色雷斯人的世界观和宗教信仰。色雷斯人跟希腊人一样都是多神崇拜者，他们的神灵包括萨巴兹乌斯（Sabazios）和本狄斯（Bendis）。色雷斯贵族的宗教称为俄耳甫斯教（Orphism），它是围绕半神话人物、歌者和诗人俄耳甫斯（Orpheus）发展起来的，其深奥晦涩的特性给希腊人留下了深刻印象。俄耳甫斯教团体仅接纳那些学习和举行神秘怪异仪式的人。

由于色雷斯是北方各族入侵希腊的门户，因此它无法在当时的重大冲突中独善其身。在希波战争中，尽管他们进行了英勇的抵抗，但还是被波斯征服了部分领土。在公元前 4 世纪，马其顿的腓力二世与其子亚历山大大帝征服了色雷斯人。腓力二世在色雷斯平原中部建造了一座城市，以自己的名字将其命名为菲利波波利斯（Philippopolis）。如今它是保加利亚的第二大城市，名为普罗夫迪夫（Plovdiv）。在马其顿王国衰落后，大部分色雷斯部落重获独立，然而好景不长，罗马人又接踵而至。奥德里西亚王国已经衰落，剩下许多小统治者断断续续地相互交战。在这种情况下，罗马共和国和后来的罗马帝国想要统治他们并不难。色雷斯人的土地被划分为省进行管理：上下摩西亚（Upper and Lower Moesia）、达契亚（Dacia）和色雷斯。如同在他们疆域中的其他地方一样，罗马人让殖民者定居下来，修筑道路和城市，城中建起竞技场、公共集会场所和神庙，此外还建造高架渠。最重要城市的遗迹今日犹在，这些城市包括伊斯克尔（Oescus）、诺瓦埃（Novae）、尼科波利斯·阿德·伊斯特鲁姆（Nicopolis ad Istrum）①、尼科波利斯·阿德·内斯图姆（Nicopolis ad Nestum）② 以及卡比尔（Kabyle）。菲利波波利斯是色雷斯地区最重要的城市中心，撒尔底迦

① Nicopolis 是拉丁语，意为“胜利之城”，ad 在拉丁语中意为“到达”。这座城市名字意为“伊斯特鲁姆河畔的胜利之战”。——译者注

② 尽管 ad Nestum 是更加常见的名称，但在罗马时期，ad Mestum（该城市的硬币上显示的希腊语名称）可能是更正确的说法。该城市的遗址现位于梅斯塔河（Mesta River）的左岸。——译者注

［Sardica，即今日的保加利亚首都索非亚（Sofia）］紧随其后。大量色雷斯人在奴隶市场上被贩卖，更多的色雷斯人被吸收进罗马军队，成为辅助士兵四处征战，南至埃及，西至高卢和不列颠。色雷斯人似乎对这种境况并不恼火，因为没有迹象表明他们像罗马帝国其他地方一样发动了大规模起义。色雷斯贵族渐渐跻身于罗马统治者的行列，而对于普通百姓来说，罗马强加给他们的和平胜于频繁的战争。

公元 3 世纪之后，罗马帝国开始衰落，一波又一波的蛮族开始席卷巴尔干。高卢人、哥特人、萨尔马提亚人、阿兰人——他们都蹂躏了巴尔干半岛，有的甚至在此定居。色雷斯人开始逐渐消失在无数的新定居者之中。城市衰落了，而村庄——色雷斯人土地的脊梁——被络绎不绝的入侵摧毁了。一些农村地区人口大量减少。文化也发生了改变，旧的宗教信仰衰落了。神庙和纪念碑被用于崇拜罗马皇帝。在新千年之初，圣徒保罗（St. Paul）经过色雷斯地区南部，并在帖撒罗尼迦（Thessalonika）[①] 传道。基督教在 2 世纪之后开始在巴尔干半岛传播，并在 4 世纪成为当地人的主要宗教。中世纪即将开始。

① 帖撒罗尼迦，又称塞萨洛尼基（Thessaloniki）、萨洛尼卡（Salonika），希腊第二大城市。帖撒罗尼迦是古希腊语的发音形式。由于原著英文版中上述三种形式都有出现，因此本书也同样会照此翻译，它们指的是同一处地方。——译者注

第二章

中世纪的保加利亚：粗糙而闪亮的盔甲

5 世纪之后，笼罩在罗马辉煌光环之下的蛮族开始在罗马帝国的土地上建立自己的国家。他们仔细模仿罗马帝国的法律和制度；上层人士自称贵族（patricians），统治者自称国王，并模仿罗马的模式铸造钱币。汪达尔人（Vandals）、斯威维人（Suevi）、东哥特人（Ostrogoths）和伦巴第人（Langobards）建立的短暂存在的王国激发了同时代人的敬畏。这些王国都在中世纪早期灭亡了。然而，几乎就在同时，有一个国家在巴尔干建立，并以不同的形式一直延续至今。今天的保加利亚已经在多瑙河以南的土地上存在了超过 13 个世纪。经历了漫长岁月的起伏兴衰，保加利亚人深深扎根于他们的土地，并努力保持了他们的国家地位，而那些更强大的民族却如同影子一般消失在过去的岁月里。拜占庭帝国——其统治者更愿意称之为东罗马帝国——在西罗马帝国灭亡后又延续了 1000 年。从公元 5 世纪到 15 世纪，它是欧洲最强大的国家之一，继承了古代罗马文化传统。它的法律、制度和仪式给周围的民族留下了难以磨灭的影响，他们极力模仿帝国首都君士坦丁堡的辉煌与魅力，却往往徒劳无功。在 6 世纪，拜占庭帝国似乎达到了巅峰。雄心勃勃的皇帝查士丁尼一世（Justinian Ⅰ，527–565）在同样雄心勃勃的皇后狄奥多拉（Theodora）的敦促下，成功地击败了对手向他的统治发出的挑战（至少他自己是这么认为的）。他无情地镇压了首都发生的一次叛乱，并将帝国疆域扩展到三个洲。在首都，他开始修筑当时最伟大的教堂——圣索非亚大教堂。他希望这座教堂能让他的名字永垂不朽，并确保他在天堂中上帝的宝座旁拥有一个位置。他为了保护富人的财产不被穷人偷窃而费尽心思，沿着多瑙河修建了许多堡垒，这些堡垒今天位于保加利亚北部。他希望这些堡垒和宽广的多瑙河能成为难以逾越的障碍，抵挡蛮族游牧部落的攻击，这些部落被帝国的辉煌财富所吸引而不断向南侵袭。

然而，他的希望落空了。出于自我保护的本能，与他同时代的人当面称赞他，背后却恶毒地嘲笑和指责他。多瑙河根本就不是阻挡入侵者的屏障，堡垒更不是。它们一个接一个陷落，或是如孤岛一般被蛮族的海洋包围。正是在查士丁尼的时代，巴尔干半岛的民族图景开始发生根本性的变化。

斯拉夫人的出现

斯拉夫部落在所有袭击者当中是最坚韧持久、人数最为庞大的，他们起源于今天波兰的某个地方。罗马人听说过他们，但关于他们的信息却相当零碎而模糊。大约在公元后第一个千年的中期，斯拉夫人开始向东、西、南迁移。至今依然不清楚是何原因导致他们的人口突然增长，但斯拉夫人加入了那个时代众多族群的行列，四处寻找新的定居之处。然而，不管人们怎样看待，斯拉夫人在经济、社会、军事和文化方面都远远落后于拜占庭帝国。

直到那时，斯拉夫人还没有国家。他们的政治体制是一种蛮族式的民主（barbarian democracy），并且还处于初级形式。斯拉夫的人民会议被称为“韦彻”（veche），常常是在提出议案之后只凭嗓门大小来作决定。拜占庭传统意义上的贵族，在斯拉夫人当中才刚刚出现。各部落由自己的王领导，这些王由选举产生，而非世袭。斯拉夫人明白他们在语言和文化上的相近关系，因此他们有时建立松散的联盟，但更多的时候是在彼此争斗。他们向巴尔干半岛引进了一种新的组织——乡村社群（the rural community），这种组织将在很多世纪里持续发挥关键作用。在乡村社群中，他们一起照管牧场、草地和森林。这些社群也有某些自治功能。而拜占庭人早已习惯财产私有制的好处和约束，因此将这些社群视为异类。

在军事方面，斯拉夫人除了数量，没有给拜占庭人留下任何印象。人数就是他们的武器。成千上万的斯拉夫人徒步袭来，如同蝗虫一般涌向平原劫掠村庄。起初他们会放过城镇，但后来他们也学会了如何占领城镇。由于他们已习惯艰苦的生活，所以并不惧怕战争。他们没有舰队，渡河就乘大独木舟。他们只有一种战术值得记载：由于在家乡生活在沼泽密布、洪水泛滥之地，斯拉夫战士会在需要时隐藏在河湖水下，通过长长的植物茎秆呼吸。时机一到，这些名副其实的“水怪”就突然跃起，迅猛攻击对手。

他们的宗教系统还停留在相当原始的多神阶段。他们的神明通常是神化的自然力量。他们崇拜神圣的树木、场所和泉水，还会行巫术。他们在秘密之处树立木石偶像，并敬献牺牲。斯拉夫人虽然还没有特别的神职人员，但在他们信奉的神明当中有某种等级体系，其中最高的是雷神佩伦（Perun）。因为斯拉夫人从事农业，所以丰饶多产之神达日博格（Dazhbog）对他们尤其重要。

他们没有文学，因为他们不成熟的社会不需要文学。他们也没有精致的拜占庭人所理解的那种文化。当然，之前那些蹂躏了西罗马帝国领土的各个民族也都不能自夸拥有那种精致文化中的任何一点。

在大约一个世纪的时间里，斯拉夫人或偷袭或强攻，最终占领了巴尔干。这使他们信心倍增，他们曾几次试图攻占拜占庭帝国欧洲领土上的第二大城市——萨洛尼卡（Salonika）的举动证明了这一点。他们甚至到达希腊南部的伯罗奔尼撒（Peloponnesus），在那里，斯拉夫部落与斯巴达后裔在神圣的塔吉托山（Mt. Taygetos）山坡上共同居住了多个世纪。至于色雷斯人，尽管小规模的流血冲突在几个世纪后依然存在，但他们最终跟斯拉夫人融合了。一种希腊的成分依然遗留在他们的城镇之中，但已经微不足道。“所有的地方都已斯拉夫化，变得野蛮”，绰号“生于紫室者”（Porphyrogenete）的拜占庭皇帝君士坦丁七世悲伤地写道。

这些外来者来自斯拉夫人的两个主要分支。说保加利亚语的部落定居在巴尔干半岛东部和中部，以及多瑙河北岸。在他们的西边，说塞尔维亚-克罗地亚语的斯拉夫部落居住在紧挨亚平宁山脉的地区。

多瑙河以南的土地似乎无法挽回地失去了，但这不是拜占庭帝国历史上的第一次危机，也不是最后一次。通过武力、贿赂或谈判的方式，拜占庭人逐渐重新统治了大部分斯拉夫人占领的土地。然而，个人关系与等级关系却已发生剧变。统治者不得不接受乡村社群的存在，并改变立法以适应之。很多斯拉夫部落虽然向君士坦丁堡纳税，但仍保留了相当程度的自治权。他们常常伺机而动，拿起武器支持任何给他们机会去劫掠的人。在7世纪中叶，出现了一个历史学家至今都不甚了解的联盟，它由7个斯拉夫部落组成，占据了今天保加利亚北部巴尔干山脉和多瑙河之间的土地，在多瑙河北部他们也占有一部分土地。从善意的角度来说，该联盟甚至可以看作一个国家的原始雏形。糟糕的是，我们对它几乎一无所知，而它也来不及自然地发展为一个国家，这更阻碍了我们对它的认知。这时，一个拥有长期治国经验的民族正从东北方渡多瑙河而来。他们就是保加尔人（Bulgars），保加利亚的国名也由此而来。

铁甲骑兵

在抵达巴尔干之前，保加尔人走过了漫长的道路。从距离上说是数千公里；从时间上说是数千年。尽管关于他们有相当数量的文字记载，但他们最初的发源地仍是个谜。历史学家已经提出了许多关于他们起源的假说。近年来最盛行的理论是，他们是在公元后第一个千年之初生活在帕米尔附近、属于伊朗（Iranian）民族的一支，并混合了大量突厥（Turkic）成分。之后他们向西迁徙，时间远远早于所谓的民族大迁徙（Völkerwanderung）。甚至可能早在2世纪时，就有一些保加尔人群体定居在欧洲多瑙河以北的地区。

事实上，很难说保加尔人是一个单独的民族。关于他们的民族起源，历史学家们已经不停地争辩了近两个世纪，这绝非偶然。有一群人说相似的语言、拥有相似的传统，并感到他们属于同一个民族中心（one ethnic centre）。古代编年史家提到不同的保加利亚部落（Bulgarian tribes）时都有一个前提：他们都是保加利亚民族（Bulgarian people）的一部分。保加利亚游牧部落参加了匈奴王阿提拉（Attila）对欧洲的进攻。他们当中的一些人可能定居在潘诺尼亚（Pannonia），那里在许多个世纪之后成为现在的匈牙利，其他人返回了东欧大草原。他们还多次袭击拜占庭帝国的领土，有一次甚至抵达君士坦丁堡城墙之下。为了抵御他们的进攻，保护拜占庭首都，皇帝阿纳斯塔修斯一世（Anastasius Ⅰ）修筑了从黑海到马尔马拉海（Sea of Marmara）的所谓“长墙”（Long Wall）。然而，这道墙也无济于事，于是当时的人们恨恨地称之为“恐惧之墙”（Wall of Fear）。

在一段时间里，保加利亚人（Bulgarians）是草原民族建立的庞大国家的一部分，大约在2世纪中叶，他们建立了自己国家的基础。他们是西南突厥汗国（the South Western Turkic Khanate）的一部分，他们可能参与了该国的内部冲突，这些冲突导致该国分裂；他们也与其他人一起追求该国的最高权力。汗国分裂后，他们建立了自己的国家，领土包括第聂伯河和顿河下游、黑海北岸和亚速海的沿岸地区。这个所谓的旧大保加利亚（Old Great Bulgaria）存在的时间虽然不长，但却在历史上留下了深深的印迹。保加利亚人是一个有国家的民族，这一事实激发了他们的自信心。跟大部分游牧民族不一样，他们从一开始就有长期定居的经历。无论历史之风将他们刮向何处，他们都建造城市并修筑坚固石墙进行防卫。旅行者描述他们的首都法纳戈里亚（Phanagoria）十分宏伟，该城建在亚速海岸边，四周石墙环绕。

在7世纪中叶，保加利亚人跟拜占庭帝国保持着良好的关系。他们最伟大的统治者库布拉特汗（Khan Kubrat，570-632）可能在青年时代曾到君士坦丁堡游历。他可能在那里接受了基督教，被授予贵族的头衔，并被宣称为拜占庭帝国的盟友——这些荣誉通常加给那些对君士坦丁堡有用的人。遗憾的是，他所统治的国土正处于蛮族从东边进攻的要道之上。直到许多个世纪之后，一个稳定的国家体系才得以在此建立起来。一波又一波的进攻不可避免地席卷了保加利亚的土地。库布拉特汗自己可能就是战死沙场，在那久远的时代他已被视为相当长寿了。

库布拉特汗去世之后，国家大厦倾覆，保加利亚人便遵循一个从远古一直保持下来的传统，分裂为几大支派，去别处寻求救赎和幸福。

保加利亚人的命运

保加利亚人的迁徙与重组实际上有着相当悠久的历史传统。

早在6世纪初，部分保加利亚人在击退匈奴人的进攻之后，就开始向欧洲中部进发。他们在今天的巴伐利亚和德国南部生活了一段时间。目前还不清楚他们是如何与当地领主发生冲突的，导致对方下令将他们斩尽杀绝。幸存的人转而南下，在今天的意大利居住了数个世纪，并逐渐与当地人融合。这样的融合是非常彻底的，以至于只有保加尔和布尔加雷利（Bulgarelli）这样的名字才能显示他们原本的民族特性。

在大保加利亚灭亡后，部分保加利亚人跨越半个欧洲，定居在意大利。在3个或4个世纪后，他们与当地人完全融合了。

另一部分人可能从潘诺尼亚出发，在今天的马其顿找到安身之所。当多瑙河保加利亚（Danubian Bulgaria）建立时，阿斯帕鲁（Asparuh）的同伴们意识到他们的亲族当时就生活在萨洛尼卡周围。

很多人仍留在他们的故土，或向南进发，定居在北高加索地区。如今，该地区许多民族在争取这项特权，即被认定为保加利亚祖先的后裔。这在某种程度上就是俄罗斯联邦境内一个小自治共和国“巴尔卡里亚共和国”（Republic of Balkaria）的官方论点。

保加利亚人主要支派当中的一支向北进发，定居在伏尔加河（Volga）中游沿岸地区。他们可能于8世纪在该地区建立了所谓的伏尔加保加利亚（Volga Bulgaria），该国存在了5个世纪，是欧洲这一地区最大、最稳定的国家。伏尔加保加利亚是东欧最东端地区文明化的重要因素之一。那里的保加利亚人接受了伊斯兰教，他们建造了至少两座美丽的城市——保加尔和比利亚尔（Bilyar），它们的遗迹今日仍历历可见。他们与罗斯人（Russians）和北方民族开展贸易。在13世纪，他们英勇抵抗蒙古人的凶猛进攻，但最终还是难逃亡国的噩运。

在蒙古统治者相继撤退之后，那些已经与周围民族混合的保加利亚人后裔建立了一个新的国家，名叫喀山汗国（Kazan Khanate）。该国一直延续到16世纪，被莫斯科大公国（Muscovite）军队征服。红场（Red Square）上那座拥有众多洋葱式穹顶的圣巴西尔大教堂（St. Basil's Cathedral）就是为纪念征服保加利亚人后裔而建造的。

然而，保加利亚人和有关他们的记忆都不曾消失于历史图景之中。他们衍生出至少两个民族——楚瓦什人（Chuvash）和鞑靼人（Tartars）。实际上，“鞑靼”这个名字是俄国人强加的，他们的自称依然是保加利亚人。就在1917年十月革命爆发后，当鞑靼自治的议题被提出时，新共和国打算命名为保加利亚。在上一个十年，伏尔加保加利亚的历史被认为是鞑靼人和楚瓦什人历史不可磨灭的一部分，而人口普查的统计将越来越多的人登记为“保加利亚人”。

很大一部分保加利亚人在库布拉特汗的幼子阿斯帕鲁或伊斯波尔（Ispor）的带领下，沿着熟悉的路径向西挺进欧洲。他们定居在多瑙河三角洲所谓的翁古尔（Ongul）。在那里，他们与斯拉夫人和拜占庭人相遇了。

保加利亚人的文化与斯拉夫人的文化差异相当大，并且前者在很多方面处于更高的水平。他们早已脱离了原始的家族社群关系，有了令人印象深刻的国家传统。数百年来，他们一直试图建立一个稳定的国家结构。他们既有家族世袭的贵族，也有管理国家的机构。他们对自己的历史很自豪，他们编纂的统治者系谱表可以一直追溯到远古时代。

他们的军事力量主要依靠骑兵，因此他们对于骑兵非常重视。跟中世纪通常的情况一样，保加利亚的经济在很大程度上依赖于战争。战争能带来巨大财富，军队必须随时准备战斗才能取得胜利。保加利亚的可汗领导各游牧部落和整个国家，他拥有自己的常备卫队。在开展更大的军事行动时，所有男性都被动员起来组织成民兵队伍，女性也常常参与战斗。保加利亚的骑兵令敌人闻风丧胆，他们由纪律严明、身披铁甲的战士组成，习惯于恶劣的生存环境，在物资极其匮乏的条件下也能坚韧生存。拜占庭人对他们充满畏惧，并且传言，保加利亚骑兵最喜爱的食物就是生马肉，这些肉长期储藏在马鞍下，经过骑手的重压和马汗的浸渍变得柔软。至于这是否是保加利亚烹调技艺的典范，那就完全是另一回事了。无论如何，正如大多数其他半游牧和游牧部落依赖马作为经济基础一样，保加利亚人最喜爱的饮品可能是发酵的马奶，也就是马奶酒（kumis）。

保加利亚的工匠极受敬重，他们铸造盔甲、刀剑、箭头、锄头和铲子。他们的制陶技术很娴熟，皮革制品也十分有名。拜占庭人对他们装饰精美的腰带印象十分深刻，这些腰带显示了他们在社会等级制度中的地位。事实上，保加利亚人并不是典型的游牧民族，他们虽然饲养牲畜，但并不鄙视农业。在他们居住的土地上，考古学家们挖掘出了农具，以及黍类和小麦的遗迹。

与斯拉夫人不同，保加利亚人的社会已经发展到一定程度，他们需要使用字母系统。许多历史学家声称他们有一套字母系统，但这并未得到确切证实。无论如何，保加利亚人是用希腊字母系统来编纂文件、编年史、工具和武器清单以及庄重的铭文的。

保加利亚的宗教体系也更为发达。他们相信不同的神明，但正如他们的社会一样，他们的神明也有一套森严的等级制度，最高神为天神坦格拉（Tangra）。他们可能也崇拜天和太阳，也有动物图腾崇拜。他们还有自己的神职人员，这也与斯拉夫人不同。

多瑙河保加利亚的建立

保加利亚人来到巴尔干时，正是拜占庭帝国的困难时期。当时，阿拉伯人被伊斯兰教所激励，从东方展开了长达三个世纪的持续进攻，有时甚至将拜占庭帝国逼到灭亡的边缘。国家边界对于现当代人来说非常重要，但在当时实际上并不存在。大多数国家沿边境驻扎的卫戍部队力量都非常薄弱，根本无法阻挡入侵者。正因为边境是军事力量结构中的缺口，因而保加利亚人很快就将其填满，他们开始了针对南方的一系列劫掠进攻。在拜占庭帝国看来，更令人不安的是，这些新来的保加利亚人开始根据“敌人的敌人就是朋友”这一历史悠久的原则与斯拉夫人结盟。

拜占庭皇帝君士坦丁四世波戈纳图斯（Constantine Ⅳ Pogonatus）决定效仿亚历山大大帝斩开戈尔迪之结（the Gordian knot）[①] 的做法，一击以解决日益复杂的问题。他从水陆两路派遣大军，将保加利亚人包围在防御营中。然而，对手却在防御方面拥有丰富的经验，因此包围拖延日久。在大草原上也有众多保加利亚人从后方攻击拜占庭人。拜占庭人本以为此次军事行动会轻易取胜，不料却成了一场艰巨的消耗战，失败的风险相当大。要做一名统治者，就必须对时势的风向有敏锐的感知。君士坦丁四世作为统治者拥有丰富的经验，因此他痛风突发也并不令人惊奇。他登上战舰，由心腹朝臣陪同，据说是驶往默森布里亚的矿泉。然而，他的士兵也并非傻子。他们发现自己被遗弃在荒凉的海滩，面对着全副武装的保加利亚人前后夹击，因此他们也上行下效，奔向战舰。恐慌顿时爆发，军队失去了控制。被包围的保加利亚人见时机已到，便冲出防御墙展开了一场大屠杀，拜占庭部队由此被击败。

这至少是拜占庭编年史家的版本，正如许多专业史学家一样，他们倾向于将己方军队的胜利归因于自己的能力，而对于己方的失败，则单单以对方的机遇来进行辩护。

---

① 戈尔迪之结，古希腊神话中的一个难题，比喻棘手的问题。——译者注

这一场胜利使保加利亚人大受鼓舞，他们纷纷涌入东色雷斯。拜占庭帝国皇帝的宝座摇摇欲坠，被迫与这些入侵者缔结合约，并向他们支付钱财。他可能以这样的想法自我安慰：这并不是第一个将要被遗忘的蛮族部落，永恒的拜占庭帝国不过是短暂地向它支付钱财，很快它就要在双重压力下覆灭，这双重压力来自拜占庭帝国的强大实力和其他蛮族对它的财富的垂涎。然而，这次却并非如此。令人惊奇的是，这个新生的国家——它在巴尔干的建国时间目前被认为是 681 年——如今已作为欧洲的一部分延续了超过十三个世纪，而与保加利亚大致同时建立的拜占庭帝国和无数蛮族国家，才是久已被遗忘的。它们生生灭灭，而保加利亚长存至今。

但是，起初即使是最大胆的赌徒也很难将赌注押在保加利亚人身上。在最初的两个世纪里，他们的命运依然岌岌可危，胜败交替，循环不已。拜占庭帝国交替使用军事、外交等各种策略，甚至寻求远方盟友的援助以对付这群讨厌的敌人。保加利亚人不得不加强南线的防卫，并认为加强与斯拉夫人的关系是解决问题之道。双方通婚变得频繁，斯拉夫贵族也开始参与保加利亚的国家治理。

这时候轮到保加利亚人和斯拉夫人来保卫他们的国家——由此也是保卫整个欧洲中部和南部——抵御新的饥渴部落的攻击，这些部落来自欧亚大陆大草原，从东方蜂拥而至。保加利亚的建立者阿斯帕鲁在与宿敌可萨人（Khazars）的战斗中阵亡。他的儿子特尔维尔（Tervel）支持拜占庭帝国抵挡东方阿拉伯人的威胁，并于 718 年击败了围困君士坦丁堡的阿拉伯大军。这是一个典型的例子，展示了如何帮助一个熟悉的敌人抵挡另一个不熟悉的敌人。在之后两个多世纪的岁月里，阿拉伯人甚至都没有考虑重新发起对这一区域的进攻。在龙塞斯瓦列斯之役（the Battle of Roncesvalles）战败前二十年，阿拉伯人曾被保加利亚人阻截。然而，既没有民间才子来赞颂罗兰（Roland），也没有高乃依（Corneille）来将埃尔·熙德（El Sid）的传奇发扬光大。[①] 保加利亚人的英勇事迹依然隐藏在历史

① 罗兰，8 世纪法兰克王国的将领，也是 11 世纪法国史诗作品《罗兰之歌》中的主人公。埃尔·熙德，原名罗德里戈·迪亚兹·德·维瓦尔，“熙德”源自阿拉伯语，意为“大人”，是对男子的尊称。熙德是 11 世纪西班牙的军事领袖和民族英雄。17 世纪法国剧作家高乃依创作了戏剧《熙德》，此剧 1636 年公演时轰动了巴黎。——译者注

的阴影之中。

保加利亚第一王国的兴起

保加利亚人对阿瓦尔人（Avars）的胜利也显示了清醒节制的思想的胜利。根据编年史的记载，保加利亚可汗克鲁姆（Krum）曾充满忧虑地问战败者，他们战败的原因是什么。战败者的回答是，他们的国家因谎言、偷窃和酗酒而衰落。于是，克鲁姆推行严厉的法律以避免同样的结局。立法规定对罪犯处以严酷的惩罚，葡萄园被摧毁以避免葡萄酿成诱人堕落之酒。根据之后的史料判断，正如后来这类改革一样，种种限令不过只是造成人们愈加贪酒，因此很快就失败了。

在拜占庭皇帝视察帝国最东端的边境时，克鲁姆抓住机会入侵拜占庭，并于809年占领了塞尔迪卡（Serdica）。许多个世纪以后，该城将成为保加利亚的首都，名为索非亚。保加利亚对该城的征服伴随着当时惯常的劫掠和各种暴行，但无人对此感到惊奇。斯特鲁马（Strouma）河谷也成为保加利亚国土的一部分。

保加利亚这个令人厌恶的邻居崛起，使拜占庭皇帝尼基弗鲁斯一世（Nicephorus Ⅰ）十分不安。他也是当时最有才干的将军之一，决定通过一击解决威胁。811年，尼基弗鲁斯一世带领大军进攻保加利亚首都普利斯卡。保加利亚人大为吃惊，克鲁姆都来不及招募军队。他撤离首都，而首都则被拜占庭军队焚烧劫掠。克鲁姆几次谦卑求和，但尼基弗鲁斯都傲慢地拒绝了。然而，对于克鲁姆来说，此战尚未成定局。他一边与拜占庭谈判，一边积极备战。拜占庭军队返回南方的唯一路径是巴尔干山脉的山口。保加利亚人封堵了这些山口，砍伐树木阻塞各条狭窄的道路，并深挖壕沟。拜占庭军队在意识到他们被围困之后才向南行进。"就算我们是鸟雀，也找不到一个缝隙飞过去"，一位高级将领绝望地哀叹。皇帝本人战死沙场。

克鲁姆因此战之功而欢欣振奋。他意欲攻打君士坦丁堡，这是所有入侵者的终极梦想。他会集大军，制造围城工具，但在备战如火如荼之时，他却因心脏病突发而暴亡。拜占庭人终于解脱，长舒一口气，将他的暴亡看作是上帝的惩罚。

后来的局势表明，拜占庭并没有什么理由因此而欣喜。在接下来的数十年中，保加利亚人通过公开战争逐步征服了拜占庭帝国很大一部分领土。到9世纪中叶，保加利亚已吞并了整个马其顿（它的大部分领土在今天的阿尔巴尼亚），并在亚得里亚海沿岸取得了一个稳固的据点。说保加利亚语的斯拉夫人居住在以上地区的大部分土地上。保加利亚王国已成为欧洲最大的国家之一。保加利亚国君鲍里斯一世（Prince Boris Ⅰ，852—889年在位）满怀自尊，但因拜占庭皇帝并不将他当作同一等级的统治者而痛苦不堪。拜占庭帝国不过是将他的王国看作一个不稳固的蛮族盟国。并且，对于那些由拜占庭皇帝统治的各个民族来说，保加利亚人作为异教徒，也不符合被他们接受的最根本要求。

在保加利亚有两种基本的宗教共存，这也阻碍了保加利亚人和斯拉夫人融合为一体。基督教在保加利亚逐渐传播开来。他们居住的土地早在2—3世纪时就已基督教化，尽管后来遭受各种侵略，基督教却从未消亡。在保加利亚人和斯拉夫人当中都有基督徒，甚至在社会精英当中也有基督徒。在此之前有位国君的一位王子由于热爱这个新的信仰而失去了王位继承权，进而失去了生命。

很难说鲍里斯一世本人在何种程度上是被基督教信仰的道德层面所吸引的，尽管这可能也发挥了一定作用。然而，跟任何其他统治者一样，他首先是一名政治家。他的个人偏好只能放在一边，因为他将基督教当作在大国俱乐部中获得平等和一席之地的手段。因此，他极力从自己的计划中获取最大利益。

到9世纪中叶，普世牧首（the Ecumenical Patriarch）和罗马已经公开了他们的矛盾，无论是在教规基础方面，还是在如何看待各自影响区域的分配方面。鲍里斯一世极力在二者间回旋，但他不得不承认邻近的拜占庭帝国是他更大的威胁，必须让其保持中立。这就是为什么在864年为他施洗的是拜占庭而不是罗马。

他的决定遭到了反对。保加利亚部族的首领们是传统的追随者，他们担心两个民族的平等会剥夺他们的统治特权，因此公开宣称反对。矛盾逐步激化，并最终爆发了公开叛乱，鲍里斯以一种最非基督教的方式无情地镇压了这场叛乱，尽管当时他已采用基督教名米海尔［Michael，即他的教父、拜占庭皇帝米海尔·兰加比（Michael Rangabe）的名字］。经过几年的外交谈判后，他设法让保加利亚教会获得了相对独立，尽管其仍在君士坦丁堡普世牧首的管辖之下。

保加利亚在争取欧洲的认同方面已取得重大进展：它的君主即将在基督教君主大家庭当中正式获得一席之地，这个地位是由传统和中世纪政治理论共同决定的。

鲍里斯一世很快就采取了第二步行动。

保加利亚并不是当时唯一寻求认同的国家。在如今中欧捷克、斯洛伐克和匈牙利的土地上，一个短暂却强大的斯拉夫国家——大摩拉维亚（Great Moravia）于9世纪兴起。摩拉维亚也是教皇与牧首争夺的对象，而前者的代理人在该国担任更具影响力的职位。为了与此对抗，拜占庭使用了一个传统的外交手段：它极力给摩拉维亚提供梵蒂冈所不愿提供的东西。

两位神职人员康斯坦丁［Constantine，他更为人熟知的名字是西里尔（Cyril）］和美多迪乌斯（Methodius）兄弟带领一个拜占庭使团抵达摩拉维亚首都。这两位经验丰富的官员可能有部分斯拉夫血统。无论如何，他们熟知保加利亚族群的斯拉夫人的语言，如同母语一般。

与可萨人打交道的经验告诉拜占庭人，他们必须向他们想要吸引的人提供宗教以外的东西。在修道院的几年时间里，被称为哲人的康斯坦丁与其兄创立了一套新的字母表，称为“格拉哥里字母表”（the Glagolitic）。这套字母表的形态很独特，与希腊字母表大不相同，它考虑到了斯拉夫语言的语音特点。兄弟二人用新字母表翻译了部分神圣书籍，翻译过程可能得到了一些门徒的帮助。

这一新成果首先提供给了摩拉维亚。康斯坦丁和美多迪乌斯起初获得了成功，并让门徒学习这一新知识。然而，梵蒂冈的传教士们却将二人的到来看作对他们权利的侵犯和对影响力的争夺，当然，这种看法是正确的。因此，他们对摩拉维亚君王施加了相当大的压力，结果兄弟二人被遣送到意大利去向当地的神职人员解释其立场。在威尼斯的一场辩论中，康斯坦丁令人信服地捍卫了以希腊文或拉丁文以外的语言传扬上帝之道的权利。他的论点基于当时的精神，富于诗意。他问："天下诸多飞鸟，上帝创造之生灵，是否以同一腔调鸣啭？"自然，并无人能翻译飞鸟的语言，但这一假设是显而易见的。

在罗马，教皇哈德良二世（Pope Hadrian Ⅱ）被康斯坦丁的博学深深折服，并向他所翻译的经卷致以祝福。教皇的想法究竟如何并不清楚，但康斯坦丁相当出乎意料地获得了最高认可。可是，他在世间停留的时间太短暂了。尽管他还相当年轻，却在这座圣城中去世，并在去世前几个星期得名"西里尔"，这个名字如今更为人熟知。他被埋葬在罗马的圣克莱门特大教堂（the Basilica of San Clemente）。

哥哥美多迪乌斯回到大摩拉维亚后，却遭遇了日耳曼传教士日渐增加的敌意。他和门徒被毁谤、逼迫、囚禁。在他去世后，一些门徒被当作奴隶在意大利市场上贩卖。其他幸运的门徒乘船沿多瑙河顺流而下，在保加利亚的一个河港找到避难之处。他们从那里出发来到首都普利斯卡，国王鲍里斯将他们当作贵宾欢迎，并为他们的工作提供所有必需的条件。培养神职人员和行政官的学校建立起来，这些学校将给他们的门徒提供一个无可比拟的优势——用自己的母语读写。在这种情况下，他们使用的语言是基于斯拉夫语的，不过也有很多从保加利亚语借用的成分。然而，保加利亚王国疆域辽阔，仅有一个文化中心是不够的。因此，西里尔最得力的门徒之一克莱门特（Clement）被任命为库特米切维沙（Koutmichevitsa）主教，库特米切维沙在今天的北马其顿东南部，以奥赫里德（Ochrid）为中心。在这里，第二个文化中心建立起来，通过二十多年时间培养出超过3500名学生。

克莱门特被称为"奥赫里德的克莱门特"，他可能还负责开展一项基础性的文化改革。他比哲人康斯坦丁更加现实，为保加利亚人提供了一个字母表，以人们相当熟悉的希腊字母表为基础，但作了一些修改以适应语言上的差异。这样，斯拉夫人就将更加靠近希腊文化，而同时又保留自己的特性。克莱门特将这套字母表以其师之名命名为西里尔字母表，很快就代替了格拉哥里字母表。

由于鲍里斯一世已实现他的主要目标，并对权力感到厌倦（这在历史上是相当罕见的），他便退位隐居到修道院。他的长子弗拉基米尔（Vladimir）继位（889—893 年在位）。然而，后来的局势表明弗拉基米尔并不赞同其父的政策。虽然他并不公开反对基督教，但他让人们知道他赞同旧习俗。他将自己的名字改为旧的异教名字拉撒特（Rassate），并开始积极支持坦格拉神职人员，这些神职人员此前隐匿不出，但此时又悄悄回到公众视线之中。历史之轮似乎完成了一个循环，不过，退位的旧君却没有被考虑在内。鲍里斯并不打算看到自己的一生之功被弃如敝履。幸运的是，鲍里斯还有另一个儿子，为了让他做好领导保加利亚教会的准备，鲍里斯将他送到君士坦丁堡学习。

年轻的西梅翁（Simeon，893-927）的抱负和才能给他的老师留下了深刻印象，以至于他被称为“半个希腊人”。从我们当代人的眼光来看，这个称赞可能很成问题，但拜占庭人将其视为最高称赞。

在这样的情势下，旧君鲍里斯离开了修道院，将一批拥护自己改革的人召至麾下，废黜了弗拉基米尔。不过鲍里斯并未将其处死，而是慈悲地按照当时的习俗刺瞎其双目。至此，基督教在保加利亚彻底扎下了根，甚至没有人想到要质疑这件事——质疑已被证明是一种很不好的“消遣”。特别委员会解除了西梅翁的修士誓言，宣布他为保加利亚国君。同样重要的是，保加利亚人说的语言被宣布为官方和礼拜的语言。这样保加利亚人就使自己与拜占庭文化区分开来，只是从其中借鉴了他们认为必需的部分。至于他们是否极力避免拜占庭文化的影响，那就是另一回事了。

随着西梅翁继位，保加利亚王国进入了少有的几个强盛时期之一。似乎所有的巴尔干民族都有过这样的强盛时期，这些时期虽然很快被遗忘，但在历史上留下了持久的记忆，这大大激发了众多现代民族主义者的雄心和渴望。

西梅翁统治他的王国超过 30 年——这即使在今天也是一段很长的时期，而在 10 世纪则几乎没有别的类似例子（实际上，他的儿子统治了 42 年，因此人们很容易认为，仅仅父子二人就统治了四分之三个世纪，这直接促成了保加利亚的相对稳定）。

最初几年风平浪静，因为这位年轻的国君似乎还在熟悉情况，积聚力量。他是基督教、文学、艺术的保护者和支持者。在他统治期间，文人得到了此前罕见的权力的青睐。神圣书籍的翻译、源于圣经的论题的冥想、对传统拜占庭文学模式的模仿都是在他们的笔下完成的。直到今天，历史学家们依然在争论，西梅翁是否参与过至少部分流传至今的著作的编纂工作。无论如何，他比当时的许多文人都更精通此项工作。那些作者建立了一套文学语言的标准，这也被周边的巴尔干民族所采用。西里尔字母表逐渐向北流传，并在数十年后成为基辅罗斯的官方字母表。在基辅罗斯，深受拜占庭模式影响的保加利亚书籍成了被模仿的对象。后来的瓦拉几亚（Walachia）公国和摩尔多瓦（Moldova）公国的官方文件和礼拜文件都是由西里尔字母写成，直到中世纪末叶。塞尔维亚人也开始使用西里尔字母。

拜占庭所有的邻国都发现，这个辉煌国家的财富具有难以抵挡的吸引力。西梅翁也不例外。大约在 9 世纪末叶，他与拜占庭展开了无穷无尽的战争。在错误野心的引导下，他不但想要最大限度地吞并拜占庭领土，如果可能的话，他还要登上君士坦丁堡的皇帝宝座。这位保加利亚国君的军事和外交天才是毋庸置疑的。这使他将其庞大的国土化作铁拳，数次使拜占庭帝国命悬一线。拜占庭帝国的官员一次又一次从帝国都城的城墙上“欣赏”敏捷的保加利亚军队大肆劫掠的画面。西梅翁也受惠于国际局势，阿拉伯人持续从东部攻击，迫使拜占庭帝国双线作战。由于走投无路，拜占庭人被迫作出巨大牺牲：西梅翁被承认为几乎与拜占庭皇帝同等地位的沙皇（Tsar）和保加利亚教会的首领——牧首，而拜占庭必须向保加利亚交付年金。在那个时代，这等同于宣布保加利亚为大国（Great Power）。（顺便一提，一些历史学家对这次承认的正式性提出质疑，并坚持认为西梅翁的儿子彼得才被认作正式的沙皇。）

西梅翁不得不认识到，如果没有一支强大的舰队，他就无法征服君士坦丁堡，而这正是保加利亚军队所缺乏的。因此他派遣使者到阿拉伯人那里去，并拜访北非的法蒂玛王朝，希望与之建立联盟。幸运的是，拜占庭人拦截了阿拉伯使者。出于对构建中的联盟的担忧，拜占庭人赠与阿拉伯使者丰厚的礼物，将他们毫发无损地送回主人身边。此外，西梅翁本人也已开始怀疑自己的政策是否正确。一个熟悉的敌人要比一个不熟悉的敌人好对付，而且，谁也不知道阿拉伯人一旦到来，还会不会离开。

西梅翁的王国直到他去世都一直如大厦般耸立，但仔细观察就会发现其中的裂缝，暴露出王国的问题。在他去世前两年，这位伟大的统治者卷入了一场与克罗地亚人的军事冲突，而后者刚刚建立起自己的国家。长驱向西的保加利亚军队被击败，双方恢复和平，都未得到任何重要收获。然而，在西梅翁去世后，保加利亚人发现维持一个大国的地位是极其费力耗财的。拜占庭处心积虑煽动的起义在保加利亚广阔的领土上四处爆发，从喀尔巴阡山脉到爱琴海，从黑海到亚得里亚海。西梅翁的继承人——沙皇彼得（Tsar Peter，927-969）虽然不擅长作战，但他尽最大的努力保住了自己继承的这个王国。除了当时的文人，西梅翁的臣民普遍对他并没有什么好印象，对他的儿子彼得倒是印象颇佳。

在西梅翁统治期间，出现了一种"知识现象"（intellectual phenomenon），此后它会在保加利亚之外更远的地方留下印记，其余响甚至远达西欧。在彼得统治期间，一位新型的布道者在保加利亚出现了。他宣称看得见的世界是出自撒旦，看不见的世界才是出自上帝。换言之，整个社会秩序都是出自撒旦，而不遵守其规则之人实际上并非罪人。这位布道者鲍格米勒（Bogomil）宣扬肉体上的自我约束和非暴力。他的追随者被称为鲍格米勒派教徒（Bogomils），他们逐步创建了自己的宗教等级制度，不服从官方教会等级制度的教规。鲍格米勒派教徒表面上单纯的布道削弱了公共秩序的基础，他们遭到迫害、折磨、革除教籍，遭到教会和世俗的双重惩罚，甚至有的遭受火刑殉道。

很难说鲍格米勒主义（Bogomilism）是由这位保加利亚天才开创的一种全新潮流，因为它模仿了流行于东方的摩尼教教徒（Manicheans）和保罗派教徒（Paulicians）的二元论倾向。鲍格米勒派教徒进一步发展他们的思想，并将其向西传播，他们在波斯尼亚的信徒甚至建立了自己的独立教会，并成为官方教会。鲍格米勒主义在西方的信徒包括巴塔里尼派（Patarenes）、阿尔比派（Albigensians）和卡塔尔派（Cathars）。在法国，“保加利亚人”（Bulgarian）或“家伙”（bougre）成为“异端分子”（heretic）的同义词。英国骑士协助法国骑士无情镇压了阿尔比派，此后，“鸡奸”（bugger）一词作为那个年代的记忆保留在了英语当中，用来指责异端分子那些令人不齿的性行为。

随着奥斯曼土耳其人于 14 世纪来到巴尔干，鲍格米勒派信徒消失了。在一个世纪之前，他们在西欧的信徒也被教皇组织的一系列军事行动无情摧毁，几乎消失得无影无踪。然而，关于他们的教导的记忆仍然留存，毫无疑问，他们在新教的形成过程中发挥了一定作用。

保加利亚第一王国的衰落

拜占庭意识到保加利亚正在衰弱，尽管对其进行公然进攻的胜算依然不是很大，但保加利亚已经无法阻止其他国家成为拜占庭的爪牙。于是，基辅罗斯大公被鼓动去攻打保加利亚。当时沙皇彼得已去世，世人皆知这是最佳的进攻时机。异教的罗斯（Russian）游牧部落从东北而来，策马疾驰过保加利亚东部的领土。让拜占庭人始料未及的是，罗斯人喜欢上了这片肥沃而又阳光充足的土地，斯维亚托斯拉夫大公（Prince Sviatoslav）宣布，他打算将首都迁至多瑙河口。在这样的情况下，拜占庭人不得不再次使用其最常用的策略。这回是佩切涅格人（Pechenegs）被驱动去攻击罗斯人，而保加利亚人则在这方面给予协助。斯维亚托斯拉夫撤军保卫首都，在一个夜晚他被敌军伏击而阵亡。

经此一战，保加利亚陷入了混乱，拜占庭伺机而动，它的军队穿过巴尔干山脉的山口，未遭受任何特别的抵抗便攻陷了首都大普雷斯拉夫(Great Preslav)，他们大肆劫掠，俘虏了保加利亚沙皇，并且令他身穿朝服在君士坦丁堡游街，以示臣服。如同以往无数次一样，这次似乎又是拜占庭帝国的耐心、精明甚至军事实力胜过了一个小小的蛮族国家。

然而，局势并非如表面一般简单。保加利亚领土太辽阔，单单一次军事行动难以完全征服，这次拜占庭只是控制了它的东北部。在西部，地方封建领主多年来一直享受半自治政策。他们当中最强大的科梅托普罗伊·尼古拉（Kometopouloi Nikola）有四个儿子（可能还有女儿，但在那些年代里女性很少得到记载）。他们起兵反抗拜占庭，并非以独立封建领主的身份，而是打着在以往领土上保全和恢复保加利亚王国的旗号。他们将自己当作保加利亚王位的合法继承人，其标志便是他们隆重欢迎了此前设法逃离拜占庭的牧首。他们尽其可能以各种礼仪接待牧首，并将他安置在保加利亚西部一座设防的城镇穆格伦（Muglen）。

萨穆伊尔（Samouil）是四兄弟中最年幼的。正如民间传说通常所说的那样，兄弟中最小的最终证明是家中最聪明、最有抱负的。他逐渐领导了反抗拜占庭这个宿敌的斗争。他重组军队，并通过几次战役奋力赢回了保加利亚东北部领土。之后他挥师南下，征服了希腊中部领土。萨穆伊尔的接连胜利引发了君士坦丁堡方面的担忧，为了制造矛盾，他们释放了被废黜的沙皇鲍里斯和他的兄弟罗曼，而鲍里斯在过境时意外死于一个边境卫兵的手下。出乎拜占庭意料的是，萨穆伊尔隆重欢迎罗曼，并宣布他为保加利亚合法的沙皇。然而，由于拜占庭人的“照顾”，这位新沙皇无法生育后嗣，可能正是由于这个原因，他对统治自己的国家并未表现出任何特别的兴趣。萨穆伊尔是有实无名的全权统治者。罗曼去世时，无人质疑萨穆伊尔继位的权利。

萨穆伊尔可以理性无情，也可以感情用事，但问题在于，他在这两个方面都犯了错误。

萨穆伊尔处死了哥哥阿龙（Aaron），因为他怀疑阿龙背着他跟拜占庭人秘密谈判。为了安全起见，他还命令将阿龙全家斩尽杀绝。在儿子的极力劝说下，他留下了阿龙的一个儿子。多年之后，阿龙的儿子忘恩负义，以怨报德，杀害了这个曾经救他一命的堂兄弟。

萨穆伊尔在战斗中俘虏了塞尔维亚的一位王子，将其投入地牢之中。萨穆伊尔的女儿科萨拉（Kossara）拜访了这位被囚的王子，因为她作为基督徒的责任就是拜访那些失去自由的人。她对年轻王子的悲惨命运满怀同情，很快这种同情就变成了爱情。萨穆伊尔并未连根斩断情丝，却同情这对年轻的情侣，使其成婚，并立年轻的王子为诸侯统治他的领土。萨穆伊尔次女的婚姻也相仿——这次是与一位被囚的拜占庭贵族。萨穆伊尔将保加利亚在亚德里亚海岸最重要的港口都拉基乌姆（Dyrrachium）赐予新女婿，但旋即又转交给拜占庭。

对于保加利亚的历史来说，10 世纪的最后四分之一世纪和 11 世纪的最初四分之一世纪充满了悲剧性和英雄主义。保加利亚人为自己的独立奋战了将近半个世纪。萨穆伊尔运气不佳，面对的是拜占庭最有才干的皇帝之一——巴西尔二世（Basil Ⅱ）。巴西尔几乎每年都向保加利亚人发动进攻，各有胜负。有一次巴西尔命悬一线勉强逃脱，而萨穆伊尔有一次则全赖其子才得以逃脱被俘受死之命运。

然而，保加利亚逐渐失势，它已无法应付持久的紧张局势。地方封建领主疲于年复一年地提供军队进行无穷无尽的战争。他们的财富都消耗在战事之中，于是他们便开始考虑拜占庭向他们悄悄作出的承诺：以归向拜占庭为条件，换取荣誉和财富。

尽管被打败，保加利亚孤注一掷的抵抗依然持续了四年，一些波雅尔（boyars）① 英勇战斗直到全部阵亡。然而，其他波雅尔却主动放弃了他们的堡垒。拜占庭人多少还是信守承诺的，他们保留了地方贵族的特权，并将地方贵族吸收进他们的贵族阶层。关于这些的言语越是四处传播，背叛的速度就变得越快。萨穆伊尔的儿子进行了勇敢无畏的抵抗，但后来在一

① 波雅尔，拥有世袭领地的大封建主阶层。——译者注

次狩猎当中被当年自己拯救的堂兄弟谋杀。谋杀者约翰·弗拉迪斯拉夫（John Vladislav）宣布自己为沙皇，并继续抵抗。尽管他比死去的堂兄弟更善于指挥作战，但谋害兄弟的污名一直在他的思想和行动上投下了沉重的阴影。当他也在战斗中阵亡后，保加利亚人就丧失了战斗的意志。

1018 年，保加利亚人屠夫巴西尔堂而皇之地进入保加利亚首都奥赫里德，沙皇皇后（tsarina）和牧首将都城钥匙交给他，以示臣服。保加利亚人从此开始了将近两个世纪的依附时期。

保加利亚人没有了自己的国家，这既不意味着他们比拜占庭帝国其他地方的人处境更糟糕，也不意味着他们遭受某种特别的逼迫。很多贵族保留了他们的地位。确实，他们当中一些人被派遣到军队中服役，并被赠与帝国东部边境的地产，以使他们远远迁离本土，因为拜占庭认为他们在本土能够集结更多忠实的支持者；但这也只是当局一方常用的预防措施。保加利亚人不再拥有他们自己的牧首——因为在一个东正教国家有两个牧首是不可思议的——但以奥赫里德为中心的保加利亚教会依然保留了相当程度的自治权，其大主教拥有保加利亚大主教（Archbishop of Bulgaria）的头衔。

在最初的数十年中，保加利亚人至少两次在传统贵族后裔的领导下发动武装起义，试图恢复独立，但都被镇压。此后，他们似乎沉寂了。最大的问题是游牧部落入侵拜占庭帝国。无数佩切涅格人、乌兹人（Uzes）、库曼人（Cumans）蹂躏劫掠了保加利亚的土地。拜占庭无力应付他们的攻击，便重施罗马帝国的故技，让他们定居下来，并在定居的土地上防御新的入侵者。新来的游牧部落逐渐融入保加利亚人的汪洋大海，但并非没有添加他们自己的社会和文化特点。第一次和第二次十字军东征的大军也路过保加利亚的土地。他们将当地人视为宗教分裂分子，由于他们是要去建立“正确的信仰”，因此毫不犹豫地沿途奸淫烧杀。

保加利亚的再次复兴

大约在 12 世纪中叶，局势进一步恶化。拜占庭好几次遭受来自东部和西部攻击的重创。诺曼人（Normans）从意大利南部发动进攻，极力在巴尔干半岛建立一个据点，并在所到之处留下大片劫掠之后的狼藉景象，这对保加利亚西南部是巨大的灾难。

这些似乎还不够，当时的皇帝伊萨克二世安杰洛斯（Isaac Ⅱ Angelos）决定成婚，似乎为了保证让百姓欢欢喜喜参与他的婚姻计划，他想不出比征收一个新加的税种更好的办法。要不是这些计划恰巧与一个小事故同时发生，他可能就侥幸成功了。两位保加利亚波雅尔——彼得和阿森（Assen）据有保加利亚北部特尔诺沃（Tarnovo）的堡垒，此堡垒虽小，战略地位却十分重要。这二人可能是普雷斯拉夫王朝的远房旁系亲属，他们朝见皇帝，请求皇帝可以赐予他们更多的领地。不料，皇帝不仅对他们大加嘲讽，还让他们遭受了皮肉之苦。后来的事态发展表明，二人并非等闲之辈，他们于1185年在自己的堡垒高举起义大旗。

起初，这似乎只是一场闹剧。在最初几场战斗之后，起义者被迫撤退，甚至逃过了多瑙河。面对胜利，拜占庭皇帝松了一口气，但他错了。领导起义的兄弟二人可能跟居住在多瑙河对岸的人们有一些亲戚关系，他们可能还有库曼人血统。1186年春天，更有才干的弟弟阿森率领一支大军返回，并在一系列战斗中逐步解放了巴尔干山脉以北的保加利亚领土。皇帝尽全力围攻叛军的其中一个堡垒——洛维奇（Lovech），然而他并没能迅速将其拿下，反而越拖越久，起义军开始集结在拜占庭军队后方。皇帝本人是按照当时的标准接受的教育，他非常清楚尼基弗鲁斯一世的遭遇，因此他决定与保加利亚人讲和。他们也不得不放他走。

1187年，皇帝试图推翻和平协议，重新控制摩西亚，事实证明这是一场大灾难。他的军队在巴尔干山脉的一个山口被击败。于是，1187年，保加利亚再次被承认是一个独立国家。最小的兄弟伊万尼萨［Ivanitsa，即沙皇卡洛扬（Kaloyan）］被送到君士坦丁堡作为人质。他必须以自己的生命保证保加利亚人遵守协议条款，不会渴求西梅翁的功绩。

阿森兄弟将他们的国家视为保加利亚第一王国的直接后裔。这在他们的守护者（tutelary）和外交书信风格上就能看出来。他们都是极富才干的军事指挥家和政治家，但他们起初控制的领土只是保加利亚民族居住的土地的一小部分。他们的国境很少越过巴尔干山脉的山脊。保加利亚人虽然从未停止入侵色雷斯，但他们并未在那里获得长久的控制权。拜占庭皇帝并未完全承认保加利亚统治者的权力。保加利亚教会的领袖还从属于君士坦丁堡牧首。要想让保加利亚恢复其原有的地位，需要相当大的勇气、军事技能和出色的外交手段。此外，阿森兄弟在保加利亚的领导地位并未被悠久的传统所认可。一些封建大领主满怀嫉妒地觊觎着王座，认为自己称王的权力并不比阿森兄弟小。最终，阿森兄弟被一些波雅尔谋杀，作为人质的弟弟卡洛扬取得了王位，并无情镇压了一切抵抗。当然，他也受惠于机遇。

第四次东征的十字军并未履行他们基督徒的职责去进攻巴勒斯坦，而是于 1204 年征服了君士坦丁堡，并在拜占庭的领土上建立了他们自己的拉丁帝国。卡洛扬很快就开始试图和新邻居们建立良好的关系，他向他们表示愿意提供友谊和支持，但却遭到了傲慢的拒绝。更严重的是，十字军宣称保加利亚起义者是从拜占庭分裂出去的——而他们自己才是拜占庭帝国的继承者。因而，十字军骑士满怀蔑视地向保加利亚人发动了进攻，决战于 1205 年春在阿德里安堡（Adrianople）附近打响。保加利亚人成功地将敌军诱入了罗网。布洛瓦的路易伯爵（Count Louis of Blois）首先失去了耐性，带领骄傲的十字军冲向失败。刚刚战胜了拜占庭的骑士们遭遇了彻底的惨败。他们的皇帝鲍德温一世，即佛兰德斯伯爵（Count of Flanders）被俘虏到特尔诺沃，从此再无任何与他命运有关的确切消息。浪漫的传说称，他作为一个出色的法国人引诱了王后，于是嫉妒的国王命人将他从城堡的墙上扔了出去，摔死在下方的岩石上。更有可能的是他在狱中自然死亡，或被国王下令处死。

阿德里安堡之败动摇了拉丁帝国。卡洛扬开始一点一点地夺取帝国的领土，很快，保加利亚的疆界就几乎恢复到它臣服于拜占庭帝国之前的大小。然而，波雅尔造反的阴谋也从来没有停止酝酿。1207 年夏天的一个晚上，在围攻拜占庭的第二大城市萨洛尼卡时，卡洛扬在军营帐篷中被矛刺死。拉丁人可以松一口气了。继位的新沙皇是卡洛扬的亲戚，系无能之辈，很快便将他前任打下的江山挥霍一空。

卡洛扬的去世使保加利亚陷入了长达十年的危机，直到合法继承人——阿森之子复位才使其结束。他的统治从 1218 年持续到 1241 年，是保加利亚第二王国的巅峰。

在短短几年内，约翰·阿森二世（John Assen Ⅱ）就成功夺回了保加利亚的大部分领土。与极富侵略性的几位前任国王不同，阿森二世虽然在需要时不回避战争，但他更愿意依靠谈判解决问题。因此，农民们得以从每年的战事中解脱出来，相对稳定的社会秩序成为阿森二世统治时期的主流。同时，此前有所抬头的鲍格米勒派教徒活动在这一时期也销声匿迹了，这一点也足以表明，即使社会没有做到完全和平，至少也是平静的。

保加利亚王国的崛起与拉丁帝国的衰落同时进行。旧拜占庭帝国的碎片——两个希腊国家刺激了他们恢复帝国旧威的胃口。这两个国家是小亚细亚的尼西亚帝国（Nicaean Empire）和巴尔干的伊庇鲁斯君主国（Despotate of Epirus）。

伊庇鲁斯君主国的统治者西奥多尔·科姆内诺斯（Theodore Comnenos）为保加利亚实力的增长而忧心忡忡，他担心出现又一个索要拉丁帝国遗产的对手。这就是他在两国已经签有永久和平协议的情况下依然选择不宣而战的原因。1230 年，决战在色雷斯的科洛克尼察村（Klokotnitsa）展开。战前，为了激励自己的军队，约翰·阿森命人用长矛刺穿被伊庇鲁斯君主破坏的和约，并将其展示给军队看。伊庇鲁斯战败带来了灾难性后果，君主全家沦为阶下囚（数年之后，保加利亚沙皇爱上其女并与其成婚。为此，沙皇不得不与当时的皇后——瓦拉几亚统治者之女离婚）。获胜的沙皇释放了所有关押的士兵，这是一个仁慈的行为，给当时的人们留下了极深的印象。

科洛克尼察大捷使保加利亚获得了巴尔干霸权，并成为欧洲最强大的国家之一。其国境直抵黑海、爱琴海、亚得里亚海。约翰·阿森利用当时的局势，让尼西亚帝国对自己的王家头衔以及保加利亚教会牧首的地位表示认可。这位沙皇是一位幸运儿。确实，他不到50岁就去世了，但那是在他权力的巅峰。在他去世后仅仅一年，鞑靼-蒙古人（Tartar-Mongol）第一次破坏性的突袭就席卷了保加利亚。

保加利亚第二王国的衰落

约翰·阿森的帝国展示了许多晚期封建国家的特点：虚幻的成功。无政府的状态虽然暂时得到了遏制，却远未被消除。在这位伟大的统治者去世后，保加利亚陷入了数十年的混乱，并丧失了大量先前获得的领土。更年轻的国家——塞尔维亚在西边崛起。在南边，尼西亚人设法夺取了君士坦丁堡，恢复了拜占庭帝国，并极力重新树立他们在巴尔干半岛中部的影响。从13世纪中叶往后，保加利亚人的土地几乎每年都被鞑靼-蒙古游牧部落蹂躏。

得不到国家保护的农民陷入了绝望，他们决定自己动手。1278年，农民自卫团的领袖之一——可能他本人也是一位农民（不过关于他的出身还有别的说法）——成功地阻击了几次鞑靼人的进攻。这几次成功赋予了他权威，数千名不满的百姓聚集到了他麾下。沙皇康斯坦丁·提奇（Tsar Constantine Tich）本人在与起义者的战斗中阵亡。胜利者伊瓦伊洛（Ivailo）登上了空缺的王位，这一行为通过他与康斯坦丁·提奇的寡妻成婚而变得合法。这是欧洲极少数农民起义领袖登上王位的案例之一（在中国则更多）。伊瓦伊洛的统治是短暂的，当拜占庭从南方发动进攻、伊瓦伊洛率军前去反击时，首都的波雅尔联合谋反，并选出了他们自己的新沙皇。伊瓦伊洛被对权力的欲望冲昏了头脑，为了夺回皇位，他竟然转而寻求刚刚交战过的鞑靼人的援助。结果，鞑靼可汗在宴席上命人谋杀了伊瓦伊洛。

在接下来的二十年间，保加利亚跌入了谷底，鞑靼人甚至一度坐上了沙皇的宝座。非同寻常的是，创作于13世纪下半叶的一幅中世纪艺术杰作竟然保留至今，它向我们展示了那个时代的暴力、血腥和死亡。在斯雷代茨（今索非亚）附近的博雅纳堡垒建造了一座小教堂。在那里，一位不知名的画家在壁画中描绘了委托他装饰教堂的那位波雅尔和他的妻子德西斯拉娃（Desislava）。画家展现了高超的技巧，他画的圣像也散发出文艺复兴之前的精神。

在 14 世纪初期，这场政治危机在某种程度上得到了解决，但这实际上只是保加利亚的回光返照。它不再是一个令所有邻国颤抖的国家，其统治者发现难以阻止内部离心分裂的趋势。地方上的封建领主宣布独立，并寻求邻国和遥远国家的保护。

沙皇约翰・亚历山大（Tsar John Alexander）在 1331—1371 年领导保加利亚。在他统治期间，保加利亚得到了一些喘息的空间。他在自己发动的历次战争中并不走运，但也没有遭受任何特别的失败。

保加利亚的领土是国际贸易的一部分。在首都有一个特别的“法兰克人”（Frankish）街区，居住着外国商人。犹太人可能在一个或两个世纪之前就已从拜占庭来到这里，他们分散居住。最活跃的商人来自亚德里亚海边的拉古萨［Ragusa，又名杜布罗夫尼克（Dubrovnik）］，他们穿过巴尔干半岛远道而来。由于他们进出口的货物十分有趣，沙皇赐予他们一些特别的许可，以明确规定他们的种种特权。

约翰・亚历山大在历史记载上留下了几件事迹——有正面的，也有负面的。似乎意识到即将来临的可怕结局，保加利亚文化进入了一个短暂但充满活力的繁荣期。社会精英展开智力辩论，一些拜占庭哲学和神学学派拥有强大的影响力。各种手稿在首都特尔诺沃和附近的修道院得到传抄和阐释，饰以拜占庭标准风格壁画的教堂在各个城镇修建起来。沙皇用赠送村庄的方式供养僧侣，使他们的目光远离世俗事务。

如今，那一时期的文化只留下少数几个样本，最重要的样本之一就是沙皇约翰・亚历山大的四福音书，如今保存在伦敦的大英博物馆。它以东正教艺术最优秀的传统进行华丽的书写和装饰。正如在《贝里公爵的豪华时祷书》（*Les Très Riches Heures du duc de Berry*）中一样，书中的彩图展示了天堂与人间的丰饶与诱惑。沙皇与他的家庭的画像是中世纪艺术的杰作。在当时的人看来，这幅群像所揭示的远多于这位君主可能想要表达的，这并不仅仅是因为这幅画中没有他第一次婚姻的孩子。他的第二次婚姻就是一桩彻头彻尾的可耻丑闻。

约翰·亚历山大在已经达到一个令人尊敬的年纪时屈从于情欲，这种情欲在欧洲王室家庭中并不少见。当他有一次恰巧路过首都的犹太人居住区时，他爱上了一位犹太少女并想要得到她。这件事到此为止依然平淡无奇，因为同样的事情在英格兰、西班牙、法国也发生过。奇怪的是这桩风流韵事的结果。这位君王被情欲——也许还有爱情——所蒙蔽，将妻子打发走，让年轻的萨拉（Sarah）皈依基督教，然后与她成婚。当年轻的妻子生下一子时，这位年老的父亲似乎欣喜若狂。他废除了第一次婚姻时所生长子的王位继承权，作为补偿，他将保加利亚西北部维丁（Vidin）附近的土地赐给了他。

愤怒的长子约翰·斯拉特希米尔（John Sratsimir）与其父和王权断绝关系，实际上成了一位独立的统治者，特尔诺沃王国由此失去了通往中欧的直接路径。更糟糕的是，保加利亚东北部地区——此前由一个拥有保加利亚和库曼血统的波雅尔家族统治——这时也脱离了中央权力。这个地方王朝的建立者巴利克（Balik）与其子多布罗蒂萨（Dobrotitsa）［如今被称为多布罗加（Dobrudja）的地区就是以他的名字而命名］与意大利城邦保持了活跃的贸易关系。他们也与拉古萨和热那亚缔结协议，并组建了自己的舰队。

尾　声

特尔诺沃王国的分裂和逐渐衰落恰好与另一个可怕的危机同时发生，但起初似乎无人特别关注它。11 世纪之后，在土耳其人的压力下，拜占庭实际上已经失去了小亚细亚，而土耳其人在那里建立的伊斯兰国家，无论大小都热衷于向基督徒发动战争（这倒不是说他们会放过那些与他们有同样信仰的人们）。

14 世纪的拜占庭被王朝斗争折腾得摇摇欲坠。这些王位争夺者毫不犹豫地向土耳其雇佣军支付酬金以获得支持。每年春天，土耳其军队都会集结越过达达尼尔海峡，劫掠色雷斯，摧毁城镇和村庄。著名的奥斯曼侯国（beylik of Osman）也是在这个时候逐渐从众多的伊斯兰小国中崛起。奥斯曼侯国位于基督教和伊斯兰教地区的交界处，这有利于他们积累更加丰富的战斗和劫掠经验。成千上万的自由士兵被统治者及其继承者不断获取成功的传闻所吸引，蜂拥而至，奥斯曼侯国就是利用这群庞杂混乱的乌合之众建立起了一支强大、狂热且纪律严明的军队。

14 世纪中叶，一场严重的地震给了土耳其人绝佳的机会。这场地震摧毁了拜占庭建在达达尼尔海峡欧洲海岸的一个堡垒。如同希腊神话中的勒安得耳（Leander）一样，土耳其游牧部落泅渡达达尼尔海峡，但他们没有像勒安得耳那样丧生大海。拜占庭人试图将土耳其人逐出廷普（Tsimpe）的堡垒却惨遭失败，该堡垒从此成为土耳其人的进攻基地和连接亚洲领土的桥梁。劫掠者不再需要来回渡过海峡，他们在色雷斯东部富饶的土地上建立了冬季营地。奥斯曼一世①去世后，他的继承者们逐渐沿着马尔马拉海两边的海岸扩张领土。在 1364 年，奥斯曼人征服了阿德里安堡，这是拜占庭在欧洲土地上最重要的城市之一，坐落于保加利亚人领土的边缘；奥斯曼人宣布将其定为首都。这个举动昭示了奥斯曼人的野心，即将欧洲大陆作为目标。

巴尔干的统治者们甚至都没有猜到一位新的、不同于以往那些来去匆匆的游牧部落的新征服者正在叩响他们的门，因此，他们并未联手抗敌，而是继续争吵。当奥斯曼游牧部落毫无阻挡地来回驰骋于色雷斯时，保加利亚统治者的目光依然聚焦于其西部边境，在那里塞尔维亚国王史蒂芬·杜尚（Stephen Dushan）正忙于建立又一个短命的巴尔干帝国。拜占庭帝国的皇帝由于面临最大的领土威胁而惊诧万分，因此他提议整个巴尔干联合起来共同抗敌，但他的呼吁遭到了拒绝和嘲笑。甚至连两个儿子与奥斯曼人交战阵亡，也无法让保加利亚的约翰·亚历山大清醒过来。这位保加

① 奥斯曼一世（Osman Ⅰ，1258-1326），奥斯曼帝国的开国君主，1299 年建立奥斯曼帝国。——译者注

利亚沙皇还极力利用拜占庭的危急局势夺取黑海岸边的两个小镇，并入自己的领土。

约翰·亚历山大死于1371年，留下一个孱弱分裂、只剩下昔日荣光之影的国家。他与犹太女子萨拉所生的儿子——约翰·希什曼（John Shishman）竭尽全力保卫他的权利，但他并非统治者中最有才干和勇气之人，他的统治从一开始就笼罩在不祥的预兆之中。阻止奥斯曼帝国入侵的最后一次尝试发生在1371年的秋天，两位在马其顿、瓦尔卡辛（Valkasin）和乌格莱萨（Uglesa）拥有领地的塞尔维亚封建领主集结了一支相对庞大的军队向敌人发起进攻。在马里查河（Maritsa River）岸边，这对过于自信的兄弟被奥斯曼人突袭，战斗成了一场一边倒的屠杀。在此次胜利的鼓舞下，奥斯曼军队就像当时人们所说的那样，如同“一群捕食的猛禽”踏遍了整个半岛。保加利亚统治者小心翼翼地成为奥斯曼人的附庸，但这并不能改变局势。他的臣民和他集结的军队拼命抵抗奥斯曼人的进攻狂潮，而这些奥斯曼人在攻击他们的领地之前眼皮都不眨一下。保加利亚人的堡垒一个接一个地沦陷，但沦陷前他们经常会进行数周的拼死抵抗。

维丁王国的统治者约翰·斯拉特希米尔没有能够放下过去的仇恨，也因此没有向他的兄弟伸出援手，不过他也几乎无法提供任何援助。或者，可能他希望能推迟那不可避免的悲惨结局，至少使其晚一些降临到他自己的臣民身上。

看上去很矛盾的是，保加利亚王国的衰亡恰好与一次前所未有的文化繁荣同时发生。占据牧首宝座的是当时最杰出的作家之一——尤锡米乌斯（Euthymius）。他是静修主义（hesychasm）这一宗教和哲学运动的拥护者，也是一位伟大的语言学家，曾经对旧斯拉夫文学语言进行改革。除了保加利亚，周围其他使用旧斯拉夫语变体的国家也进行了这一改革，包括塞尔维亚、瓦拉几亚、摩尔达维亚（Moldavia）和罗斯。基里法雷沃（Kilifarevo）修道院的宏伟建筑在首都附近建起，容纳的修道士即使没有数百位也有数十位，他们在这里抄写、阐述各种手稿。许多异端和教派兴起，质疑东正教占统治地位的教义，这也表明当时的思想正在面临剧烈的动荡。在特尔诺沃王国灭亡后，许多作家逃亡，大多逃到北方的瓦拉几亚、摩尔达维亚、罗斯等国。一些人在新的国家教会里升至高位［他们当中的一位成为基辅大主教（Metropolitan of Kiev）］，另一些人在这些国家的文学艺术中留下了自己的名字。

1393 年，苏丹巴亚齐德（Sultan Bayazid）决定永久终结特尔诺沃王国的正式自治权。他围攻该城，但保加利亚人为荣誉而战，并未不加抵抗就放弃首都。沙皇约翰·希什曼当时正在某个地方集结军队，却未能抵达被围困的首都城墙之下，但牧首尤锡米乌斯激励战士奋勇守城。经过三个月奋战，抵抗失败，胜利者立即屠杀了许多贵族。其余数百名贵族被迫迁移到业已兴起的奥斯曼帝国领土的边疆，因为他们被视为未来潜在的起义领袖。牧首本人被流放到巴奇科沃（Bachkovo）修道院，几天后他在那里去世。

最后一位保加利亚沙皇的命运人们并不清楚，他可能于 1396 年在尼克波尔（Nikopol）的苏丹军营中被斩首。他的一个儿子皈依伊斯兰教，并成为一名奥斯曼指挥官，另一个儿子逃往西方。

在人们的记忆中，约翰·希什曼一直都不是一位殉道者，他未能抵抗侵略者、保卫基督教信仰，没有能够体现基督教理想的谦卑精神。他手下的一位将军在巴尔干山脉一处峭壁上留有铭文，至今仍存：

> 我，尊贵者奥格尼扬（Sebastos Ognyan），沙皇希什曼统治期间之将领，曾遭受许多凶险之事。其时土耳其人向我国开战，我与沙皇希什曼同仇敌忾。

保加利亚剩下的两部分——维丁王国和多布罗蒂萨的公国也很快陷落。14 世纪末，一种拥有不同语言和信仰的外国统治被强加给保加利亚，从此持续将近 5 个世纪。保加利亚的土地与欧洲的发展似乎被割裂开来。

永远！

第三章

“新月”的阴影

奥斯曼帝国的初步扩张

从巴黎或伦敦的角度来说，保加利亚沦陷在奥斯曼的统治之下，只不过是土耳其入侵进程中一段次要的插曲。虽然这个绵延了 7 个多世纪的国家灭亡了，而且就是在距离西欧近在咫尺的地方，但他们并没有特别忧虑。毕竟，亡国的这群人是教会的分裂分子，而且根据当时人们的观念，他们并非最纯正的基督徒，因为他们不承认罗马教皇的权威。保加利亚人的悲剧几乎无人记录，也无人哀悼。

这些西欧国家只顾忙于自己的小冲突，他们想要做的只是确定在何处终止土耳其人的入侵而已。事实上，他们也不得不这么做，因为在东正教各国沦陷之后，厄运就轮到匈牙利了。在 15 世纪和 16 世纪初期，匈牙利是欧洲最大的国家之一，但在土耳其游牧部落的压力之下，他们也逐渐屈服了。

1396 年，匈牙利国王卢森堡的西吉斯蒙德（Sigismund of Luxembourg）决定保卫他的国家，抵御即将到来的入侵。他宣布发动一场十字军战争，带领一支 2 万人的军队攻击奥斯曼人。来自不同西欧国家的军队集结在各种颜色的旗帜之下——法国人、德国人、英国人、威尔士人和波希米亚人响应教皇的呼吁前来与异教徒征战，因为匈牙利毕竟是一个天主教国家，这是谁也不能否认的事实。最显赫的人物包括两位法国贵族——让·德·

内韦尔（Jean de Nevers）和元帅让·布锡考特·勒·迈格雷（Jean Boucicaut Le Meingre），以及威尔士伯爵赫尔曼二世（Herman Ⅱ）和纽伦堡的约翰二世（Johann Ⅱ）。瓦拉几亚人和保加利亚人也加入西吉斯蒙德大军的队列中。

起初，胜利属于进攻的一方。他们很快攻占了保加利亚西北部，在那里保加利亚人自然是不加抵抗的。沙皇约翰·斯拉齐米尔（Tsar John Sratsimir）受此激励，便拒绝了自己居于苏丹之下的诸侯地位。事实证明他犯了一个错误，不过即使不犯这个错误，他统治的日子也有限。十字军被阻挡在多瑙河岸边坚固的尼科波利斯要塞之下，这个要塞当年由保加利亚人修筑，后来由土耳其人加固。奥斯曼人的主力军已抵达此处，而十字军依然在要塞的高墙下消耗时间。在确定决战策略的军事会议上，傲慢的法国骑士们拒绝听取已经在敌人手下吃过苦头的匈牙利人的警告。次日早晨，过度自信的十字军向奥斯曼人发起进攻，而奥斯曼人则在多瑙河边一座陡峭的山顶上冷静地等候着西吉斯蒙德的军队。装备负重甚多的十字军由于登山劳累而被纪律严明的伊斯兰战士轻易击败。许多十字军战士在接下来的大屠杀中阵亡，而俘虏也被就地处死。西吉斯蒙德本人设法逃脱，不过只剩下极少一部分军队。后来苏丹巴亚齐德一世（Bayazid Ⅰ）意识到不应该把经济利益和复仇混为一谈，于是对一部分幸存的骑士表示怜悯，索要20万福林（forins）的赎金。此外，维丁王国也最终被奥斯曼帝国吞并。

巴伐利亚人汉斯·席尔特贝格（Hans Schiltberger）在这次战役中被俘。他幸运逃生，但在接下来的25年里，他一直作为奴隶在巴尔干半岛和东地中海四处辗转。当获得自由后，他开始写回忆录。尽管已经过去了多年，他依然能够生动地重述战败后的可怕场景："苏丹命令每个士兵杀死自己手中的俘虏，如果有人拒绝，就会指定另一人来代替他执行命令。当轮到我时，苏丹之子看见我，下令饶我一命……血腥的大屠杀从早晨持续到黄昏。苏丹的一些随从目睹血流成河而无人放下屠刀，便向苏丹跪下，以上帝的名义请求他息怒……他听从了他们，命令停止屠杀。苏丹命幸存者集合，从中挑了一些给自己，然后将剩下的人赏给俘虏他们的土耳其士兵。我落在苏丹手中。土耳其士兵一天就俘虏和屠杀了 1 万人……”

在一段时期里，尼科波利斯之败粉碎了欧洲联合发动十字军进攻的梦想。从此以后，盛行的原则是“各扫门前雪”（every man for himself）。即使有一些联盟建立起来，也很快由于局势而解体。这些联盟的特点是，战士大多来自受威胁的地区，不过也有一些冒险者从欧洲大陆各地自愿前来参加，以积累军事经验。

就在这个欧洲人极其艰难的时期，一个难得的现实机会出现了，如果能把握住，基督教世界就会赢得胜利，并且遏制奥斯曼人的迅猛扩张。然而，无人利用这一局势。1402 年，土耳其军队在安卡拉（旧称安哥拉）战役中被蒙古征服者帖木儿（Timur）击败。一个有趣的事实反映了当时的道德状况：奥斯曼军队中那些最勇敢、最无私的士兵来自塞尔维亚，而苏丹穆斯林分遣队当中的一部分骨干士兵却成了可耻的叛徒。巴亚齐德一世被敌军俘虏。他被关押在一个笼子里，被迫目睹胜利者与他的后宫妃嫔寻欢作乐。巴亚齐德无法长久忍受这种耻辱，可能死于自杀。

巴亚齐德之死掀起了一场血腥争斗的序幕。在十多年的时间里，他的三个儿子为了继承王位彼此交战，很多土地沦为战场，遭到了无情的毁坏。当土耳其人忙于内乱时，欧洲人却未能——或者说甚至都没有尝试——达成结盟协议。他们目光短浅，只关心从这个或那个土耳其王位争夺者手中获取一点点商业利益，或只考虑如何迫使拜占庭皇帝放弃东正教，转而支持天主教。当时，在保加利亚西北部，即从前维丁王国的土地上爆发了一场起义，由约翰·希什曼的儿子和约翰·斯拉特希米尔的儿子领导。在此之前，二人未能在抵抗侵略的时候达成一致，因而失去了王位；这次，这两位同患难的堂兄弟联合了起来。然而，他们的力量并不足以获胜，而他们也未能如愿获得基督教邻国的援助。经过这次努力之后，保加利亚人低头了，他们意识到灾祸已经到来，而且不会很快就离开。

十字军的失败敲响了君士坦丁堡的丧钟。1453 年 5 月，苏丹穆罕默德二世（Mehmed Ⅱ）骑马踩着尸体（包括最后一位拜占庭皇帝的尸体）进入圣索非亚大教堂（St. Sophia），旋即下令将其改建为一座清真寺。

70 年后的 1526 年，匈牙利人在莫哈奇（Mohacs）遭遇惨败，首都布达成为奥斯曼一个帕夏管辖区（pashalik）的中心。奥斯曼帝国继续扩张，它的侵略势头最终于 1683 年在维也纳的城墙下被阻止。当时奥斯曼帝国横跨三个大陆：西至维也纳，东至波斯的伊斯法罕，北抵波兰，黑海成为其实际上的内湖，整个阿拉伯和近东地区尽皆落入奥斯曼帝国的手中。北非沿海直至摩洛哥都承认其统治。奥斯曼海盗攻击意大利、西班牙和法国南部，甚至抵达不列颠群岛。奥斯曼帝国利用了基督徒的错觉，成了世界上最大的帝国之一。

奥斯曼光芒之下的苟延残喘

在庞大的奥斯曼帝国里，很少有人能认出保加利亚人，因为他们的土地只占国家总领土的二十分之一不到。不过，他们占据了通往帝国首都的战略要道。

在此之前，保加利亚人居住的土地也曾经落入其他外国统治者的手中，但从未有过如此毁灭性的结果。对于现代历史学家来说，这次征服的实际后果是难以估计的。死亡人口的数据在总人口的 20%到 60%之间摇摆。不论我们采用哪个数字，这实际上都意味着崩溃。人口潜力的恢复需要几个世纪。

更重要的是，上层人口的死亡率是所有社会阶层当中最高的。保加利亚人失去了他们的领袖：贵族或被处死，或被俘虏，或逃亡北方，或被迫改宗伊斯兰教。当然，其中有一部分人是主动改宗，他们希望能够至少部分保住自己的地位（例如，约翰·希什曼的一个儿子在小亚细亚去世时就是一名穆斯林指挥官)。在一段时间里，他们的这个希求似乎并非毫无根据，但他们的社会地位最终还是逐渐下降了。一些与保加利亚第二王国统治者们相关的贵族的名字最后一次被提及是在16世纪。此后，他们就消逝在了时间的迷雾之中。

文人遭遇的灾难是最严重的。他们中的大多数是服务于基督教的神职人员，因此成为穆斯林首要的攻击目标。在穆斯林的迫害下，这些文人当中的很多人逃亡到了多瑙河流域各公国或遥远的罗斯，并在当地的文化和宗教生活中获得了特别的地位。

尤锡米乌斯去世后，教会的等级制度被摧毁，新的牧首也未选出。君士坦丁堡牧首利用这一混乱时期，逐渐恢复了他对保加利亚各教省(ecclesiastical provinces)的管辖权。穆罕默德二世明白，在人数众多的基督徒臣民中保持相对的和平符合自己的利益，因此在君士坦丁堡陷落后，他承认居住在首都的普世牧首为所有东正教基督徒的领袖。保加利亚教会的高层神职人员在数十年间经历了极大的变化，当选为大主教(metropolitans)或教会其他主教的通常是希腊人。这并非像三个世纪之后一些保加利亚民族主义者推测的那样，表达了某种特别的敌意，或表明希腊教会恶意剥夺保加利亚教会的国民权利。对此的解释相当简单：君士坦丁堡的高层神职人员本来就主要由希腊人组成，他们受过良好的教育，渴求薪水优厚的高层职位，并能对牧首施加影响。被任命为保加利亚高层神职人员的人就是来自这样的圈子。然而，即使他们没有怀抱恶意，希腊神职人员在支持保加利亚的文化和教育方面也几乎毫无作为，因为他们不懂保加利亚教徒们所说的语言。他们或多或少都鄙视这些教徒，并不关心教徒们的问题，而这些教徒正是他们的衣食父母。通常在普通的农村神父当中才能发现保加利亚人，这些农村神父要照管普通农民的基本属灵需求，而两者的福利并无多大差别。

结果，保加利亚社会成了一个在欧洲很不寻常的社会，并在几个世纪后给旅行者留下了特别深刻的印象——他们是一个没有领袖的民族，一个以社会平等为准则的民族。

保加利亚领土上的基础设施也发生了巨大变化，因为三个世纪以来它们一直处于奥斯曼帝国的中心。它们没有受到战争的破坏，众多据点的防御功能因此变得不合时宜。此外，统治者相当有理由怀疑这些堡垒坚固的围墙之内会隐藏叛军或觊觎权力之人，因此大部分堡垒都被夷为平地。在那个时代，欧洲的城市大多还蜷缩在半月堡（ravelins）后面，而保加利亚的城市则在平原上安然无恙地扩展开来。

来自小亚细亚的殖民者逐渐在巴尔干的平原和丘陵地带定居，他们尤其偏爱那些令他们感觉似曾相识的地区。他们定居在基督徒人群中，这些基督徒当中有一些被赶走，另一些则被同化，但依然还有一部分人坚守传统。数百个穆斯林村庄或基督徒与穆斯林混居的村庄出现了。在那里，两大宗教群体的代表生活在一起，因为他们别无选择。他们互相影响，土耳其人学了一点保加利亚语，而保加利亚人也学了一点土耳其语。在起初数十年的动荡之后，一种惯常的行为模式逐渐在日常生活中确立起来。尽管这两个群体相互隔离各自生活，他们却依然不得不考虑身边的人群。基于他们共同需要处理的问题和任务，一种平衡确立起来，虽然并不那么稳定。最基本的平等意识并未形成。穆斯林非常清楚他们是帝国中的统治阶层，他们根本不给基督徒臣民任何机会忘记这一事实，一秒钟也不行。并且，任何严重的危机都会摧毁双方互相理解的脆弱基础。穆斯林常常宣泄他们的愤怒，这些愤怒来自他们无助的邻居所引发的无法解决的问题。在法庭上，基督徒的起诉很少有机会得到对他们有利的判决。不过，他们至少在理论上可以提出起诉，而同时代的法国农奴甚至无法梦想拥有这一权利。大片保加利亚地区，尤其在东北部和东南部，呈现出一种穆斯林的风貌。

保加利亚人被迫成为奥斯曼帝国的臣民，这个国家的等级制度十分森严，正如西欧诸国一样。不过，该国等级制度的性质与西欧截然不同。例如，在法国，当时普通农民或工匠不论多么有天赋，都不会梦想成为贵族，并参与社会的管理。在奥斯曼帝国，这种地位的飞升却是非常常见的。相比西欧，奥斯曼帝国的人们能够更容易地从一个社会阶层上升到更高一级，需要的首先是能力和雄心。苏丹的全体臣民在法律面前至少有一方面是平等的：他们都是苏丹的奴隶。他可以擢升任何他需要的人，甚至升到帝国最高的位置上，只需要对安拉及先知负责。苏丹也能够同样轻易地废黜此人，但废黜的过程很少不伴随痛苦。犯人常常葬身于金角湾海底。尽管他们有时候“有幸”先被一根丝绸绳勒死，不过大部分情况下他们都是被活着捆在麻袋里，然后很快就被投海淹死。每每高层发生剧变，博斯普鲁斯海峡里的鱼儿都会变得尤其肥美。然而，据许多人说，冒这种风险是值得的，因为回报很丰厚。

地位的飞升有一个前提条件，那就是追求权力者必须信仰该国的宗教，即必须是一名穆斯林。所有的大门都对东正教基督徒关上了，但如果任何人皈依征服者的宗教，这些大门就会对他们敞开。帝国将近半数官高爵显的维齐尔（vizier）是由基督教改宗伊斯兰教的。

根据帝国的规定，整个国家的人口被划分为若干个不同的宗教群体，称为米勒特（millyet），而基督徒所在的群体被称作鲁姆米勒特（Rum millyet）。正如等级社会中通常的情况一样，这些宗教群体有某些义务和权利（对基督徒来说则很少，因为义务与权利的天平向义务倾斜，尤其是在教会方面）。在任何情况下，政府都慷慨地让他们自我管理，至少在某种程度上如此。当然，自我管理的前提是他们必须定期交税。

从长远来看，基督徒与穆斯林之间的对立分隔对帝国来说是致命的。基督徒被隔离在他们自己的社区里，他们永远不会将帝国的目标作为自己的目标。当民族主义时代来临之时，米勒特制度很快就土崩瓦解。

基督徒通常被称为加乌尔（gyaur），即异教徒，他们遭到歧视。民族复兴时期（National Revival），狂热的思想家们紧紧盯住这一点，其他的都视而不见。例如，基督徒被禁止穿着多彩的服装（不过旅行者观察到男人和女人穿着多彩的民族服装，根据这一证据可以判断，该禁令很少得到遵守），他们无权拥有或携带火器（实际上他们既拥有也携带火器，但被逮住时自然会遭受惩罚），他们也无权建造自己的教堂，这一禁令直到19世纪初期才解除。

保加利亚人属于拉亚（raya），奥斯曼人用这个词来表示那些养活帝国的大部分人口。土耳其农民也被称为拉亚，但这个词逐渐变成日常口语中的一个贬义词，指代那些被剥削和被剥夺权利的非穆斯林群体。

不过，我们在保加利亚人当中依然能够观察到一些社会差别。有一些群体享有特殊地位，被授予某些特权，但相应地要承担许多重要的责任。一些人跟在苏丹的军队后面，照料军队的供给和骑兵的马匹。另一些人必须维持道路的安全，尤其是常有盗贼出没的小路。还有一些人，例如稻农，负责生产各种货物，奥斯曼帝国政府（Sublime Porte）对此十分重视。有一个群体负责为苏丹的狩猎饲养猎鹰。还有一个群体负责保障向城市和军队定期供应牲畜。正是这个被称为赛勒普凯森基（çelepkesengi）的群体最早积累了大笔财富，后来为经济复兴奠定了基础。

农民在原则上是自由的，西欧那样的农奴制在奥斯曼帝国并不存在。他们拥有在某些条件下从一处迁移到另一处的权利，这限制了地方穆斯林贵族对他们的剥削。在最初数十年的大屠杀之后，奥斯曼境内拥有了充足的空地，但几乎无人耕种。就算一些地主想要享受农民辛勤耕耘主人土地的画面，此时也不得不压制自己贪婪的本性。否则，他们就很有可能孤零零地待在无人耕种的大片地产之中。

保加利亚人不得不生活在一种新的税制之下。在这个官僚主义和中央集权的帝国里，所有的税费都受到了严格的监管。这些税收当中的大部分都与欧洲相似，但也有一些在西欧是闻所未闻的。例如，希西耶（Çisiye）是一种仅由非穆斯林以现金形式交付的税费，这是他们臣属地位的象征。

然而，从心理的角度来说，最重的税是所谓的德乌舍梅（devshirme）。禁卫军团是苏丹军队的血腥长矛。根据规定，禁卫军士兵是从基督徒的孩子中征募的，他们被迫改宗伊斯兰教，遗忘自己的家庭、语言和宗教。他们不能结婚，所知的唯一家庭是塞马特（çemaat），即军团。他们在战场上勇猛战斗，不顾伤亡，因为他们认为自己能够直接进入天堂。胜利是唯一重要的事，因此，相当合乎逻辑的是，他们蒙受了极大的损失。为了补充军力，苏丹的代理人每两年都会在基督徒聚居的地区巡游一次。他们从7

到10岁的男孩中挑选出最聪明、强壮、敏捷、英俊的，送到小亚细亚，使其改宗伊斯兰教，并在土耳其家庭中服务数年，这些家庭教他们语言，并向他们介绍他们日后所从属的群体的规则。

在民众的记忆中，德乌舍梅或“血税”（blood tax）将孩子从他们的家庭和家乡中夺走，它已成为奥斯曼制度暴力的一个标志。它被悲叹、被诅咒，并成为无数民歌中的意象。

经过全面的教导训练，禁卫军士兵成为苏丹的卫士，他们如同古罗马的禁卫军（Praetorian Guard）一般，随时准备在危机爆发时支持苏丹。然而，他们的特权地位使其容易受到诱惑，这是因为他们也是人，所以也会屈服于这些诱惑。一些人结了婚，他们对家庭幸福的关心也随着孩子的诞生而产生。然后，他们就会从事手工艺——这都是他们的行为规范所严格禁止的。他们不愿再上战场卖命，也不愿放弃国库发给他们的薪水。他们逐渐成为国库的重担，导致国库亏空。

然而，并非帝国中的所有事物都像后来民族主义者认为的那样糟糕。税务管理并不像人们期望的那么好，但也不像民族主义者认为的那么糟糕。诚然，基督徒承担的义务和税费更多，但他们并不参加诸多战争，这些战争消耗了穆斯林人口的潜力。

经过了最初数十年的动荡之后，帝国巴尔干诸省安定下来，这种安定的局面直到18世纪才被打破。当中欧和西欧在宗教战争中挣扎时，巴尔干半岛处于相对的平静之中。德国三分之一的人口在三十年战争中死于饥饿，这种获得“永生”的方式在当时的保加利亚几乎是闻所未闻的。

确实，数以千计的保加利亚人被迫改宗伊斯兰教。但在沃伦斯坦（Wallenstein）率领的战功显赫的天主教军队的进军路上，那些不幸与之遭遇的新教徒同样面临不改变信仰就丧命的命运。

一些在自己国家遭受迫害的人将奥斯曼帝国视为避风港，他们可以在此得到拯救。在16世纪初期，数万名被西班牙驱逐的犹太人抵达奥斯曼帝国。他们在此即使得不到热情的接待，至少也能找到比故国更多的公义。起初他们居住在萨洛尼卡，然后向北分散到整个半岛。经过数十年的积淀，他们成为奥斯曼帝国城市生活的一个基本元素，并逐渐成为基本的商人阶层之一。18 世纪初期，数百名多瑙河流域公国的基督徒农民逃离他们的基督徒主人，定居在奥斯曼统治之下的多瑙河南岸。

直到 17 世纪末，奥斯曼帝国的中央政权依然足够强大，能够维持其欧洲部分相对遵纪守法的局面。自然，这个所谓的法律是胜利者强加给被征服者的，但总比什么都没有强。基督徒得到了一些鼓励，他们为了寻求更好的生活，开始从山上下来，重新在平原上定居。农业产量增加了，数以千计的牲畜遍布山谷。根据法国旅行者的记录，平原上农民的生活水平不比西欧农民差，这应该是极其值得赞赏的。

城镇中的基督教元素也开始恢复。土耳其的统治集中了大批消费者群体，这些消费者主要包括两类：其一，是帝国高度发展的官僚制度的管理阶层；其二，是数量庞大的卫戍部队。虽然很多部队士兵并不能定期领到薪水，但他们依然拥有可自由支配的现金，也愿意购买保加利亚农民的产品。手工业的传统也在城镇中得以保持。与穆斯林一样，基督徒也形成了自己的行会，例如制革匠、刀具匠、糖果店、面包师、兵器工匠等行会。

在那些年代里，保加利亚人不得不面对的基本问题并不是宗教和经济歧视，也不是穆斯林邻居和中央政权的暴行，而是与欧洲的撕裂。当西欧飞速发展、古登堡的发明席卷欧陆、最早的现代工厂开始建造、船队带来世界其他遥远地区的知识时，一种新的世界观和人文主义思想在西欧诞生了，然而巴尔干的基督徒却还生活在围墙之后。这座高墙由宗教仇恨和对欧洲不理智的傲慢筑成，在高墙之后，欧洲大陆上革命性变化的回声几乎察觉不到。在这几个世纪中，巴尔干相对于欧洲愈加落后，在摆脱奥斯曼帝国统治、实现民族复兴之后，巴尔干各民族一直都在努力改变这种落后状况。

第四章

浴火重生

18 世纪初到 1878 年之间的这段时期被称为保加利亚历史上的民族复兴时期，正是在这一阶段，各种有利条件缓慢地、有时是以令人难以察觉的方式积累起来，使保加利亚人得以重新回到历史图景之中。经济上，保加利亚逐渐踏上了新的、西欧早已熟悉的轨道。最早的能够被称为学校的机构建立起来了，此外，保加利亚还建立了一个自治的督主教区（Exarchate），即由保加利亚神职人员领导的独立教会。一个革命性组织的基础已打下，这个组织将保加利亚问题摆到欧洲面前。保加利亚人和他们的事务在大国的外交计划中占有了一席之地，保加利亚问题成为东方问题（the Eastern Question）的一部分，西欧人发现了它的解决方法，当然只是部分解决。

在 18 世纪中叶，保加利亚人对欧洲来说早已成为一段模糊的历史记忆。

诚然，拉伯雷（Rabelais）① 曾经听说过保加利亚人，他笔下的高康大（Gargantua）和庞大固埃（Pantagruel）多次使用 bougres、bourginots 以及 bougresses 这些词来形容异教徒。这些词由此进入英语体系，直到今日它们依然属于俚语词汇，不过基本都带有贬义的色彩。

根据孟德斯鸠的散文描述，保加利亚人是居住在多瑙河沿岸土地上的蛮族，而他们的定居又阻挡了其他的蛮族。

---

① 弗朗索瓦·拉伯雷（1494—1553），文艺复兴时期法国人文主义作家，著有长篇小说《巨人传》（原名《高康大和庞大固埃》）。——译者注

伏尔泰在他的《论各民族的风俗与精神》（Moeurs et l'esprit des nations）一文中写道，一个被称为阿拉伯人、阿瓦尔人、保加利亚人或其他斯基泰人（Scythians）的由斯基泰人组成的民族（保加利亚因其而得名），他们摧毁了色雷斯所有美好的地区（哈德良和图拉真曾在那里建造美丽的城市），以及所有那些只剩下部分路段的伟大道路。这并非是一个多么令人愉悦的评判，但考虑到伏尔泰后来把保加利亚人放在哲学讽刺小说《老实人》（*Candide*）的中心位置，人们还是应该对此表示感谢。

然而，所有这些都是相当模糊的观念，而非对保加利亚人的真正认识，因为巴尔干半岛在15世纪对欧洲人来说是一本合上的书。只有那些不幸成为囚犯和苦役的人，或只是陪伴其主人旅行的人，才对生活在这一地区的人们有一些了解——当然，这些了解既不全面也不准确。他们混淆了自己驶过的河流的名字，也弄错了自己爬过的山脉的名字。唯一的可取之处是，至少他们明白那里生活的群体既有基督徒也有穆斯林。到16、17世纪，特别是17世纪，第一批真正的旅行者——外交官、军人和间谍——出现了，他们中的一些人努力用文字记下自己旅行时的印象。17世纪，单单用法语出版的东南欧游记就超过500部。那些处在奥斯曼侵略边缘的德国政治家们也有相当大的兴趣。不难理解的是，他们想要更多地了解潜在的敌人，因此每一本关于大土耳其（Grand Turk）——即苏丹和他统治的土地——的书在维也纳、德累斯顿、莱比锡和慕尼黑都享有相当大的读者群。

包括保加利亚在内的巴尔干依然是欧洲大陆的一个附属物，充满异域情调，实际上并不为人所知。大约在18世纪末，所谓的“大旅行”（Grand Tour）开始流行起来，首先在英国中产阶级上层，后来扩展到欧洲其他主要国家的同一阶层。为了完成教育并“看世界”，年轻富有的贵族继承者们会花几个月甚至几年时间在法国、德国、意大利旅行。这一潮流在拿破仑战争期间被打断，因为当时沿着传统的欧洲巡回路线旅游变得既困难又危险。然而，探索新土地的热情一旦被激发就很难压制下去。于是，英国人采取了一个折中的方案，浪漫的他们会在马耳他登上一艘船前往阿尔巴尼亚、希腊、君士坦丁堡和爱琴海诸岛。路过这些地方时，他们会目睹各种遗迹以及诗情画意一般散布于其中的当地人，因而激动不已。如果他们足够幸运的话，还会吸一支土耳其长烟管（Turkish pipe chibouk），并与亚尼纳（Yanina）的阿里·帕夏（Ali Pasha）或一名不那么显赫的阿尔巴尼亚强盗共品咖啡。现代旅游由此诞生。旅行者的兴趣在于艺术和建筑、自然风景、古迹、社会状况和贸易前景，他们对食宿也有着相对较高的要求。这一地区可以克服极大困难应对他们的部分要求，但无法满足他们对食宿的要求。对此的各种印象来自外交官、传教士、军人，有时来自商人和工厂主，即专业人士，仅供参考。

至于美国人，情况更糟糕。海外旅行者大多从东往西旅行。从18世纪中叶到20世纪，很少有美国人来欧洲。他们的目光紧盯着自己向西推进的边境，并愉快地相信自己优于“衰落腐朽”的旧大陆，因此很少有人对中东表现出任何兴趣，对他们来说那只不过是“圣地”（Holy Land）所在之处。

确实，古典文化正在流行。在关于美国革命的宣传中，引自希腊共和国历史的各种例子得到显著的运用。反抗暴君的古希腊人的名字在革命的思想领导人之一——塞缪尔·亚当斯（Samuel Adams）的演讲中比比皆是。向公众进行演讲的能力被人们所推崇。比如德莫斯腾（Demosten）和伊索克拉底（Isocrates）等演说家，以及亚里士多德和柏拉图等哲学家，引用他们说的话已成为动员大众的一种重要方式。托马斯·杰斐逊在设计弗吉尼亚大学时就灵活运用了古典文化。正是他在18、19世纪之交表达了这样的希望：有一天能听到“荷马和德莫斯腾的语言从一个自由而聪明的民族口中喷涌而出”。

直到19世纪中叶，在美国，那些所教授的大部分内容为古希腊罗马经典的大学还在与现代教育的提倡者进行斗争。

然而，对古典文化的兴趣和相关知识未必就能转变为对现代性（modernity）的兴趣和相关知识。即使在希腊起义期间（1821—1828），人们对巴尔干半岛南部各种事件的好奇心达到顶点之时，这种好奇心更多地也只是想要对激烈的冲突建立一种现实的看法。并且，人们讨论的也仅仅只是希腊，关于塞尔维亚、罗马尼亚诸公国和保加利亚，大家基本无话可说。那些时代也标志着巴尔干“观念”的一个转折点。作家们仍然使用古代词语来描述他们的旅行：根据他们的描述，他们经过摩西亚、达尔达尼亚（Dardania）或亚该亚（Achaia），但居住在那里的人们早已使用他们的现代名称——希腊人、保加利亚人或塞尔维亚人了。问题是，在大部分书籍里，居住在巴尔干半岛中部的基督徒处于相当次要的地位，保加利亚人常常被与希腊人混为一谈，因为他们都信仰东正教，并且都说外国人听不懂的语言。（经过这些地区的波兰人和捷克人情况要好一些，因为他们自己也是斯拉夫人，可以设法偶尔理解当地人说的一些词汇。）重要的是，所有的旅行者、外交官和观察者都认为巴尔干半岛的局面已尘埃落定，苏丹的权力坚不可摧。无人料想数十年后将开始社会阶层的剧烈变动。

保加利亚几乎没有一丝民族自我意识，这并不奇怪。相反，这个“一丝”的存在反而令人惊讶，因为保加利亚人已经在外国统治下生活了400多年，他们生活在一个源于外国宗教的政权之下，而这个政权剥夺了他们管理自己的权利。

一些人屈服于刀剑的强权之下，已改信这一外国宗教，尽管他们也有良心上的痛苦。其他人最终成了牺牲品，死亡成为对他们痛苦的回报——或被石头砸死，或被烧死在火刑柱上，或被“仁慈”地绞死或屠杀。很少有人得到被东正教教会宣布为圣徒这一荣誉。大部分人的殉道随着时间流逝而被遗忘。

有相当一部分人屈服于改宗伊斯兰教的诱惑，他们希望消除自己上升道路上的一个障碍，并感受与主人的平等地位。奥斯曼帝国建立在宗教原则的基础上，不论出身于什么民族，只要是穆斯林，其在社会地位上升的道路上就没有任何障碍。然而，这样的晋升体系完全是为奥斯曼帝国的利益服务的，这些改宗者也会被他们的本族同胞看作数典忘祖之人。直至今日，“你在哪儿把它变成土耳其的了”（where did you Turkicise it）这句俗语，也就是“你在哪儿把它丢了”的意思，依然在保加利亚口语中用于表示某物无可挽回地丢失了，再也没有机会找回来。其实，普通农民并不能理解为什么伊斯兰教对他们来说是陌生的，而基督教对他们来说是相近的。两种宗教都以普通信徒无法理解的语言布道：伊斯兰教用阿拉伯语，而基督教主要用希腊语。当农民来到教堂在圣像前画十字时，或当他们宁死也不放弃信仰时，他们只是在遵守一个根深蒂固的历史习俗。对这一习俗他们自己也很难解释，只是它已通过本地神父对圣经的讲解深深扎根于他们的意识之中。

一些机构——人们只有尽全力发挥想象才能称之为学校——继续在与世隔绝之地发挥作用，尤其在修道院。在那里，只有初级文化水平的修道士向好学但文化水平更低的儿童分享他们有限的一点知识。抄写者以鹅毛笔奋笔疾书，在奇迹般幸存的羊皮纸上抄满文字，将从中世纪继承下来的知识从湮灭中拯救了出来。17 世纪之后，他们开始改变只使用古老的教会斯拉夫语（Church Slavonic）的传统。白话文中的词汇和短语开始出现在他们的书中，因为他们试图以新颖而更有趣的主题吸引潜在的读者。

保加利亚人能够保留他们的特性，并不只是因为他们有意或无意的抵抗，征服者与被征服者的差异实在太大也是一个重要原因。双方说不同的语言，信仰不同的宗教，遵守不同的传统。如今历史学家在寻找双方的相似之处，但在那个时代，正是差异决定了他们生活的方式。

先驱的火炬

一般来说，人们习惯于以简化的视角看待历史，大家发现用拟人化的方法来看待过去是最容易的。因此，查理曼大帝或阿尔弗雷德大帝代表了辉煌的中世纪早期，谈到百年战争自然会提到圣女贞德和黑太子（Black Prince），而对大多数人来说，拿破仑和纳尔逊（Nelson）象征着革命时代。保加利亚人对这条规律也不例外。尽管三代的历史学家一再提醒自己不要进行这样简单化的处理，但他们中的大多数还是将民族复兴的开始与一个具体年份和具体人物联系起来——东正教修道士希兰达的帕伊西（Paisii of Hilandar）。他瘦削、虚弱、遭受慢性胃病折磨，然而，据称他以一己之力在奴役的黑暗之中点燃并高举光辉的火炬，给民族解放带来启蒙和希望之光。

帕伊西可能出生于皮林马其顿（Pirin Macedonia）[①]班斯科（Bansko）镇的一个富裕家庭。成为修道士后，他首先在阿索斯山（Athos）的佐格拉弗修道院（Zographou monastery）待了几年，然后去了希兰达修道院，并在此获得了自己的别名。与许多同时代的人不同，他在奥斯曼帝国四处旅行，甚至到过国外。他曾连续几个月待在基督徒掌握权力的地方，勤奋地从大修道院图书馆里找出关于保加利亚历史的一点点零碎信息。1762 年，在他 40 岁时，帕伊西完成了一本薄薄的著作，名为《斯拉夫-保加利亚史》（*Slav-Bulgarian History*）。此书文字热烈而又适合初级文化水平的读者，使他们想起自己在中世纪时期还曾经拥有自己的王国，使邻国战栗，并且正是他们将西里尔字母表传给了东部和南部的斯拉夫人。

这并非第一部关于保加利亚历史的研究著作。一些天主教神父也曾写过这样的历史书，但大多一直不为人知。然而，帕伊西的史书受到了热烈的欢迎。这或许是因为适合这样一本史书的时代终于到来，或许是因为这 100 多页书中体现的热情正符合这个蹒跚学步的新时代的精神和口味。《斯拉夫-保加利亚史》广为流传，当然这个“广为”是按照 18 世纪的标准，而非 20 世纪的标准。在接下来的数十年中只有几十份抄本流传，但它们在民族意识的形成过程中起了催化剂的作用。

---

① 1878 年，第十次俄土战争结束后，俄土于 3 月签订《圣斯特凡诺和约》。根据和约，土耳其承认门的内哥罗、塞尔维亚和罗马尼亚独立，同意建立一个俄国管辖下的自治国家“大保加利亚公国”（北起多瑙河，南至爱琴海，将整个马其顿地区囊括在内）。俄国势力在巴尔干的扩张引起英、奥等国的强烈不满，同年 7 月，俄国被迫与其他列强签订《柏林条约》，对《圣斯特凡诺和约》进行修正。和约规定，塞尔维亚、门的内哥罗、罗马尼亚获得独立；波斯尼亚和黑塞哥维那仍属土耳其，划归奥匈管理；保加利亚成为俄国管辖下的自治国家，并被一分为三，包括北部的保加利亚公国、南部的东鲁米利亚（奥斯曼帝国的自治省）和马其顿（仍属奥斯曼帝国管辖）。1913 年第二次巴尔干战争结束后，罗马尼亚、希腊、塞尔维亚、门的内哥罗和保加利亚签订了《布加勒斯特条约》，马其顿地区被重新划分为三个部分，地理上属于塞尔维亚的部分称瓦尔达尔马其顿，属于保加利亚的部分称皮林马其顿，属于希腊的部分称爱琴马其顿。——译者注

保加利亚乡村的兴起

当帕伊西在雪白的书页上书写热情洋溢的文字时，他的同族人还只是一群文盲和半文盲的农民。但欧洲哪个民族不是由农民组成的呢？他们辛勤、用心地劳动，一点一点开始突破起码是自给自足的传统自然经济的限制。批发市场和集市开始在一年当中的某些特定日子在修道院周围和十字路口开放，这些日子大多与对基督教圣人的尊崇有关。这些市场和集市缓慢而不可阻挡地开始吸引近处和遥远地方的好奇者、买家和卖家。最有名的一些，例如保加利亚北部埃斯基苏马亚（Eski Çumaya）的集市，或南部乌苏恩德约沃（Ouzoundjovo）的集市，吸引了帝国各地的商人，甚至更遥远的外国商人。

驻巴尔干的欧洲外交官并未忽视这个颇具潜力的新市场的兴起。法国人是最早与奥斯曼人建立有利可图的贸易联系的。即使在1569年，法国臣民也被赋予一项权利，他们在帝国境内进口的货物只需支付5%的税费。他们的权利还受到他们外交官的保护，这是更大的特许权。这些所谓的“协约”（capitulations）成为奥斯曼帝国与西欧关系的模范。一个世纪之后，英国也签署了一个相似的协议。一家特别的黎凡特（Levantine）公司建立起来，垄断了帝国全部领土上的贸易。荷兰和西班牙以及一些意大利城邦也不甘落后。

起初，法国人是最活跃的，他们把注意力集中放在东地中海地区和摩里亚半岛（Morea），即希腊南部。18世纪中叶以后，一些商人，然后是领事开始坚持要求在保加利亚人居住的土地上开设商务馆和领事馆。法国革命和拿破仑战争那些动荡的年代使这一想法化为泡影，但日益增加的机会却并未被弃之不用。大量商船满载兽皮、蜡和东色雷斯无数羊群出产的羊毛，从君士坦丁堡和萨洛尼卡驶往马赛。在饥荒年代——很多是在旧制度（régime Anciene）时代——这些商船也运载谷物。反方向的贸易也运行得相当好。仅1788年一年，就有17艘来自马赛的商船在爱琴海的艾诺斯

（Ainos）港卸货，然后货物被运往巴尔干半岛内地。

英国人则更为谨慎。在18世纪和19世纪初期，他们逐渐征服了印度，并建立了一个庞大的殖民帝国，确保了巨大的市场和原材料来源。英国人从奥斯曼帝国进口的主要货物是生丝，不过生丝在18世纪也变得没那么重要了。很难说保加利亚人在何种程度上提供了从奥斯曼帝国进口的货物，不过很大一部分抵达英吉利海峡的羊毛、棉花和蜡可能最初来自保加利亚的土地。英国人对他们的外交联系也更谨慎。1715年，他们在萨洛尼卡建立了一个领事馆，在很长时间里它都是唯一的领事馆。普鲁士——后来的德国——则更谨慎，普鲁士于1853年克里米亚战争最激烈之时在鲁塞（Rousse）开设了一个领事馆，1869年在瓦尔纳和埃迪尔内（Edirne）各开设了一个领事馆。

在保加利亚最大的商业中心——乌苏恩德约沃、塞雷斯（Serres）和内夫罗科普（Nevrokop）的集市上一直有外国商人。到18世纪中叶，奥地利帝国买卖的货物总值达200万弗罗林（florins）①，在当时是相当庞大的数字；萨克森（Saxony）的贸易额达100万到150万弗罗林，英国则达到75万弗罗林。

如果不是由于奥斯曼帝国经常性的危机，保加利亚土地上的经济可能还会发展得更快。苏莱曼大帝（Sulaiman the Magnificent）的继承者们无力对付他们在欧洲和亚洲的敌人。奥地利——尤其是俄国——对大土耳其（Great Turk）欧洲领土的胃口与日俱增。土耳其曾经在军事技术上领先，此时却已经灾难性地落后了。曾经横扫中欧诸国的禁卫军不愿再听从帝国征服的号召去走军事荣耀之路，而只想跟自己的家庭在一起。帝国打仗虽有胜有败，但败仗越来越多。1699年，《卡尔洛维茨和约》（the Peace of Karlovac）的签署成为一个标志，因为这是奥斯曼帝国第一次向欧洲国家割让大片领土。奥斯曼帝国衰落的势头越来越快，而俄国沙皇彼得一世已经将俄国的领土扩张到了南方温暖的海边。尽管所有人都承认土耳其军队

① 弗罗林是一种古代金属货币，起源于意大利，后在15—19世纪流行于欧洲，其价值取决于其含金量，而这在不同的时期与地区各不相同。一般每枚弗罗林含金量为3—3.5克。——译者注

进行了英勇的抵抗，但他们还是未能抵挡俄国的进攻。每一次军事失败都会导致奥斯曼帝国丧失领土与政治影响力，传统的政治制度也因此受到侵蚀。1774年，俄国在取得一次战争的胜利后，成功地迫使君士坦丁堡承认它有权利保护奥斯曼帝国的基督徒臣民。后来，这被证明是在东正教基督徒中传播俄国影响力的有效工具。

在18世纪末和19世纪初，在经过一系列的军事失败之后，帝国被内部斗争动摇了。国内四处混乱不堪。许多地方封建领主实际上被容许统治自己的领地而不受干扰。大权贵为了自己的利益，阻碍了中央政权恢复秩序的不懈努力。数千个野心勃勃的人组成的强大的武装团伙，即被称为卡尔德扎利（kardjali）的强盗，四处横行，攻击村庄和城镇。中央政权束手无策，以至于有一次卡尔德扎利劫掠了君士坦丁堡周边的地区。苏丹站在环绕都城的城墙上，可以看见地平线上燃起的火光。在保加利亚西北部维丁附近的地区，奥斯曼·帕兹万托格鲁（Osman Pazvantoglu）[①] 作为实权者统治了10多年。向这名分裂分子发动的战争都徒劳无功。他的权力不容置疑，法国外交官甚至都仔细考虑是否要与他建立官方联系。英国人则派遣代理人到爱奥尼亚（Ioaninna）的阿里·帕夏那里，后者控制着阿尔巴尼亚大部分地区、希腊北部和马其顿的一部分。强大的分裂分子们在波斯尼亚、黑塞哥维那和色雷斯与帝国角力。

居住在帝国欧洲领土外围的基督徒，如塞尔维亚人、希腊人，被帝国的分裂势力所鼓动，也振臂反抗。在19世纪最初的30年，经过漫长的流血斗争，他们最终赢得了自治权。

保加利亚人并未置身事外，但问题在于他们居住的地区处于不利位置。这个地区紧邻帝国在欧洲最重要的政治和经济中心，同时它也不像多瑙河流域诸公国、塞尔维亚或希腊那样与西欧有直接的陆路或海路联系，也就是说，缺乏一个稳固的后方。此外，穆斯林已在保加利亚的土地上定居了很长时间，他们全副武装，还占据总人口的三分之一以上。

不过，数以千计的保加利亚人加入了邻国的起义。在那些动荡的年

① 奥斯曼帝国的一名波斯尼亚裔军人。——译者注

代，城镇和村庄能够依靠自己进行抵抗。一些城镇和村庄在周围建起简单的防御工事，既能阻碍进攻者，同样也能激怒他们；另一些城镇和村庄在周围深挖壕沟。人们武装自己，抵抗强盗的进攻，保卫自己家庭的生命和荣誉。这 30 年的无政府混乱状态带来了意想不到的结果。由于政府让他们自己抵抗，保加利亚人积累了战斗经验，并且相信自己可以决定自己的命运。

在 19 世纪前半叶，此前一直被遗忘的保加利亚人变成了帝国欧洲领土上生产力最强的群体。他们勤劳进取，给国库上缴的税费最多，这就是为什么任何保加利亚民族自我意识的表达都令土耳其人皱眉，因为任何有理智的人都不愿放弃产金蛋的鹅。

新时代使传统的生活方式变得多样化，并拓展了生存的空间。至少有一部分保加利亚人开始考虑各种各样的选择，并选择那些他们认为最有利可图的。选择的自由是他们历史发展进程中一种新的事物，有时会变得不可抗拒。一直以来，他们只是年复一年地重复传统所允许和传承的事，但传统既没有带来财富，也没有广阔的前景。它的作用只是保证——或至少是暗示——某种名义上的安全，比如家庭的安全感。突然之间，雾散云开。几个世纪以来头一次出现这样的情况：那些更有进取心的人，即喜好新事物及其带来的利润的人，将目光投向村庄公地的边界以外，或城镇周边以外的地方。

每年春天，成群的园丁从保加利亚北部的村庄出发前往瓦拉几亚、匈牙利、奥地利、波希米亚或俄国南部。就是在那些地方，他们勤劳而娴熟地耕种土地，以此闻名；就是从那些地方，他们给妻儿带回新的生产技术、新口味的产品和工厂制造的礼物。这使那些更谨慎的人和害怕冒险尝试新道路的人魂梦不安。

山民饲养了无数的绵羊，半野生的猪群在橡树林间游荡（土耳其人作为穆斯林不会去碰猪肉，而需要用羊毛来织布制衣）。他们穿越数百公里，抵达牧场。他们找到的最好的牧场位于多布罗加，当时这里还是一片人烟稀少的土地，只有少数鞑靼游牧民，他们自从 14 世纪毁灭性的入侵之后就在此游牧。就在30年左右的时间里，这里的民族构成改变了，保加利亚人成了主要的民族。

保加利亚西部特伦（Trun）和布雷兹尼克（Breznik）地区的农民没有多少选择的余地，因为他们的土地贫瘠多石。然而，这一劣势却被转变为一种优势。特伦的人们与石角力，学会了如何使其为己所用，特伦的石匠由此凭借其技艺四处谋生，直至黑海之滨。

其他地方的人们也在寻找新的生计来源，尤其是土壤贫瘠的山区。德巴尔（Debar）、特里亚夫纳或萨莫科夫（Samokov）等地区的圣像与壁画画师和雕刻师穿越整个巴尔干半岛寻找工作。

和欧洲其他地方一样，商人和工匠成为新的自我意识的承载者。旧市场对他们的事业来说变得过于狭小，他们周游世界，寻访集市，在离保加利亚或远或近的地方开办营业点，并积累资本，虽然他们的资本按欧洲标准来看并不太多。数以百计的商人在国外变得富裕起来，因为奥地利、多瑙河流域诸公国、俄国或塞尔维亚提供的条件更为有利。在19世纪后半叶，城镇逐渐取代集市成为贸易中心，保加利亚人开始一点一点地成为国际贸易的一部分。保加利亚商人的货栈甚至开到了埃及和遥远的印度。与奥赫里德的罗贝夫（Robev）兄弟公司保持业务联系的公司和工厂，单单在奥地利帝国就超过100家。保加利亚商人向法国出口棉花、羊毛、蚕、丝绸、玫瑰油和烟草，并从法国进口成衣、玻璃器皿、珠宝、钟表及一些殖民地产品，例如咖啡。萨洛尼卡和卡瓦拉（Kavalla）是法国和英国商船停泊的主要港口，而普罗夫迪夫则逐渐成为内陆地区的货物集散中心。每年进入该市的法国货物价值达200万法郎，而从该市运往法国的货物价值达300万—400万法郎。驻该市的法国领事尚普瓦索（Champoiseau）被高昂的利润吸引，买断了该地区所有的蚕以图获利。然而，他还是比不上当地的贸易老手，最终破产。在19世纪初期，奥地利帝国将其与土耳其的矛盾放在一边，开始日益积极地加入巴尔干半岛的贸易。维也纳是欧洲靠近保加利亚的最大的城市。19世纪20年代，阻碍多瑙河航运的礁石被炸掉，商船和客船的行驶更加便利了。维丁、洛姆（Lom）、斯维什托夫

（Svishtov）和鲁塞等坐落于这条欧洲大河南岸的城镇迅速利用了这一变化。许多进出口货物的商店开业了，到克里米亚战争时，光是从奥地利和萨克森进口的货物种类就达到500种。普罗夫迪夫的盖绍夫（Geshov）兄弟公司甚至在英国的曼彻斯特开设了一个营业点。在民族解放战争（Liberation War，1877–1878）前夕，保加利亚人开始尝试进口农业机械，例如脱粒机。富裕的商人为自己建造了维也纳风格的房屋。来自维也纳和布拉格的钟表悬挂在墙上，而法国的时尚也通过维也纳传入保加利亚。除了法语，德语也是希望在西方获得成功者必学的语言。

从中欧进口到保加利亚的货物：

瑞士——毛巾、印花布、平纹布、刺绣、丝绸制品、钟表、珠宝。

波希米亚——阔幅布、透孔织品、平纹细布、玻璃器皿、珠子、烟嘴和水烟袋。

德国——羊毛针织物、内衣、阔幅布、披巾、丝绸、天鹅绒、头巾、家具、书写纸和牛皮纸、毛皮制品、日用杂货、针、黄铜和青铜烛台、鲸须纽扣、象牙、瓷器和珍珠母、写字板和铅笔、银、乐器。

奥地利——男女成衣、绸布、棉布、羊毛布、线、铁制品和钢制品、火柴和卷烟纸、钉子、书写纸和牛皮纸、朗姆酒、日用杂货、精细皮革制品、笔记本、保险箱、瓷器。

1785年，就在奥斯曼帝国承认美国独立两年之后，橄榄——一种常见的东方货物——在波士顿的商品交易所被出售。不寻常的是它的原产地。这些橄榄并非如通常一般进口自意大利、西班牙或法国南部，而是来自爱琴海边的港口城市士麦那（Smyrna）。可惜的是，我们无法知晓是美国还是英国的商船运载这些货物，但那是美国与奥斯曼帝国之间商业联系的第一次突破。

次年夏天，一艘属于年轻的美利坚合众国的商船抵达了君士坦丁堡的港口。此后，这样的景象越来越普遍。即便如此，15年之后，苏丹的臣民们还是挤在码头上去看当时还没有多少颗星星的美国国旗。当时的苏丹——正好是不走运的改革者塞利姆三世（Selim Ⅲ）——声称土耳其人和美国人之间有一个重要的相似之处。是什么呢？二者都是“天空之国”，奥斯曼帝国的国旗上有一弯新月，而美国国旗上有星星。

两国还有另一个相似之处。那就是双方都不了解对方的情况，甚至连模糊的概念都没有。

在盎格鲁-撒克逊人向全世界扩张的时代，美国与东南欧建立关系的计划是一种传统的模式：首先是朗姆酒，接着是十字架，随后是枪炮，最后是衣冠楚楚的外交官。

实际上，要说朗姆酒是美国与东南欧间贸易的主要货物的话，有些言过其实，但它的香气确实在数十年间都一直广飘这一地区。尽管这似乎有些奇怪——特别是对习惯于将美国视为现代文明打击贩毒的斗争先锋的那几代人来说——但最初美国商人的注意力并不是被土耳其商品（它们在欧洲市场上是奥斯曼帝国的象征）所吸引，而是被土耳其鸦片所吸引。此外，这并不是为了满足美国自身的需求（在美国，法律并不禁止鸦片的使用，人们可以不受约束地在药店买到鸦片，无论是用于医疗还是在烟斗中吸食），而是为了贩卖到供不应求的地区。对于大胆的美国佬（Yankees）来说，土耳其鸦片是一把钥匙，能够打开充满无限商机的中国市场。清教徒的道德观并未阻止他们将鸦片贩卖给当地“中国佬”（Chinks），使其沉迷于享乐和消遣。致富的秘诀很简单：野心和胆量结合起来，就带来了十分令人愉快的贸易顺差，比如美国代理商在土耳其以每磅3美元的价格购买鸦片，然后以7—10美元的价格贩卖给中国人。

1829—1830年，鸦片大约占美国从土耳其进口总额的32%。自然，美国在奥斯曼帝国的商业利益不只限于鸦片，因为葡萄干和榛子在美国市场上也非常受欢迎。这些货物中的很大一部分都来自保加利亚的土地。

保加利亚人机敏地利用了东南欧经济形势的变化。在19世纪初期，面对改革还是灭亡的选择，奥斯曼帝国勉勉强强选择了前者。第一个不得不改变的领域是军事。奥斯曼土耳其人的帝国是以刀剑建立的，它不愿在刀剑之下灭亡。旧军队已失去其闻名于世的严明纪律，变成涣散、叛逆的乌合之众，通过改革取而代之的是一支由应征士兵组成的常备军，自然，只由穆斯林组成。这支军队需要衣食和武器装备，而保加利亚人为了丰厚的报酬甘愿为他们的压迫者提供这些服务。

巴尔干山麓上和罗多彼山区中的城镇为羽翼渐丰的新常备军纺织军装的布料。在这些城镇周围，尤其是在河边，制革匠为军靴处理数以万计的皮革。当山区城镇的男人们整个夏季都在多布罗加或色雷斯放牧牲畜时，女人们用多彩的羊毛线编织穗带——这是当时很受喜爱的制服装饰。在君士坦丁堡本地，数千名保加利亚裁缝则动手制作制服。

法国皇帝拿破仑三世（Napoleon Ⅲ）和俄国沙皇尼古拉一世（Nicholas I）都妄自尊大，野心十足，这导致了克里米亚战争（1853—1856）的爆发，而这场战争对保加利亚制造商来说是天赐良机。战争前夕，法国从保加利亚的土地上进口了价值2300万法郎的货物，出口总额达3250万法郎。正如一些愤世嫉俗者惯常说的，对于一个地区的经济来说，没有什么比一场有利的战争更好的了。克里米亚战争就是这样一个例子，贸易因其取得了重大的飞跃。数以千计又饥又渴的英法士兵乘着战舰涌进瓦尔纳。寡廉鲜耻的商人唯利是图，几乎不区分合法与非法——无论是保加利亚人、英国人还是法国人——他们既然被委托提供军备，便彼此竞争以求更大利润。保加利亚人以好奇和嫉妒的眼光看着这些外国人，并竭力从说话到穿着都模仿他们的方式。因此，在19世纪70年代，当西欧人漫步在保加利亚繁荣的城镇和村庄时，他们对衣着整齐的当地居民感到惊奇——即使他们的衣着是传统服装和法国时装的奇异混合体。

道路网络也得到了某种程度的改善。在19世纪60年代末，土耳其政府陷入了一场通常是阵发性的改革活动。在保加利亚的土地上，在多瑙河与巴尔干山脉之间，一个以鲁塞为中心的单独的省（vilayet）成立了，而精力充沛的米特哈德·帕夏（Mithad Pasha）被任命为总督。在短短几年内，他成功地吸引了一些保加利亚的重要人物支持他推动当地经济的现代化。新道路修建起来，旧道路也被翻新，桥梁横跨湍急的河流。他采取措施使邮政服务现代化，并修建了帝国第一条铁路。英国工程师被委托建立鲁塞—瓦尔纳铁路。在保加利亚南部，百万富翁、慈善家巴龙·冯·希尔施（Baron von Hirsch）（一名犹太人，但同时代的人并不知道他是奥地利裔还是德裔）正在修建一条铁路以连接君士坦丁堡和西欧。许多德国、奥地利、意大利和捷克的工程师和工人跟保加利亚人分享他们的技术。（捷克人顺便介绍了他们对啤酒的喜好，意大利人则介绍歌剧音乐。）尽管火车速度较慢，不可靠的建筑质量也使得每次旅行都成为一次危险潜伏的冒险，但这种新的交通路线还是极大地改变了保加利亚抵达帝国各地市场的速度。在多瑙河沿岸城镇，港口成为受人喜爱的散步场所。当地所有的精英人士会因船舶抵达而聚集起来：他们欢迎其抵达，送别离去的乘客，让女士们能够以艳羡的眼光观看其异国同侪的衣饰。

保加利亚人的习俗和观念也改变了很多。在18世纪初期，外国旅行者依然以好奇的眼光盯着前面光头、后面留着长辫的保加利亚男人，他们与成吉思汗（Genghiz Khan）麾下战士的发式相似；而女人们在节日里穿着炫目的“蛮族”服饰，头上戴着头巾，上面缀着一串串金币和珍珠。100年之后，在解放前夕，一切都变了样。保加利亚男人的发式已经改变，成了欧洲人眼中熟悉的样式。保加利亚人的服式也改变了。在城镇中，尤其是教师和富裕的工匠抛弃了宽松的长裤，穿上了贴身得多的欧式长裤。随后，粗糙的头巾和土耳其帽（fez）被呢帽取代。

城镇中心开始竖起高塔，上面有来自维也纳、布达佩斯或莱比锡的机械钟。过去，时间只是缓慢地流逝，不留下记号，而今时间被赋予了重要意义。保加利亚人同时使用土耳其和欧洲的计时法（根据土耳其计时法，一天开始于早上6点），在这种和谐的共存之中有一种极富象征意义的东西。

过去，房屋狭小而不牢固，而今它们耸立仰望天空。在工匠领域里兴起了一种新的标准。此时人们已习惯于见到两层的房屋，客厅宽敞，饰以美轮美奂的木雕天花板，家具中既有常见的硬木床，又有从集市购买或直接从欧洲进口的玻璃器皿和瓷器套件。只过了 20 年或 30 年，整个城镇都面貌一新。建筑模仿希腊城镇的样式，这出自一种凭直觉的对现代的预见。土耳其人以不加掩饰的嫉妒看着他们保加利亚邻居的奢华居所。

食物也逐渐变得多样化，保加利亚人开始尝试之前他们从未见过的水果和蔬菜。奥斯曼人曾带来他们种植水稻的技术。马里查河附近的湿地被改造为大片稻田。数以千计的农民不情愿地在此劳作，因为在他们的观念里，大米似乎是与征服者联系起来的。因此，保加利亚人从未掌握土耳其人极其喜爱的肉饭（pilaf）的制作诀窍。

将茄子带给保加利亚人的也是土耳其征服者，但它在保加利亚人的菜谱中占据了一定的地位。基奥波卢（Kyopolu，kee-opo-luh）就是保加利亚人最喜爱的菜肴之一，其食材为剁碎烤炙的茄子和胡椒、西红柿和大蒜，并以欧芹、醋、橄榄油调味。

在 16 世纪的某个时间，在埃及被征服之后，玉米被带到保加利亚，但在很长一段时间里，保守的农民甚至连看都不愿看这种新作物。经过多次劝说甚至强迫，他们最终认识到它用来做食物跟做饲料一样好。一个世纪之后，豆类出现了。由于它们相对容易种植，便成为极受喜爱的一种食材，用于许多菜肴的烹调之中。农民喜欢豆类，因为它们既便宜，又容易在天气温暖时保存。

如果说土豆在 19 世纪 30 年代才姗姗来迟，当时并没有受到多么热情的欢迎，那就太过轻描淡写了。的确，保守的农民抱怨保加利亚人不是德国人，因为只有德国人才吃土豆。然而，他们也已经开始种植这种蔬菜（虽然主要是在山区，因为那里土壤贫瘠，其他作物产量不高）。

大豆种植试验零零星星地在一些地方开展。

西红柿起初被当作装点花园的花卉培植，直到 19 世纪后半叶才开始出现在餐桌上。在普罗夫迪夫地区，西红柿甚至被称为弗朗基（franqui），因为当地人最早看见的西红柿可能是法国工程师培植的，当时他们在该地区修筑铁路。多亏了一位不知名的天才，西红柿才成为著名的斯普斯卡

（Shopska）沙拉的主要原料。

> 斯普斯卡沙拉似乎将巴尔干半岛的中部和西部联系在了一起，因为如今人们在保加利亚、马其顿或塞尔维亚都可以点这道菜。尽管这种沙拉的原料很简单——生胡椒或烤胡椒、西红柿和调味品，随意撒上碎盐渍奶酪——但它的风味向来使外国游客着迷，从不令人失望。

在日常生活中，保加利亚人一般最常吃的蔬菜是洋葱、大蒜、小扁豆、豌豆、卷心菜和菠菜。酸乳酪几乎每顿饭都出现在餐桌上；肉类则并非如此。最令人垂涎的肉类佳肴是以海杜克（haidouk）① 的方式烧烤的羊羔——连续叉烤几个小时，或带皮埋在深沟里用火连续烤几个小时。

拉基亚（Rakiya）是一种由发酵水果蒸馏而得的白兰地，土耳其人于14 世纪末将其带到保加利亚，它是流行范围最广的一种酒精饮料。保加利亚人酿造这种酒时会使用葡萄、西洋李子、李子、梨、山茱萸、桑葚和欧洲黑樱桃——也就是说，在这方面大众的想象力得到了极大的释放。所有路过这片土地的欧洲人都会谈论他们喝过的这些酒，不过他们很少陶醉于其质量，而是强调其分量和价格。

穆斯林被认为是甜品大师，保加利亚人从他们那里学会了做土耳其碎芝麻蜜糖（halvah）、蜜糖果仁千层酥（baklava）、牛奶麦粥（frumenty），以及其他许多美味珍品，使它们的痴迷者的腰围与日俱增。阿尔巴尼亚街道小贩售卖浓烈而带甜味的博萨（boza）——一种以轻度发酵的小米、黑麦或小麦加水和糖制成的饮料。保加利亚人非常喜爱这种饮料，但欧洲人并不会一开始就喜欢它，他们品尝它时通常会被刺激得龇牙咧嘴。

---

① 海杜克，本意为“强盗”“土匪”或“法外之徒”，指 15—19 世纪巴尔干人民中反抗奥斯曼帝国统治的游击战士。——译者注

发现世界

法国大革命和拿破仑帝国搅乱了巴尔干半岛，保加利亚人开始寻求新的视野。新型的人们需要新型的教育，中世纪知识已然不够。尽管一开始犹豫不决，但新的科目还是在18世纪末开始被引入学校。优先传授的是那些对贸易有用的科目，例如数学，但漂亮的书法也被列入课程。

最早的学校被称为小屋学校（cell schools），以修道院的修道士居住的小屋（cell）命名。然而，如果有人考虑那里采取的教学方法，就可以很容易得出结论：这个名字来源于监狱的牢房（cell）。在几年的学习过程中，学生们不得不在严格的老师——有时是牧师，但更多的是通过教学增加微薄收入的工匠——的指导下学习字母表并磕磕绊绊地阅读礼拜书。棍棒是主要的教具。体罚甚至得到家长的鼓励，他们在送心爱的孩子来学习读写时会告诉教师："肉是你的，但骨头你要给我留着。"教师一直手执长棍，时刻准备伸向坐得最远的跷二郎腿的学生。那些顽皮的学生被罚在玉米粒上跪几个小时，以使自己头脑清醒，并且还有被称为"趾骨"（phalange）的体罚等着那些更顽皮的学生。被体罚的学生的脚被夹在两块木板之间，这样教师就能鞭打他的脚踵，让他疼得在地上打滚。人们对此十分好奇，想知道为什么一些学生在这种条件下还能保持对学习的热爱。

在19世纪20年代和30年代，希腊式教育流行于繁荣的城镇。学生学习当时奥斯曼帝国贸易的官方语言——希腊语，以及一些新科目——例如物理学、天文学和自然科学的基本原理。然而，这个时期较为短暂，因为日益自信的知识分子认为模仿希腊模式是一种耻辱。此外，希腊人是保加利亚商人最强大的竞争者。因此，知识分子和商人都将目光投向欧洲的方向。

19世纪中叶，保加利亚人被成功的例子所激励，开始将中学和导生制（monitorial）小学一同开办。高中也很快开办起来。甚至还有人谈论建立综合性大学类的高等教育，但那些雄心勃勃的计划还得等待时机成熟。

在19世纪20年代，第一批年轻人离开保加利亚到俄国和西欧接受高等教育。俄国是合乎逻辑的选择，因为保加利亚语和俄语相似，学生适应那里的新环境也更容易。并且，俄国毫不掩饰自己对保加利亚的野心，很乐意提供奖学金给有前途的保加利亚学生，因为他们有潜力成为俄国对保加利亚施加影响力的工具。从克里米亚战争到解放这段时期，将近300名保加利亚学生在俄国的学校和大学接受教育。

保加利亚人留学的另一个国家是法国。法国并不像俄国那样慷慨地颁发奖学金，但有一些别的措施。由于法国人的经济和政治支持，一些法国学校在奥斯曼帝国建立起来。其中最著名的是君士坦丁堡的两所学校，一所在贝贝克（Bebek）居住区，另一所在所谓的加拉塔萨雷学园（Galata Saraylyceum）。它们的目的是培养未来的官员。这些学校的毕业生包括高级官员、作家、记者以及一些民族解放运动的领袖。

在阿德里安堡，法国天主教传教士为男孩和女孩开办了一批寄宿学校。这些学校当中的中心学校（central school）相当于一个神学院，其课程包括教会史、数学、保加利亚语语法、现代希腊语和法语、音乐、教理问答、自然科学、教会斯拉夫语（Church Slavonic）、艺术、东正教赞美诗、地理学、拉丁语和几何学。

1858年，保加利亚人第一次被允许进入君士坦丁堡的医学院学习。该学院按照法国的模式建立，法国教授按照法国医学院的课程体系用法语授课。这是奥斯曼帝国境内唯一提供现代高等教育的机构。到1878年解放前，总共有32名保加利亚医生和药剂师毕业于此。

马尔科·巴甫洛夫（Marko Pavlov）医生是第一位在法国接受高等教育的保加利亚人。他于1805—1806年在蒙彼利埃（Montpellier）学医，毕业后作为军队外科医生参加了拿破仑发动的一系列战争。来自科泰尔（Kotel）的加夫里尔·克鲁斯特维奇（Gavril Krustevich）则学习法律，他后来成为土耳其官员和东鲁米利亚（Eastern Roumelia）自治区的总督（Governor-General）。塞奥查·萨沃维奇-皮科洛（Theochar Savovich-Piccolo）于1841年来到法国，投身于医药科学的学习。此后，许多保加利亚学生来到法国不同的城市学习。法国的教育虽然昂贵，但却享有盛名，更不用说在法国留学比在俄国要愉快得多。

在解放之前，保加利亚的大学毕业生当中总共有三分之一在法国接受过高等教育。

由英国和美国新教传教士建立的学校也发挥了重要作用。在19世纪中叶，有一些保加利亚人就读于马耳他的英国宗教学校，他们本来是要被培养为传教士的，但他们当中很少有人接受这种新的信仰。最重要的是美国在君士坦丁堡建立的罗伯特学院（Robert College）。在解放之前，大约有300多名保加利亚学生毕业于该学院。他们在该学院英美教师的教导下熟练地掌握了英语，并学习了与美国教育机构相似的课程。该学院的两名毕业生——康斯坦丁·斯托伊洛夫博士（Dr. Konstantin Stoilov）和T. 伊万切夫（T. Ivanchev）——后来成为新生的保加利亚的首相。在罗伯特学院接受过教育的部长、议员、重要政治家的数量达数十人。该学院成为名副其实的未来政治精英孵化场。在罗伯特学院学习并不是每个人都能负担得起的，因为它每年的学费相当于保加利亚一名学校教师一年的薪水。直到校方为有前途的学生提供大量奖学金，这一情况才有所改善。

在1877—1878年解放战争前夕，也是在君士坦丁堡，也是由传教士，为女孩建立了一所美国式大学。在那里，女青年不仅学习文学、物理或化学，还学习如何管理家庭、插花、在需要时进行急救。

数以百计的男孩和女孩就读于各地的美国学校，这些学校位于里拉山麓的萨莫科夫、保加利亚北部的洛维奇、马其顿的比托利亚。尽管这些学校的教育水平不是很高，但它们培养了一批致力于增强盎格鲁-撒克逊人政治和文化影响的毕业生。

到19世纪70年代中期，保加利亚已有1000—1500所导生制学校，此外还有50所中学男校和20所中学女校。在博尔赫拉德［Bolgrad，位于俄国南部的比萨拉比亚（Bessarabia），在那里有很多保加利亚殖民地］、普罗夫迪夫和加布罗沃还开办了3所高中。还有一些职业学校，培养学生从事教育、贸易和神学方面的职业。保加利亚人建立这些教育机构没有从国家得到任何支持。另外，还有数十所由法国、英国和美国传教士开办和管理的教育机构。由于保加利亚学校开设外语课程，俄语便占了先机，其次是法语，在一些地方也教基础德语。英语课程则只在美国创办的教育机构开设。

尽管保加利亚人付出了巨大努力，但直到土耳其统治结束之前，他们的读写水平依然相对较低（按照西欧的标准）。然而，保加利亚人的识字率比塞尔维亚、罗马尼亚和希腊的同龄人高得多，而这三个邻国已经独立50多年了。外国人对保加利亚人强烈的求知欲表示惊奇。然而，更重要的是公众态度的转变。对高等教育的渴求并未遭到嘲笑，受过教育的人在他们的社区中受到尊敬，而且，尽管他们年轻，人们却恰恰是依靠他们获得期待中的积极转变，并获得有关未来国家福祉的各种观念。

似乎所有其他问题还不够，孩子们在家说的语言跟学校教的并不一样。起初，学校使用教会斯拉夫语，中世纪教会书籍就是使用这种语言翻译的，但它已过时，复兴无望，保加利亚人根本不懂这种语言。并且，他们几乎不能理解各自的方言。山河阻隔加上数百年来缺乏沟通，使居住在奥赫里德湖畔、多瑙河沿岸和黑海之滨的人们彼此隔离。为了使书面语言得到统一，保加利亚人持续奋斗了将近一个世纪，最后东部方言逐渐占了上风。这一时期最著名的作家们就是用这种方言写作的。当时的保加利亚词汇包括许多从俄语、塞尔维亚语、德语和英语借用的词语。

书籍开始通过奥斯曼帝国以外的出版社出版，因为直到帝国解体，保加利亚人都被禁止在本民族区域内建立出版社。起初这些书籍都是宗教书籍，购买它们的主要是神职人员。然而，读者群很快就扩大了，他们渴望阅读更散文化、更有趣的书籍。出生于马其顿斯特鲁加（Struga）的米拉迪诺夫（Miladinov）兄弟——康斯坦丁和迪米特尔（Dimiter）搜集并出版了一卷他们家乡的民谣，命名为《保加利亚民谣》（*Bulgarian Folk Songs*）。

自然，总体上教材和教诲性的文学占据了书籍的大多数，但并非全部。一些书籍是保加利亚本国作者的著作，不过更大一部分是为保加利亚读者翻译或改编的。从俄语翻译过来的书籍是最多的，法语紧随其后。即使保加利亚人阅读一些德国、英国或美国作家的著作，它们也主要是从俄语或法语翻译过来的。曾就读于罗伯特学院的毕业生竭力弥补这种缺陷，翻译出了莎士比亚的《尤里乌斯·凯撒》（*Julius Caesar*）、托马斯·胡德（Thomas Hood）的《衬衫之歌》（*Song of the Shirt*）、约翰·斯图尔特·密尔（John Stewart Mill）的散文《论自由》（*On Liberty*）和《代议制政府》（*Representative Government*）、赫伯特·斯宾塞（Herbert Spencer）关于教养的著作以及当时非常流行的《英格兰文明史》（*History of Civilisation in England*）。

世俗作家也出现了。最早的一批相当幼稚，并且毫不羞耻地抄袭他们所阅读的著作。他们为什么要感到羞耻呢？当时并没有人告诉他们文字剽窃是一种罪。实践证明，莫里哀（Moliere）的戏剧尤其适合改编成当地的版本，因此第一批保加利亚剧作家通过抄袭他们的法国同行而获得成功。

伏尔泰、孟德斯鸠和拉罗切夫卡尔德（La Rochefoucald）的著作得到翻译：一些是准确翻译，一些是近似的。弗朗索瓦·费奈隆（Francois Fenelon）的《忒勒玛科斯》（*Telemachus*）是当时最流行的冒险故事。在夜晚，识字的儿童在烛光下给他们不识字的父母朗读这个故事。一般来说，有煽情、伤感或冒险内容的书籍是最受欢迎的，业余演员表演维克多·雨果的《欧那尼》（*Hernani*），孩子们磕磕绊绊地大声朗读发表在报纸副刊上的鲁滨逊·克鲁索的故事。读者们也熟悉查尔斯·狄更斯的一些著作。在民族复兴期间最受欢迎的戏剧是源于德国的《长久受苦的吉纳维芙》（*Long-suffering Genevieve*），它总是能让一代又一代观众泪洒剧场。保加利亚文学之父伊凡·瓦佐夫（Ivan Vazov）成年之时恰逢民族复兴，多年以后，他满怀深情地回忆起维克多·雨果和贝朗热（Beranger）的诗歌在他文学风格形成过程中的决定性影响。

虽然书籍相当昂贵，但人们对知识的渴望依然无法得到满足。数以百计的读者预付书款，这样就不会耽搁他们收到想要的书。最早的一批公共图书馆也出现了。所谓的“齐塔里希特”（chitalishte），即业余艺术俱乐部，在各地城乡建立起来，这是一种对巴尔干半岛来说很特别的机构，它们极力引导会员的文化兴趣。它们通常拥有一个图书馆，约有数十到数百份出版于奥斯曼帝国境内的书籍和报纸，并提供少量俄语、法语或德语杂志。会员为不识字的同胞们组织读写课程，并热情地在业余表演中担任演员。

新式学校的毕业生、更富于进取心的工匠、新型商人和少数工厂主构成了一个新的精英阶层，这个阶层建立在传统的普罗克路斯忒斯之床（Procrustean bed）[①] 式的民族主义的基础之上。土耳其政府的问题在于，它无法阻止这样一群基督徒精英的发展。这些精英由于帝国对基督徒的限制而无法找到一个运用自身知识、技能和经验的地方，他们的雄心被陈旧的准封建帝国制度所压制。在这个精英阶层之中包含着新的民族主义思想，预示了光明的未来。在列强，尤其是在俄国的帮助下，其他巴尔干邻国如塞尔维亚、希腊已成功地实现了自我解放，它们也为保加利亚树立了榜样。在这些邻国里，受过教育的精英阶层已在社会上获得领导地位——在他们自己眼中，这是他们应当得到的。

然而，土耳其帝国依然过于强大，很难与之直接对抗。相比之下，另一个同样可恶的敌手——普世牧首制——则孱弱得多。中世纪保加利亚教会组织最后的残余——奥赫里德大主教（the Archbishopric of Ochrid）最终于 18 世纪末丧失其自主权。由于希腊人在土耳其人眼中地位更高，并与西方有更适当的联系，他们更早地开始了民族复兴，也更早接受了民族主义观念。因此，原先无意的政策就变成了有意而为之。希腊人管辖保加利亚的教区，保加利亚神父便很难在牧首制下获得晋升，也就难有作为。教会仪式用大多数保加利亚人难以理解的希腊语举行。在差异背后还有财政问题，因为东正教基督徒纳税相当多，可这些税金并没有太多地用在教会运转的维持上，而是用于供养希腊高级神职人员，以便他们的生活相对更为舒适。一个崇尚节俭的民族不可能同意这么做。

基督徒们要求由保加利亚人管辖保加利亚教区，他们的抗议在 19 世纪 20 年代之后与日俱增，先是从马其顿发起，然后是别的地区。争取独立教

---

① 一个源于希腊神话的比喻，用于形容强行迫使事物适应特定标准或规范的做法，无论这种标准或规范是否适合或合理。——译者注

会体制的斗争成为曲折的东方问题的一部分。在很长的一段时间里，列强无一支持保加利亚的吁求，甚至最大的东正教国家——俄国也不愿听到两个东正教国家之间的争吵，它支持牧首制。长期以来，在与巴尔干地区不同的氛围里成长起来的外交官们无法理解独立教会体制是一个民族问题，而非宗教问题。刚刚起步的保加利亚民族想要在自己和希腊人之间画一条分界线。

法国人想要浑水摸鱼，因为法国在东方的政策已经克服了大革命后的低迷状态。在 19 世纪 30 年代，法国军人和工业家支持埃及总督穆罕默德・阿里使其国家，特别是使其军队现代化的努力。这位反叛的诸侯向苏丹发起的进攻证明了这方面的成功。由于奥斯曼帝国军队现代化的步伐要缓慢得多，他们被击败了，埃及军队在法国军官的带领下几乎抵达了君士坦丁堡。

随后，法国外交官将目光投向了巴尔干半岛上的保加利亚人，而天主教舆论也更加积极地与幕后活动者——法国政府合作。保加利亚的天主教徒很少，不到 2 万人，而保加利亚的总人口为 400 万—500 万，这样小的群体不足以成为行动的基础。于是神职人员与外交官开始在一些保加利亚领袖耳边低语，称法国和整个天主教世界的支持会对保加利亚人的斗争发挥特别重要的作用。当时最有影响力的报纸之一——《保加利亚报》(*Bulgaria*) 在几年内由法国提供资金援助出版。马其顿和保加利亚东部地区的一些村庄宣布它们将与天主教徒签订联盟协议。它们将保留自己的东正教礼仪并得到教会自治权，但将顺服在教皇的最高权力之下。

从长远来看，尽管最初取得了一些成功，但这一联盟在争取教区独立的斗争中依然只是一段无足轻重的插曲。法国政府也感到非常失望。(即使到了今天，在保加利亚依然还有数千个这样的联盟拥有自己的教会。) 多年以来，法国外交在保加利亚和土耳其之间摇摆不定，前者是一些外交官的新宠儿 (enfant gâté)，后者在法国传统外交计划中则需要被巩固以制衡俄国。1849 年，外交部甚至起草了一份关于保加利亚教会问题的方案，法国第一次，也是最后一次坚持建立一个独立的保加利亚牧首制。这个想法在当时是极其激进的，它打击的目标是俄国的教条，即在普世牧首制的荫庇之下保持东正教的统一（比如，在俄国的影响下）。土耳其人机敏地击退了这次进攻，使法国外交官认识到一旦保加利亚教会获得自治权，保加利亚人就会成为俄国的傀儡。

英国和美国都经过了短暂的自我欺骗时期，两国甚至在 1860—1861 年讨论是否有可能建立一个独立自治的保加利亚新教教会。然而，这个计划很快就被抛弃了。

法、俄、英三国积极参与解决这一问题，其中英国传统的立场就是不可侵犯奥斯曼帝国，以预防俄国对这一地区的渗透。英国外交官认为，保加利亚人的不满是被俄国激发起来的，因此需要进行镇压。奥匈帝国、普鲁士以及后来的意大利则发现，只要紧跟形势发展就已足够，不需要卷入这一纷争。不论是哪种方式，列强的代表们都很清楚，宗教问题纯粹是神学包装下的政治问题。

1860 年，保加利亚最高层的神职人员被拖延政策拽入绝望的境地，最终宣布自己成立一个独立自治的保加利亚教会。为得到承认而展开的谈判持续了 10 年，俄国的支持从长远来看是决定性的，尽管这是在犹豫了很久之后才决定的。俄国人认识到如果再这样无止境地拖延下去，不但很可能会失去保加利亚人的支持，同时也得不到希腊人的感激。谈判中的主要障碍不是教会的独立地位，而是它的管辖范围，因为牧首不愿承认保加利亚人的居住地占据了巴尔干东部和中部的大部分地区。

“不自由，毋宁死”

反抗奥斯曼帝国统治的思想甚至都没有在帕伊西的脑海中闪过，因为他也认为帝国不可战胜。然而，这并不意味着保加利亚人会懦弱地忍受外来者的统治而一声不吭。纵观土耳其统治的 5 个世纪，反抗的激流从未干涸。16 世纪和 17 世纪发生了大大小小的起义，尤其在保加利亚北部和马其顿——靠近自由的欧洲基督教国家的地区。在 16 世纪末，旧都特尔诺沃成为一次重大起义的中心。一个世纪之后，那里又爆发了一次起义，目标直指复国。1688年，奇普罗夫齐（Chiprovtsi）周边地区的保加利亚天主教徒起义是最大的起义之一。土耳其人将其无情镇压，并将当时繁荣的城镇和村庄烧毁。幸存的天主教徒渡过多瑙河，他们的后代如今居住在罗马尼亚西南部的巴纳特（Banat）地区，但他们依然说保加利亚语。与此同时在马其顿，起义者夺取了重要的战略据点，据说他们的领袖甚至自称沙皇。

海杜克部队是对不满的最鲜明而持久的表达。传统上他们被描绘为高贵的亡命之徒，即保加利亚版的罗宾汉（Robin Hood）。他们通常在与当局代表或有强大影响力的穆斯林交战后遁入密林之中。

很多这类斗争的动机是个人复仇，不过也有一些是出于冒险主义，还有一些则是为了抢劫敛财。

在19世纪中叶以前，估计没有任何一名海杜克想过有可能推翻奥斯曼帝国的统治。海杜克部队一般很小，很少超过10—15人，因为大部队很难在山林中立足。在马其顿山区、巴尔干山脉和罗多彼山脉中的海杜克数量最多，不过平原上也有海杜克部队在游荡。这些部队成分混杂，包括农夫、牧人、工匠、神父，还有女性。甚至有女性领导她们自己的部队，例如著名的头领西尔玛（Sirma voivode）。这些部队通常在春天森林长树叶时出动，一直活动到深秋，然后与可靠的同伙一起度过冬天。

海杜克部队加入了塞尔维亚和希腊的独立斗争。海杜克维尔科（Velko）是塞尔维亚起义中最有影响力的指挥官之一。因杰队长（Indje voivode）可能是最富传奇色彩的一名海杜克，他从一个普通的强盗转变为一位自由的斗士，阵亡于希腊起义的一次重要战役中。另一名传奇人物赫里斯托（Hristo）在希腊独立战争期间指挥了一支骑兵部队，后来他被授予将军之衔。

尽管没有任何一名海杜克能够有意识地确立民族解放的目标，但他们的存在却有助于保持保加利亚人的自我意识。

在19世纪初期，保加利亚问题第一次出现在欧洲舞台上。就在

1806—1812 年俄土战争期间，一名来自保加利亚西北部的公使抵达圣彼得堡，寻求俄国沙皇的保护。当时最有影响力的保加利亚人之一——弗拉察（Vratsa）的主教索弗罗尼乌斯（Sophronius）已经升到教会阶梯的顶端，但他在乱世之中依然被迫逃到多瑙河以北寻求避难。他提出了第一个独立的政治纲领，设想从土耳其统治下获得某种形式的解放。渐渐地，多瑙河流域诸公国的众多经济移民开始自己组织起来提出政治诉求。在接下来的数十年中，这里成了一个革命活动中心。

在 1828—1829 年的第二次俄土战争中，一些有地位的保加利亚人要求按照希腊和塞尔维亚的模式，在多布罗加建立一个独立自治的公国。他们希望该公国将成为未来国家的核心，但无人关注。

在 19 世纪 30 年代和 40 年代，保加利亚北部有三次起义都被无情镇压。在克里米亚战争前夕，一批政治领袖向拿破仑三世递交了一份请愿书，请求朝见他以陈明保加利亚人的渴求。

也正是在这些年间，有组织的民族解放运动的最早迹象出现了。运动的肇始与保加利亚革命第一位重要领袖——格奥尔基·拉科夫斯基（Georgi Rakovski）密切相关。1821 年，他出生于巴尔干山脉脚下一个繁荣的城镇——科泰尔，在他短暂而起伏跌宕的一生中，他尝试了各种事情。

在同时代的人当中，拉科夫斯基是第一个设法在保加利亚移民和巴尔干邻国当中都获得权力的人。塞尔维亚国王任命他带领外交使团，俄国、法国、奥地利和英国驻君士坦丁堡和巴尔干各小国首都的外交官都密切关注着他的活动。

几十年以来，多瑙河以北的移民区一直是大部分民族解放运动的中心。无人知晓他们的确切人数，但估计达数十万人。大多数移民是被和平发展自己事业的机会所吸引的，其余的人则是为了逃离土耳其的暴政。在罗马尼亚和俄国都有保加利亚的农民、工匠、商人和企业家。大多数人只是勉强糊口，但一些人相当富有。例如，埃夫洛吉·格奥尔吉耶夫和赫里斯托·格奥尔吉耶夫（Evlogi and Hristo Georgiev）兄弟在全欧洲进行贸易，属于罗马尼亚最富有的群体。移民为保加利亚本土的教育和文化发展提供了物质援助，包括于1835年在加布罗沃建立保加利亚第一所现代学校。他们还建立了许多组织，这些组织为自己确立了文化或政治目标，它们当中一些相对持久，一些则很短暂。这些组织的领袖从旁观者的角度来考虑保加利亚局势。由于担心保加利亚的潜力有限，他们寻求外交合作，主要是跟俄国，因为俄国经常提供资金支持，但他们也跟巴尔干邻国合作。

所谓的胡什（hush）是移民当中的一个特殊群体。这一群体包括因惧怕被捕而移民的人、更愿意在多瑙河以北度过危险冬天的海杜克、放弃了教育的中学和大学学生，以及最富有的移民当中的理想主义者。他们通常生活在艰苦的条件之下，怀着解放国土的狂热梦想。19世纪60年代和70年代，大多数民族解放运动的参加者几乎都来自这个圈子。

在19世纪60年代末，两位重要人物领导了解放斗争，一位是作家、记者、政论家柳本·卡拉维洛夫（Lyuben Karavelov），另一位是瓦西尔·列夫斯基（Vassil Levski），他曾经是教会执事，参加过拉科夫斯基发起的一些活动。他们建立了第一个全民族革命组织，这一组织在很大程度上模仿了当时欧洲流行的烧炭党（Carbonari）① 和朱塞佩·马志尼（Giuseppe Mazzini）② 的密谋原则。

卡拉维洛夫是一名知识分子。他著书立说，是保加利亚和塞尔维亚现代文学的奠基人之一——他曾在塞尔维亚度过一些年月；此外他还出版报纸，并创立新思想。他曾短暂地与移民中相对较温和的群体接近，但后来与之决裂。这一行为实际上显得相当戏剧化且浮夸，但他必须向那些思想激进的胡什证明，他们找到了自己的领袖。于是他开始宣扬未来革命的福音。作为一名出色的记者，卡拉维洛夫并不能一直保持客观公正，但他一直像辩论家一样犀利；他出版的报纸很有影响力，尽管被土耳其政府封杀，但依然能够抵达保加利亚土地上的每一个角落。

列夫斯基拥有令人敬佩的品质，享有很高的威望。他花费三年在保加利亚本土广泛游历，还在城镇和村庄组织了许多秘密委员会，让数以千计

① “烧炭党”是19世纪初意大利南部兴起的一个民族主义政党。——译者注

② 朱塞佩·马志尼（1805—1872），意大利革命家、民族解放运动领袖。——译者注

的保加利亚人——从教师到工匠，从农民到神父——参与到革命的准备工作之中。他传播革命文学，组织地下联络网，募集资金，购买武器。他是最有影响力的革命领袖，但如此大范围的活动无法长期秘密进行。君士坦丁堡发觉了这股暗流，但尽管土耳其警方竭尽全力，在很长一段时间里还是无法追踪到他。他为祖国拉开了民族解放运动的时代序幕，在欧洲和世界历史上都很少有如此大规模的革命组织。可惜的是，由于起义者缺乏纪律以及反复为夺权展开的斗争，列夫斯基的努力最终付诸东流。

1872 年底，一些地方领袖在长期需要武器资金的压力下，在巴尔干山脉的一个山口袭击了一辆装载着帝国官员和军队薪金的土耳其邮车。这次劫掠是成功了，但参加者在后来的大搜捕中被逮捕，并且有人开始招供。一个典型的例子是列夫斯基的助手迪米特尔·奥布什提（Dimiter Obshti），他参加过加里波第（Garibaldi）的分遣队和克里特的希腊起义。他很勇敢，但过于野心勃勃，长期在组织里制造各种阴谋。他不想只是被简单地视为一个盗贼，在他看来，和保加利亚的利益相比，展示自己政治工作的能力更加有利，并且，为了使当局重视这一规模庞大的组织，他开始一个接一个地泄露组织的委员会。

尽管危险迫在眉睫，列夫斯基依然选择留在祖国，尽自己所能抢救革命秘密网络。他在一次警方行动中被捕，被土耳其法庭判处死刑，于 1873 年 2 月 6（18）日[①]被绞死。这一革命组织被摧毁了。

列夫斯基被称为革命的使徒（Apostle），他被视为保加利亚现代史中最光辉的人物，永远铭刻在民族记忆中。直到如今，他仍在民族神话中占据独一无二的地位。他还是唯一一个从未被历史学家、政治家和公众人物批评或指责其行为的人。

革命领导人的去世引发了危机。尽管列夫斯基的继任者们充满雄心壮志，却无人能达到他的高度。年轻的理想主义者们作了两次努力要恢复革

① 截至 1916 年 4 月 1 日，保加利亚使用的是儒略历（括号前），此后采用的是格里高利历（括号中）。这意味着 19 世纪的差异为 12 天，20 世纪的差异为 13 天。后文中这种形式的日期将多次出现。——译者注

命网络，可惜都失败了。柳本·卡拉维洛夫大失所望，变得悲观起来。频频失败使他精疲力竭，于是他退出革命运动，开始出版教育书籍和日记。

另一名知识分子赫里斯托·博泰夫（Hristo Botev）在数年时间里是移民当中最有影响力的人物。在他 28 年的生命中，他当过记者、诗人和革命者。

作为一名记者，他出版报纸，撰写激昂人心的文章和小册子谴责土耳其政府，同时也没有忘记受土耳其政府压迫的保加利亚人民。

作为一名诗人，他总共写了 20 首诗，包括抒情挽歌和革命诗歌。

作为一名革命者，他为了祖国的解放战死沙场。

可悲的是，他既没有列夫斯基的权威，也没有列夫斯基的组织能力，因此无力恢复民族运动的团结，这一运动也被其领袖之间的争吵和相互指控所削弱。

驻奥斯曼帝国的欧洲外交官密切关注民族解放运动的发展，他们的评判清楚地展示了普遍的对现实的偏见。他们无一例外地承认保加利亚人的艰难处境，并竭尽全力批评地方权贵任意妄为的行径，以及中央政府无能为力、犹豫不决，未能采取真正有效的措施维持巴尔干诸省份的秩序。他们都认为保加利亚人有足够的理由起义，但在革命浪潮的背后，西方外交官并未认清保加利亚人是在有意识地努力争取自己的自由，而只看到泛斯拉夫（Pan-Slavish）密使们的阴谋，这些密使是由俄国提供资金和支持并派遣的。西方外交官认为渡过多瑙河的群体是“强盗团伙”，奥地利警方禁止格奥尔基·拉科夫斯基进入本国境内，将他视为危险的政治敌人，英国也将他视为俄国特工，尽管拉科夫斯基实际上是最早宣称反对俄国专制政策的革命者之一。西方对保加利亚的独立渴求十分不信任，并极度怀疑保加利亚与俄国政府保持紧密联系，这种不信任一直持续到 1877—1878 年的解放战争。这些怀疑也决定了西方对年轻的保加利亚公国起步阶段的反应。

民族解放运动的危机并不意味着保加利亚社会整体发展的危机。相反，不断发展的民族自我意识和日益高涨的自信逐渐变得势不可当。在这方面有一个奇妙的例子，它于1874年发生在舒门，十分荒唐可笑。当时一位美丽的保加利亚女子爱上了一位比利时工程师（当地人将他视为法国人），他在当地修筑铁路。这使当地革命委员会的领袖们将其视为耻辱——为什么她没有选择他们当中的任何一个，而是选择了一个法国人？一天晚上，这位“法国”未婚夫在一个小巷里遭遇伏击，被打了一顿。在接下来的审判中，参与这场可恶事件的人们清楚地展现了民族主义的一个特点：不能容忍“他者”，并坚信自己的民族是最高贵的。

1875年，波斯尼亚和黑塞哥维那的斯拉夫人发动了一次起义。出乎意料的是，起义者与被派遣前来的土耳其正规军狭路相逢。双方交战互有胜负，一直持续数月之后，战斗暂停了。这对巴尔干半岛上的其他基督徒是一种极大的鼓舞。

在秋季，保加利亚人在旧扎戈拉周围地区进行了一次试探性的、毫无准备的起义。这次起义失败了，并完全毁掉了博泰夫仅存的声望。这次起义幸存的一些领袖与他们当时的领袖决裂，并成立了一个新的革命组织。这个组织被称为久尔久委员会（Giurgiu Committee），得名于成立会议的地点——多瑙河北岸的罗马尼亚城镇久尔久。在1875年底，他们认定大规模起义是唯一的出路，并模仿列夫斯基竭力建立一个精心组织的网络。保加利亚中心地区被划分为4个革命区，每个都有自己的领导团体。购买武器的资金得到落实，很多在列夫斯基牺牲后蛰伏的革命委员又活跃起来。但是，列夫斯基的成功依靠的是精心的准备，而他的后继者们却很匆忙，他们不愿错过他们认为极其有利的形势。

1876年上半年，久尔久委员会的密使们往来穿梭于保加利亚的北部和南部，快速推进准备工作。他们没有时间去马其顿，尽管他们不愿漏掉这一地区。特尔诺沃周边地区、斯雷德纳戈拉山区（Sredna Gora mountains）和罗多彼山区北部是准备得最好的地方。

1876年春天，来自第四革命区的委员代表在帕纳久里什泰附近森林密布的奥博里什泰（Oborishte）召开了一次会议。第四革命区包括保加利亚中南部地区，那里的城镇和村庄相对较繁荣，地方头面人物很有自信，但他们饱受土耳其政府强加的经济、政治束缚之苦。奥博里什泰会议在某种程度上是未来保加利亚议会的雏形，参会代表大部分是人民直接选举出来的。经过激烈的辩论，会议决定不久之后宣布起义，但由于有人叛变，起义在这一决定抵达其他革命区之前就爆发了。5 月 2 日（根据儒略历是 4 月 20 日，所以得名四月起义），由于当局企图逮捕科普里夫什蒂察的密谋起义者，爆发了第一次武装冲突。起义领袖们完全被时代精神所驱动，他们发送信件，呼吁其他城镇的革命委员们立即加入他们的行列，签名不是用墨水，而是用被杀的土耳其人的血。

跟随他们的人来自附近的帕纳久里什泰和巴尔干山脉周边其他地区、罗多彼山脉北麓，以及特尔诺沃和加布罗沃周边地区。第四革命区领袖——格奥尔基·本科夫斯基（Georgi Benkovski）是最有影响力的起义领袖。

起义的领袖们自称为使徒，但他们当中很少有人相信起义会取得军事胜利，因为保加利亚的军力与奥斯曼帝国相比过于弱小。起义者——也就是武装的群众——只有匕首、左轮手枪和步枪，大部分都是陈旧落后的武器。军火匮乏，弹药质量很差，左轮手枪和步枪在淋过一次雨之后就无法开火，而火炮则根本没有。在一些地方，起义者尝试用挖空的樱桃树干箍上铁箍制作加农炮，但大部分在第一次发射后就爆炸了。起义者既未受过军事训练，又无作战经验，他们的领袖也几乎没有接受过军事教育。穆斯林居住的地区包围了起义的城镇和村庄。从君士坦丁堡乘火车不到一天就能抵达起义中心地区。唯一组织得力、装备精良的是本科夫斯基建立的“铁翼兵团”（Winged Band），约有 200 人。其他起义部队虽然情绪高涨，但即使对军事知识一知半解的人看到他们也只能充满怜惜地苦笑。

考虑到以上这些情况，保加利亚人起义纯粹就是一次疯狂的行动。他们自愿投入这一鲁莽的冒险行动，表明已是孤注一掷。一部分领袖最希望的就是他们的行动会导致列强的干涉，尤其是俄国。他们很清楚，到那时为止，没有任何巴尔干国家在没有大国干预的情况下赢得独立。

起义在两三周之后遭到镇压。尽管他们顽强抵抗，但毫无胜算。起义军在夺取几个城镇之后就转为防守，因为已经没有力量继续进军了。在保加利亚北部，一大批起义者在德里亚诺沃（Dryanovo）修道院之外建起防御工事。他们被正规军包围，尽管被加农炮轰击，他们还是坚持了 10 天，最终他们当中很多人设法逃脱。

从军事行动的角度来说，这次起义是一场彻底的惨败，但它实现了自己的目标。非正规军——巴什波祖克（bashibozouk）投入殊死搏斗之中。起义者坚决守卫自己的城镇和村庄，但他们还是被强大的敌人所镇压。他们明白自己不能奢望得到任何怜悯。各种资料显示，遭到杀戮的保加利亚人的数量在 12000—30000 人之间。数以千计的妇女遭到强暴，数以千计的儿童被掠为奴。伊斯坦布尔奴隶市场上的“商品”价格暴跌。数以百计的人被绞死、入狱，或被流放到小亚细亚或北非。一些起义的中心地区被夷为平地。

在起义最后殊死搏斗的日子里，一支人数众多、装备精良的部队踏上了多瑙河南岸。这支青年移民组成的部队由赫里斯托·博泰夫领导。他没有什么军事经验，但他接受了这个领导热血青年的重任，而那些海杜克的老首领们却谨慎地拒绝了，因为他们已看到起义的失败。他们想要重燃起义之火，却已太迟，只能在短短几天时间里无望地奋战，竭力摆脱土耳其大军的追击。他们的领袖赫里斯托·博泰夫在最后的一次战斗中英勇战死，奏出了这次起义乐章的最后一个音符。

解 放

这些革命者的牺牲并不是徒劳无功的。欧洲的报纸发表了警觉的记者们关于起义及其被残酷镇压的过程的描述。起初，世界公众舆论拒绝相信，因为他们描述的场面太恐怖，令人难以置信。后来，人们发现最初的报道还是过于保守了。

土耳其将他们对起义的残酷镇压进行了严格保密，但真相还是被公诸于世，主要是通过美国新教传教士和英国记者。传教士们与保加利亚人之间有着密切的联系，还在 5 月的时候，他们就知道在这个国家发生了一些可怕的事件。曾在君士坦丁堡居住数年的英国记者埃德温·皮尔斯（Edwin Pears）发表了第一批关于起义的报道。起初，在伦敦，本杰明·迪斯累利（Benjamin Disraeli）的保守党内阁激烈反对他发表在自由党报刊上的文章。在议会里，后者甚至将这些文章称为咖啡馆的胡言乱语。然而，这类报道迅速增加，甚至英国驻君士坦丁堡外交官也被迫承认爆发了起义，并承认土耳其正规军和非正规军手段残忍。

对法国驻巴尔干的外交官们来说，一场酝酿之中的起义已不是什么秘密，但他们并未对此特别关注。他们不相信保加利亚人能够推翻土耳其统治，并一直将革命者视为俄国用金钱收买的特工。在起义之初，他们通常相信土耳其官方的说法，即和平的穆斯林遭遇“暴行”。直到一群狂热的穆斯林将法国驻塞萨洛尼基领事用石头打死，法国外交官才醒悟过来。他们开始向巴黎递交报道，描述“被烧毁的村庄及其全体居民的惨死”、从保加利亚城镇偷窃的数以千计的牛群、无辜者被迫向土耳其官员行贿，以及对知识分子有计划的屠杀——按照土耳其人的说法，他们是罪魁祸首。从长远来看，这些报道使法国对土耳其政府的政策变得强硬起来，并使法国驻君士坦丁堡外交官与俄国外交官一同提出抗议，尽管他们还有些犹豫。当然，法国的政策依然是保持奥斯曼帝国的完整，并无根本改变。然而，法国公众舆论施加了巨大压力，维克多·雨果向法国国民议会（French National Assembly）热切呼吁保护弱者，奥古斯特·阿夫凯里（Auguste Avquerie）在埃米尔·德·吉拉尔丹（Emile de Girardin）的报纸《法兰西报》（*La France*）和《呼声报》（*Le Rappel*）上发表一系列文章，这些都迫使法国外交部（Quai d'Orsay）对其立场作出新的调整。土耳其政府被伊凡·德·伍斯廷的报道激怒，于1876年8月禁止《费加罗报》（*Figaro*）和《法兰西报》在帝国境内发行。

奥地利起初反对保加利亚的民族解放运动，因为自己国家内部的斯拉夫人口众多，政府担心不满的情绪会蔓延到本国境内。公众舆论——首先是在匈牙利，后来是在德国——则倾向于反斯拉夫。

只有英国的立场经历了根本性的转变。1876年夏，年老的“议会雄狮”(parliamentary lion)威廉·格莱斯顿(William Gladstone)在经历了漫长而辉煌的政治生涯后正式离开政坛。他并未醉心于在自己的乡村地产上颐养天年，而是将保加利亚事态视为胜利重返台前的机会，其动机混杂了道德追求与现实考虑。格莱斯顿发表了两篇文章，震撼了公众舆论，受到空前的欢迎。在这两篇文章里，他对迪斯累利的政策进行猛烈抨击，并呼吁将土耳其人逐出欧洲。成百上千人参加的集会震撼了整个国家，集会组织者包括自由党人、英国国教和非国教教会(Non-conformist churches)的成员、工人组织、知识分子和雄心勃勃的公众人物。英国驻君士坦丁堡外交官W. 巴林(W. Baring)送回国的一篇报告更是火上浇油。尽管依然遵循官方支持奥斯曼帝国的路线，他也不得不承认土耳其正规军和非正规军部队的暴行。美国记者贾纽埃里厄斯·麦加汉(Januarius McGahan)富于感染力的报道如雷鸣一般轰响不已。他是第一个访问巴塔克(Batak)的西方人，并目睹了村庄的毁灭。他描述母亲们寻找孩子的遗体，因悲伤而发疯，狗拖着死人的骨头在街上游荡，这些描述让每个读者都无法无动于衷。传教士们受到鼓励，他们自己的报道在报刊上令人目不暇接。美国驻君士坦丁堡领事E. 斯凯勒(E. Schuyler)刚刚上任就加入了谴责苏丹统治的行列。

英国、法国和俄国的记者、政治家和公众人物纷纷在《泰晤士报》(*The Times*)、《每日新闻》(*Daily News*)、《费加罗报》和《欧洲公报》(*Vestnik Evropy*)上要求欧洲干预。

1876年秋，塞尔维亚和黑山向奥斯曼土耳其宣战，但很快被击败。众多保加利亚人加入塞尔维亚军队一同作战，包括一些来自罗马尼亚的胡什、保加利亚难民和四月革命的参加者。俄国则利用这些事件导致的新的心理状态，希冀消除克里米亚战争失败带来的耻辱。这时，俄国希望欧洲舆论风暴可以使自己在东方问题上的地位得到提升。

1876年末，列强在君士坦丁堡召开了一次会议。在代表们初步达成一致之后，他们联合提出了一个提案，建议将广泛的自治权赋予保加利亚。他们计划成立两个自治区，这两个自治区囊括了保加利亚人所在土地的主要部分。英国展开了双重博弈，在英国的劝说下，土耳其政府拒绝接受这一提案，并正式宣布采用一部宪法，将平等权利赋予其全体臣民——无论他们属于何种宗教，然后宣称保加利亚问题由此得到解决。自然，这部宪法只是一场闹剧，无法愚弄任何人。

由于外交手段无法解决保加利亚问题，俄国最终在 1877 年春向奥斯曼帝国宣战。7000 名保加利亚志愿兵组成一支庞大的部队，加入俄军一同作战。本来可以有更多志愿兵，但俄国指挥官害怕保加利亚人过于积极。尽管也有一些保加利亚军官，但志愿兵各兵团还是由俄国军官指挥。实际上，这些兵团成为将来保加利亚军队的雏形。

战争持续了将近一年，从 1877 年 4 月到 1878 年 2 月。虽然土耳其人起初获得了重大胜利，但他们还是决定转入防御。尽管俄军和加入他们的罗马尼亚军队竭力进攻很长一段时间，他们还是无法占领普列文（Pleven），在那里驻扎着一支庞大的卫戍部队，并筑有防御工事。

1877—1878 年冬，军事行动有了突破。俄军冒着寒冷的暴雪，在保加利亚向导的带领下，沿着秘密小道完成了冬季穿越巴尔干山脉山口这一前无古人的壮举，然后涌入色雷斯。土耳其人没有坚持抵抗，而是逃入首都。由于担心引起国际局势的混乱，俄军不敢攻占君士坦丁堡，尽管这相当有可能实现。1878 年 3 月 3 日，交战双方在首都附近的圣斯特凡诺（San Stefano）签订了一个初步的和平条约。这一条约及其附加条款催生了一个独立自治的保加利亚公国（Principality of Bulgaria），包括保加利亚人居住的大部分巴尔干领土。它的大部分边界遵循了君士坦丁堡会议的规划。

在战争期间，英国、法国和德国都向深受军事行动破坏之苦的平民提供了至少一定程度的援助。德国和法国领事照顾不幸的保加利亚人和穆斯林。一些外交官极力为那些被当局当作俄国间谍而被捕的保加利亚人出面交涉。然而，这并不意味着列强看好这样一个庞大的保加利亚国家的建立。且不用说奥地利和英国，法国和德国都十分担心俄国对地中海附近地区的影响力会从此剧增。

对《圣斯特凡诺和约》情况的反应表明了欧洲政治家的狭隘思想，甚至也表明了欧洲公众舆论的狭隘。数百年来，他们第一次面临这样一个将土耳其人逐回亚洲的机会，但长期以来对俄国阴谋的惧怕也浮出水面。迪斯累利的保守党政府由于被自由党支持保加利亚的舆论所遏制，未能阻止战争。可在一切尘埃落定后，英国政府却派遣海军到土耳其海峡，这是一个具有威胁性的举动。连一直支持保加利亚的格莱斯顿也没有表示反对。这表明，只有在没有威胁到大不列颠真正利益的时候，大家才是“仁义”“道德”的。

保加利亚位于巴尔干半岛中部，并拥有一个面向爱琴海的出海口，这个庞大的国家如同幽灵一般吓坏了欧洲大国和巴尔干小国。列强惧怕俄国从此在地中海建立一个桥头堡。保加利亚将成为这一地区最大的基督教国家，并拥有最好的发展前景，这令其邻国十分不满。《圣斯特凡诺和约》一签订，各国就开始极力破坏该和约。

* * *

从历史的角度来看，实际的民族复兴时期相当短暂。

一名出生于1825年的保加利亚人可以在小屋学校开始接受教育，然后去希腊学校或学园，最后可以在外国的大学结束学业。他可以在克里米亚战争期间积累财富。他可以知道保加利亚革命中所有伟大的名字。如果他愿意的话，也可以加入哈吉·迪米特尔和斯特凡·卡拉贾的军队作战，参加列夫斯基建立的委员会，保卫巴塔克，在保加利亚志愿兵的旗帜下参加解放战争，并在55岁还算年轻的时候参加解放后的制宪会议（Constituent Assembly），开始新的职业生涯。

但这就是一个民族历史转折点的命运。

从外部看保加利亚

希腊最南部通用保加利亚语的一些地区是：马其顿西部科里

扎（Koritza）附近的一些村庄，以及东部与帖撒罗尼迦、培拉（Pella）、埃泽萨（Edessa）大平原相邻的山区。前一个地区被希腊人和阿尔巴尼亚人包围，而后一个地区可以被视为现代保加利亚方言区的最南端。保加利亚语从那里几乎没有任何间断地一直向北传播，经过整个马其顿北部，以及它所获得的皮奥尼亚（Peonia）、佩拉岗尼亚（Pelagonia）等省份，并从那里传播到整个摩西亚和色雷斯内陆，直到多瑙河和君士坦丁堡附近地区。然而，马其顿所有大城镇甚至这个省南部一些地区的全部土地都主要被土耳其人占据，他们已取代了希腊人和保加利亚人，并在这个省和邻省塞萨利（Thessaly）殖民，力度远远大于在希腊任何其他地区。

W. 马丁-利克（W. Martin-Leake）：《在希腊所做的研究》（*Researches in Greece*），伦敦，1814 年

保加利亚的省份从多瑙河口一直延伸到维丁下面的蒂莫克（Timok）。多瑙河构成其北部边界，与巴尔干山脉平行的山脉构成其南部边界。但保加利亚人口分布超出了这些边界：他们渗透到山脉之中，并占据了罗马尼亚相当大的一部分领土，以及巴尔干山脉另一侧的土地，在那里他们已经取代了该地区的居民，那些居民已在土耳其人和希腊人的斗争中消失。这些和平而勤劳的保加利亚农民的数量正在不断增加，可以预计在很短的时间内，巴尔干南部从山区到海边整个这片荒芜休耕的土地都会被他们占据。

R. 沃尔什（R. Walsh）：《土耳其与君士坦丁堡之旅》（*Travel in Turkey and Constantinople*），巴黎，1828 年

从这个地方穿过山区，经过 4 天的旅程，我们抵达索非亚，它坐落在一个美丽的大平原上，跨越伊斯卡（Isca）河，远处群山环绕。估计很少有人能看到这样令人惬意的风景。这座城市本

身非常大，人口极多。这里的热水浴因其医疗效果颇佳而十分闻名。从这里出发经过 4 天的旅程，越过哈伊莫斯（Haemus）和罗多彼山脉之间常年积雪的山脊，我们抵达菲利波波利斯。这座城市坐落在赫布鲁斯（Hebrus）河附近一片隆起的高地上，几乎住满了希腊人：这里依然还有一些古代基督教教堂。他们有一位主教；几位最富有的希腊人居住在这里：但他们被迫极其小心地隐瞒自己的财富，贫穷的外表（包括贫困带来的一部分不便）就是他们防止真正遭遇贫穷的全部保障。从这里到阿德里安堡的这片区域是世界上最优良的土地之一。葡萄藤在所有山上疯长，他们每年春天都可以享受万物欢愉、蓬勃的景象。但这种气候虽然看上去十分宜人，却依然比不上凝霜积雪的英格兰，因为我们得到上帝的祝福，拥有一个令人舒适的政府，统治我们的国王相信自己的幸福就在于臣民的自由，并选择被臣民当作父亲而非主人。

蒙塔古 · M.（Montague M.），来自黎凡特（Levant）的信件，写于他 1716—1718 年担任驻君士坦丁堡大使期间。伦敦，1838 年

保加利亚民族并非像地图上的保加利亚那样局限在特定的范围内，实际上，他们的分布超出了这个范围，远远延伸至鲁米利（Roumily）；简而言之，我们可以说保加利亚的范围在一个方向上是从君士坦丁堡城门直至多瑙河，在另一个方向上是从萨洛尼卡、尼萨（Nissa）和威登（Widden）直至黑海。保加利亚人还居住在瓦拉几亚和摩尔达维亚这两个省的村庄和主要城镇里，其中这些村庄的居民大部分都是保加利亚人。

这个民族的人数大约是 400 万，有人估计是 600 万，但这些数字都不可靠，因为在这样一个国家里并不存在定期的人口数量登记。

我访问了保加利亚的主要城镇［为我们协会《保加利亚新约》（Bulgarian New Testament）的翻译和印刷做准备］，从各个方向来回穿越这个国家，我对它的居民印象是最好的。我看见保加

利亚人居住在他们的大城镇和村庄里。我既住过富人的华屋，也住过穷人的茅屋，他们都在我心中激起了深深的同情和兴趣。我发现这个被土耳其人和希腊人压迫、蔑视的民族非常谦卑、勤劳，并且在土耳其帝国当中比任何其他民族都更有道德且更稳重；尽管他们普遍因为没有受过教育而显得无知，尤其是在农村地区。我说的大约是15—20年前的事，但从那以后，保加利亚在不同的地方建立了一些学校，我们协会在它们中间分发了大约1万本《新约》，这已经产生了一些有利的变化，尽管这些变化在这个拥有数百万人口的国家里很难被察觉。美国传教委员会（American Board of Missions）的代理机构已在保加利亚人中间分发了一大批小册子……

保加利亚人大致可划分为以下群体：商人、店主、裁缝和农民，其中农民是人数最多的，并且在整个土耳其，保加利亚农民显然是同行中最出色的。他们的国家不仅土地肥沃，而且风景极其优美，尤其是巴尔干山脉及其附近地区。男人、女人和孩子全都在田地里劳作，无人偷懒闲逛。男人修造他们自己的小屋，女人给屋子抹上灰泥并粉刷；除此以外，女人还纺线、织布、缝制家人所有的衣服，并很有品位地在衣服上绣花，还缝制床单、毛巾等……

在此，我必须指出，君士坦丁堡的希腊牧首拥有对整个保加利亚的属灵管辖权，由他任命保加利亚教会的高级神职人员，而这些神父和执事几乎无一例外都是希腊人，且他们基本上不熟悉保加利亚语。所有教会的晋升机会都可以出售，买方则对此进行充分利用。

教会仪式使用古希腊语，因此除了极少数接受过一流教育的人，这些祈祷对保加利亚人来说都是一纸空文。此外，也存在少数保加利亚神父被要求学习用古希腊语读祷文，但他们读得很糟糕，一个词也读不懂。因此，保加利亚民族的大部分人对基督教一无所知并不奇怪，尽管他们会把基督教作为职业。这些可怜的人们就这样被困在无知的境地，被残酷地压迫，而希腊教会的神职人员不管职位高低，都不知羞耻地向他们勒索钱财，却不向他们提供道德和属灵教导……我在整个土耳其旅程中从未遇到比保加利亚人更勤劳的民族，而土耳其人却完全无视他们的价值。

保加利亚各地都得到精心耕耘，甚至一直耕耘到山顶和陡峭的高崖。居民们虽然被迫向政府交纳大笔钱财，还要满足贪得无厌的希腊神职人员，他们的生活依然显得较为舒适，如果我们按照这些情况来判断的话：他们的农家宅院存储充足，小屋里有一些舒适的陈设，衣物齐全，最重要的是妇女佩戴着价钱不菲的黄金头饰。我再重复一遍：这些民众虽然被土耳其人和希腊人蔑视、嗤笑，以至于保加利亚人这个名称都成为他们骂人的口头禅，但在我看来，并且无疑在所有真正认识他们的人看来，他们是整个奥斯曼帝国境内最勤劳、最能干的民族——无论是城镇居民，还是乡野村夫。

前述种种细节只是为了让你们稍微了解一下保加利亚农民朴素的举止和勤劳的习惯。在这个民族中，农民的数量远远超过其他群体。我还没有跟保加利亚城镇居民谈过很多，但我已从他们身上看到足够使我愉快和感兴趣的东西。他们不像希腊人那样骄傲、鲁莽、浮夸；相反，他们谦卑、安静、羞涩，主要与本族人交往，所有关心本族的人都深爱他们自己的国家。

美国传教士 B. 巴克（B. Barker）的一封信，写于 1855 年

对土耳其欧洲领土的探索

几个月来，土耳其的欧洲部分吸引了君士坦丁堡的传教士和广大基督徒越来越多的关注，上帝在此的旨意很明确，就是呼召美国教会毫不迟延地进入这个传教领域。

从君士坦丁堡到阿德里安堡

他们于 4 月 27 日离开君士坦丁堡，第二天在罗多斯托（Rodosto）

度过，于4月30日抵达阿德里安堡。哈姆林（Hamlin）先生写道：

罗多斯托和阿德里安堡之间有72英里的距离，没有多少能够传教的地方。保加利亚人的村庄很少；但无论我们在哪里看到群群牲畜，我们都能看到保加利亚牧人，并且无论我们在哪里看到耕地，我们都能看到保加利亚农夫。实际上他们遍布整个鲁米利亚，大多是牧人和农夫，此外这个地区的工业也掌握在他们手中。这片土地整体上非常肥沃。它既有美丽的平地，又有波状起伏的低山，延伸向远方。在村庄聚居区，土地是肥沃的庄稼地，但在其他地方，接连许多英里都能看到羊群在悠游，而它们还吃不掉牧草的十分之一。这是一个美丽的地方，等候着道德高尚的人们勤劳工作发挥其品位和指挥，将它变成一个乐园。

保加利亚语《圣经》（Bulgarian Testament）在我们阿德里安堡的书店销量很大。目前需求量最大的两本书是保加利亚语《圣经》和亚美尼亚-土耳其语（Armeno-Turkish）《圣经》。人们都知道，保加利亚神父们热切地购买这本圣经，并坚定地反驳希腊人的激烈攻击，宣称这是一部很好的译本。伟大的保加利亚民族运动要将本民族从希腊专制下解放出来，它已在此扎根。斯拉夫语教会和学校就是这一运动的成果。但这一运动针对的是公民自由，而不只是宗教自由。“我们并不拒绝希腊教会的‘信条’（dogmata），而是拒绝他们的‘专制’，”一名保加利亚人如是说，他的话表达了大众的情感。

该城市的保加利亚人

保加利亚人得到了特别的关注。希腊大主教在阿德里安堡教区拥有10万名他称之为希腊人的教徒，“但他们中的半数或半数以上是保加利亚人”。这一地区的穆斯林可能超过15万人，主要是土耳其人；然而“成千上万的穆斯林本来是基督徒，他们的伊斯兰教信仰因此而有很大改变”。这一教区的保加利亚人比西部或北部任何地方的同胞都更加希腊化。希腊的政策是用希腊语代替保加利亚语，这已在阿德里安堡产生了决定性的后果。那些对此表示强烈反对的保加利亚人肯定地告诉我，许多保加利亚人自称为希腊人，在家庭中使用希腊语，与希腊人通婚，并让自己的孩子接受希腊式教育。“我们还能做什么？”一名保加利亚人说，“我们没有自己的语言写成的书籍，而且还不被允许自己印刷书籍。我们没有文学，没有学校，你甚至可以说没有语言。在希腊人当中，这些东西我们都有，使用它们是为了我们的利益。”然而，并非所有保加利亚人都这么想。这个城市里一些开明和有影响力的保加利亚人一直在努力使他们的民族身份得到承认，从而使自己有别于希腊人。他们最终有了一所能够用旧斯拉夫语举行礼拜仪式的教堂，还有一所由保加利亚老师教授保加利亚语的学校。

5月4日，他们启程前往菲利波波利斯，经过许多“保加利亚人与穆斯林混居的村庄”。

希腊人从这片土地上完全消失了，数量上占优势的是保加利亚人。人们完全意识不到巴尔干山脉是边界，以至于当我谈到保加利亚时，我一再被如此纠正：“你现在就在保加利亚。”我们沿途的土壤质量是最好的，大村庄不时出现在我们的左右，四周环绕着壮美的景色：大片耕地，广袤的牧场，巴尔干山脉积雪的山峰成为北部边界，较低的山脉成为南部边界。春天田地里长满繁盛青翠的作物，预示着无与伦比的丰收……

在一些保加利亚人的村子里，我们没有在任何一座房屋上看到一扇窗户，也没有任何地方留出来准备做窗户。这个地区缺乏林木，除了从远方运来的，当地没有任何木材，因此他们尽可能用最轻的材料建造房屋。这些房屋通常由枝条加上灰泥编筑而成，只有一个大大的泥烟囱和一个作为进出口的门。尽管保加利亚人住在如此简陋的小屋里，他们却是世界上最干净的民族。除了在劳作之后身上留下了泥水痕迹的稻农，我们在阿德里安堡和菲利波波利斯之间没有看到一个衣衫褴褛的保加利亚人。他们的衣服都是自家缝制的，粗糙、结实、完好无损、干净整洁。这些男女老少大方、谦卑、友善、恭敬的态度吸引了所有观察者的注意，即使最草率的观察者也不例外。无论是老人还是年轻人，他们从不无礼大笑，也不会过分好奇地凝视我们，更没有粗鲁的言语，而在希腊人或土耳其人的村庄，我们几乎每走十步就会碰到这种无礼的情况。

菲利波波利斯

这座城市可能有 8 万或 9 万名居民，其中超过一半——可能达到三分之二——是保加利亚人。希腊主教估计他的教区里大约有 26500 个家庭，相当于 132500 人。菲利波波利和阿德里安堡之间的乌祖约瓦（Uzunjova）教区有 13000 个家庭，相当于 65000 人。混居在这 20 万名保加利亚人中间的穆斯林可能约有 10 万人，但一些权威机构认为实际的穆斯林人口要低于这个数字。这些穆斯林大部分本来是保加利亚人。菲利波波利斯的保加利亚人不像阿德里安堡的保加利亚人那么希腊化。他们有两所大的斯拉夫语学校，并拥有一个用斯拉夫语举行礼拜仪式的教堂。他们当中开悟的人极少，但他们很乐意接受我们帮助他们建立学校和提供教科书。这里和其他地方一样，对用现代语言翻译的全本圣经表现出极大的兴趣。人们随意评论希腊神职人员无休止的可恶压迫，大主教的压迫也让人感到恼火；尽管如此，这里的人依然盲目而热切地依附于他们的教会。

君士坦丁堡，哈姆林先生的信，1857 年 5 月 18 日，《传教信使》（*The Missionary Herald*）第 53 卷，1857 年

保加利亚人是一个农业民族。他们既没有塞尔维亚人的好战精神，也没有希腊人的商业活力和能力。保加利亚人在村庄里是牧民和农夫；在城市里是工匠或小手工业制造者，很少有大资本家……

一些智力禀赋在经历了多年的政治组织和长期的物质繁荣之后会自动显现出来，而保加利亚人却并未证明自己拥有这些智力禀赋；但保加利亚人却并不缺乏家庭美德，这个美德有助于使一个国家变得更富有，并阻止邪恶和苦难的传播——这两个巨大的怪兽吞噬了欧洲的社会生活。他们对勤劳和节俭的热爱是奥斯曼帝国的主要财源；那些充满了我们的商船和杂志的丰盛农作物主要是由保加利亚人生产的；正是他们为我们格拉斯哥和曼彻斯特的工人阶级提供了有益健康的食物……他们的谦逊、慷慨和高贵品质会使他们受到欧洲兄弟们的欢迎，我相信欧洲兄弟们会毫不耽延地保卫他们的权利不受古尔-哈内的哈蒂舍里夫（Hattisherif of Ghul-Hane）限制。

A. 佩顿（A. Paton）：《关于多瑙河与亚得里亚海的研究》（*Researches on the Danube and the Adriatic*），莱比锡，1861 年，第 2 卷

韦莱斯（Veles）据说有 2000 户家庭，其中三分之二为保加利亚人；它下辖的 95 个村庄也是如此。该城建在两座山的边缘，两山之间的距离正好让瓦尔达尔（Vardar）河流过。我们很高兴看到当地居民的表现。他们展示出一种宗教自由和探究的精神，这是我们在别处没有见过的。许多领头的商人与维也纳和萨洛尼卡有生意往来，自然也就使现代思想和习惯很快在此立足。这体现在他们的穿着、店铺的建造和布置，尤其是新建的房屋上。

《传教信使》第 67 卷，1871 年

保加利亚人在所有的本质特征上都与邻近的希腊人、罗马尼亚人和土耳其人不同；他们与西边的亲属民族克罗地亚-塞尔维亚人相比也有一些不同特征。与后者的差别主要体现在所谓政治精神（esprit politique）的缺乏，以及由此产生的一种物质享受上的优越感。与塞尔维亚人不同的是，保加利亚人并不以民族的辉煌历史来保持自尊，甚至也不渴望辉煌的到来；此外，不管多大

的压迫都不会使他们忽视自己的田地、马匹、花园和屋舍的井然整洁……

在相同的气候、宗教和政治条件下，民族差别到底能表现得多么强烈，这在希腊人与保加利亚人混居长达数个世纪的城镇之中表现得非常明显。一个是商业民族，机敏、伶牙俐齿，但狡诈、肮脏、不道德；另一个是农业民族，固执、拙口笨舌，但诚实、干净、贞洁……一名女士告诉我们，在希腊人的社会里，她不到3个星期就会风闻一起丑闻的流言（chronique scandaleuse），而在保加利亚人当中她已生活了好几个月，却从未听到一个这类的传闻……信仰基督教的保加利亚人被骂成是胆小怕事，但至少他们的胆小是因为回避，而不是因为奴性，他们从自己害怕的人身边躲开，而不去奉承巴结……

保加利亚城镇普里利普（Prilip）和韦莱萨（Velesa）

从莫纳斯提尔（Monastir）到普里利普（Prilip）的路程估计为6小时，在这漫长的6个小时里，我们一路颠簸，穿过两地之间崎岖、扬尘的平原。

在莫纳斯提尔郊区，我们路过一个保加利亚人自己新近建造的教堂，但听说主教坚持在该教堂用希腊语举行礼拜仪式。然而，在莫纳斯提尔到普里利普的半路上，渡过策尔纳里耶卡［黑帕维尔（Tzerna Rieka/Black Paver）］河之后，在河对岸每多走一步，希腊-津扎尔（Greco-Tzintzar）的成分就变得更弱，保加利亚人就在教会和学校取得越来越大的优势……

普里利普是一座有6000—7000名居民的小镇，每年都会举办大型集市。因此，它是保加利亚南部最繁荣的地区之一，并以拥有一个很不错的集市而自豪。每逢举办集市，附近的农民都会会集于此，据说很值得一看。有一个地方的妇女身材魁梧、体格健壮，而且勤俭持家。她们似乎直到30岁才被允许结婚，这主要出于两个原因：第一，这样养育她们的父母就可以通过她们的劳作得到回报；第二，这样她们就不会在年轻时就被大家庭拖累……我们觉得这种安排有些奇怪，也不大可能被妇女接受，因为这是按照从她们身上获得最大收益的原则设计的；然而，男人却根据其结果认为这是合理的，声称实行这一做法的地区处处家庭生活幸福、社会道德水平高、民众身体状况良好。不论是在塞尔维亚还是在保加利亚的城镇当中，妇女们都遵从东方的习俗，很早就结婚和衰老。

驻莫纳斯提尔的英国领事写信介绍我们来到一位富有的保加利亚商人家中做客，在那里我们得到了热情的接待，有两间屋子供我们使用。屋里的房间很大，备有很好的垫子和毯子，而且非常整洁干净，让我们在矮沙发而不是铁床架上都能够睡得很好。这位商人和他的家庭做烟草生意，烟草在普里利普的平原上长势旺盛，他们的一位兄弟跟维也纳有生意往来。不巧的是这位兄弟正好不在家，但一座音乐钟展示了他对维也纳风尚的癖好，这座钟每隔一刻钟就敲响一次……

这位开化的音乐钟表进口商和这位庄重魁伟的主人都是一个五兄弟家庭的成员，他们与妻子和孩子一起在一张桌子上吃饭，住在一座高墙保护下的院子里。这样的家庭组织关系，即扎德卢加斯（zadroogas）①，在整个保加利亚都很普遍，已经在法治败坏的土耳其统治下维持了基督徒的生活多年。这个体系除了保证每个家庭都有一些男人保护妇女不受入侵者伤害，还保证寡妇和孤儿在他们自己亲属的照看下能够维持生活、平安度日。在有地可耕的地方，这种体系也使一个家庭能在不雇用陌生人的情况下完成自己的劳作，并为幼子们提供一个空间，而不必将他们送出去

① 扎德卢加斯是一种传统的南斯拉夫家庭和经济组织形式，主要在巴尔干地区流行。这种形式通常包括几个大家庭的成员（通常是有血缘关系的男性及其家庭）共同生活和劳动，形成一个集体经济单位。——译者注

谋生计……最重要的是，自然的情感得到了应有的满足：年轻女子得到保护不受诱惑，年轻男子得到舒适而秩序井然的家庭。如果说保加利亚人生活在异族统治之下，又常常与最堕落的人群混居，还能保持他们的民族身份和纯洁作风，他们就应当感谢他们联合大家庭式的生活。

但是，由于这种家庭小社会的作用主要是保护和维持，所以当危险过去之后，它们当然就变得不必要了；它们也不能与现代社会的流动关系和个体企业共存。

在普里利普有三所基督教学校，一所是为津扎尔商人建立的，他们选择让自己的孩子学希腊语；另两所是为保加利亚人建立的，这里有400名学生，并以保加利亚人自己的方式进行管理。保加利亚语的教科书来自各地——菲利波波利斯、佩斯、维也纳、贝尔格莱德；其中一些翻译自塞尔维亚的阅读教材，一些翻译自美国的阅读教材……

我们没有看到保加利亚人家中通常悬挂的西里尔和美多迪乌斯的画像，因此询问其原因，在随之得到的解释当中，我们发现孩子们对这两位民族使徒的生平很熟悉。孩子们也不忘运用两位使徒的教导，因为他们将这两位斯拉夫语《圣经》的翻译者与普里利普一位爱国市民联系在一起，这位市民曾在建立他们自己学校的过程中发挥了主要作用。

数年以前，希腊神职人员曾将几个地方的斯拉夫语著作焚毁，普里利普就是其中一个地方；因此，我们相信将书籍作为礼物会很受欢迎，于是我们将一些书籍送给了招待我们的主人、校长和一些最优秀的学生……

麦肯齐·M.（Mackenzie M.）、厄比·A.（Irby A.）：《土耳其的欧洲斯拉夫诸省之旅》（*Travels in the Slavonic Provinces of Turkey in Europe*），伦敦，1877年，第128—133页

我们走到教堂旁的墓地，但这里腐臭难闻，使我们几乎无法

前进（此时那些暴行已过去将近3个月了）。我们拿起一撮烟叶放到鼻子底下……我们看到这里石头和废弃物堆积如山，比街道高出五六英尺……实际上那是一大堆尸体，上面覆盖着薄薄的一层石头……我们被告知，光是这处小小的墓地就埋葬了3000人……这骇人的景象令人终生难忘。有一些小小的带着卷发的头颅……被沉重的石头压扁；婴儿惨死在寒光闪闪的军刀之下，那些挥舞军刀的士兵眼露凶光、满手鲜血；少女哀哭祈求怜悯，依然难逃一死；母亲极力用柔弱的身体保护小孩子，自己成为刀下冤魂……成熟的庄稼腐烂在田间，而收割者的尸体腐烂在教堂墓地里……

我担心自己不能再保持公正，而我确实已不再冷静。有一些东西是让人无法以法官的思维模式去调查的……有一些东西太令人惊骇，对此不可能进行冷静的调查；对于这些残忍的东西，人们都会拒绝直视和考虑……

我已经作了充分的调查，足以确信不再需要进一步的调查，除非纯粹是为了统计的目的……土耳其人的盟友和土耳其人自己犯下的罪行已经够多了，真是恶贯满盈。我无意再累积这类惨绝人寰的罪行。当你从调查一开始就发现有60个或70个村庄已被烧毁，大约15000人惨遭屠杀，其中很大一部分还是妇女和孩子，你就会感到继续调查下去毫无必要。并且，你还掌握了向妇女施暴的极端恐怖细节；无助的孩子被劈碎，挑在刺刀上；当你反复无数次听到这些细节，不是出自保加利亚人之口，而是来自菲利波波利的各位领事、火车上的德国官员，以及希腊人、亚美尼亚人、神父、传教士甚至土耳其人，这时你就会感到进一步的调查纯属多余。

贾纽埃里厄斯·麦加汉关于1876年7月在巴塔克的见闻的描述

但我还是要回到这一令人悲痛的重大事件的结局，同时也是它的开端，并在此停笔。作为大英帝国的一名老公务员，我恳求我的同胞们——这有赖于你们的支持，可能甚于欧洲其他任何民族——请你们坚持要求我们的政府放弃过去的路线，而转向另一条路线，并全力与欧洲其他国家合作谋求废除土耳其在保加利亚的统治权力。现在，让土耳其人用这唯一可能的方式来消除他们的暴行吧，那就是让他们自己撤走。我希望他们所有的警察（Zaptiehs）、地方长官（Mudirs）、少校（Bimbashis）、上尉（Yuzbachis）、中尉（Kaimakams）和帕夏（Pashas）① 统统滚出保加利亚，他们已将这个省份摧残、亵渎得满目疮痍。这一彻底的驱逐，这一最受祝福的拯救行动，是我们能为千千万万死者作出的唯一补偿；为妇人、少女、孩童受玷污的纯洁作出补偿；为受辱蒙羞的文明作出补偿；为上帝的律法作出补偿，或者，如果你愿意的话，为安拉的律法作出补偿；为整个人类的道德观作出补偿。没有任何一个欧洲监狱里的罪犯或南海群岛（South Sea Islands）上的食人族听到对此暴行的报道不会义愤填膺，这暴行拖了很久才得到调查，却依然没有得到惩罚；这暴行留下了所有导致其爆发的凶残恶意，并且可能会再次爆发，在下一个收割的季节大肆屠杀，在浸透了鲜血的腐臭土地上和被可耻罪行玷污的天空中横行肆虐。如此暴行若再度爆发，对我们人类当中的那些施暴者是一个可诅咒的耻辱；如果为他们空前绝后的暴行敞开一扇门，就会把这种耻辱带到整个人类社会。我们最好这样告诉苏丹任何有关保加利亚的麻烦、困境或失败：

“这好过你端坐在敞亮之处，你的民众却在冷嘲热讽，挣扎于困苦之中。”②

W. 格莱斯顿：《保加利亚的恐怖事件和东方问题》（*Bulgarian Horrors and the Question*），伦敦，1876 年

① 奥斯曼帝国的高级官员，通常是总督、将军。——译者注

② 出自英国诗人阿尔弗雷德·丁尼生（Alfred Tennyson，1809-1892）的长诗《国王的田园诗》（*Idylls of the King*）。——译者注

狂风渐强，横扫马尔马拉海，圣斯特凡诺海滨的一幢房屋在风中摇晃。屋内，双方外交部门的书记员整夜忙于抄写和整理，以筹备和平协议的签署，这是业已结束的谈判的成果。采勒特列夫亲王（Prince Tzereteleff）一整夜都在向与他共事的切巴乔夫（Chebachoff）口授协议，切巴乔夫一直不停地奋笔疾书，直到这份文件完成。尽管持续奋战让这两位书记员筋疲力尽，但二人对自己工作的价值十分欣赏，并继续履行自己的职责；二人只是稍事休息，听听隔壁房间里土耳其书记员们奋笔疾书的沙沙声，他们也在忙于准备自己的文书，直到天色大亮依然在伏案工作。写完稿纸上最后一个字之后，他们在一片狼藉的文件、地图和书卷中间睡着了，如同士兵睡在自己的马具中一样。

天色刚亮，尽管狂风肆虐，村庄里却有一些不寻常的动静。众人皆知当天要签订和约。来自君士坦丁堡的汽船一路起伏驶过汹涌的海面，船上载满被阅兵式吸引而来的旅行者，这次阅兵式被宣称为沙皇即位的周年庆典。希腊人、保加利亚人、土耳其人和俄国人涌入这个小村庄，围住饭馆，堵在一些房屋的门前，据说这里面将走出一些要人，他们将名垂青史。所有人都迫不及待地等着两点钟的到来，这是约定的阅兵式开始的时间。王子（Grand Duke）的马匹和随从聚集在他的营地入口，眼尖的观众随时密切关注这位总指挥的一举一动，他们将街上的马匹围了个水泄不通。

一点钟过去了。两点钟过去了，依然没有动静。人群中的气氛变得凝重起来，他们开始感到似乎有什么事情即将发生，决定性的时刻即将到来，和平与战争在天平两端来回摆动。人们严肃地彼此说道："这是历史上的大事。"每个人都相信自己是这一幕大戏当中的一名演员，这就是它的宏伟之处。终于传出话来，阅兵式推迟到三点钟；但三点钟到来又过去，只不过带来又一个小时的延迟。后来下起了雨，但人们依然等在原地。最后，他们的耐心得到了回报。大约四点钟，王子骑上马来到外交官邸，在门前问道：

“准备好了吗?”然后向驻扎军队的小山疾驰而去，之后又有一段时间的暂停。最后，一辆马车驶来，里面坐着伊格纳蒂夫(Ignatieff)将军，当他到达时，他站起身来说道：

“我荣幸地祝贺殿下，和平协议签署了。”

人群中爆发出高声的欢呼，久久不能平息。随后，王子和随从的上百名军官策马疾驰到海边高地上、圣斯特凡诺灯塔后面的军队驻扎处，开始沿着队列骑行。他经过时，士兵们并不知道和平协议已经签署，因其尚未公布；但很快消息就传播开来，欢呼变得越来越热烈。在场的有舒瓦洛夫（Schouvaloff）和劳赫(Rauch)率领的师，以及警卫队狙击手、骑兵、炮兵，俱各列队，王子从中穿过进行检阅。实际上，这些士兵当时的外表跟几个月前完全不同。在休整期间，他们缝补、清洗了军装，修补、擦亮了军靴，全身洗干净，因此他们看上去十分整洁有序，满足了人们最大的期待。

骑马穿过队列后，王子停在一小片高地上，在那里能看到所有的部队。他正式发出和平的宣告：

“我荣幸地告知军队，在上帝的帮助下，我们已经达成了和平协议。”

于是，又一阵欢呼声从在场的两万人中爆发出来，声音越来越强，好一会儿才逐渐消失。人们普遍感到宽慰和满足。在场的有著名的彼得大帝（Peter the Great）之团——普列奥布拉仁斯基(Preobrajensky)，他们在战争后期的许多战斗中常常是最先发起进攻的。在场的还有一些部队，他们曾在巴尔干山脉荒凉山顶上的阿拉伯-科纳克村（Arab-Konak）与敌人对峙，在寒冷恶劣的环境中熬过了漫长的一个月。有一批士兵艰难地穿过湿滑的山间小道，他们缺食少衣，拖着沉重的枪炮进入山谷，在与寒冷、饥饿和疲劳作过斗争之后，却发现一群孤注一掷的敌军已准备从四周的山顶上阻击他们。正是这些英勇的士兵，他们从索非亚长途跋涉到菲利波波利斯，与苏莱曼的军队进行了一场生死攸关的斗争，最后他们以强大的力量攻上罗多彼山区的壁垒，并将其摧毁。他们的勇气、奉献和无与伦比的坚忍将永垂青史。在阅兵式现场，就在仅比步枪射程远一点的地方，还聚集着能与他们匹敌的对手。在邻近的山顶上，土耳其士兵成群结队地站着，他们饶有兴致地在一旁观看；正是这些士兵守住了尚达尔尼克（Shandarnik）白雪皑皑的山脊，英勇保卫了鲁米利亚的大门，在一次重大的撤退行动后，他们最终在斯塔尼玛卡（Stanimaka）的群山上像英雄一样进行战斗。在这最终达成和平协议的时刻，双方的军队彼此相望。如同真正的士兵一样，他们已学会尊重对方，并欢迎和平的到来，从而光荣地结束此前的战斗，而他们并不渴望延长这场战斗。这是一段新友谊的开始，它的形成是基于对此前从未认识到的品质的亲身经历。

巴恩韦尔·R.（Barnwell R.）：《俄土战争》（*The Russo-Turkish War*），费城，1878 年

第五章

农业国

诞 生

1878 年夏天，欧洲的地图上出现了一个新国家，尽管它还不是完全意义上的国家。将其与奥斯曼帝国的领土划分开来的那条线是虚线，这清楚地表明，这个公国至少在名义上依然处于奥斯曼苏丹的统治之下，这是《圣斯特凡诺和约》的规定。然而，新国家的边界线却和该和约规定的边界线不同。胜利的俄国将军迫使奥斯曼帝国的使节签署了（从君士坦丁堡的角度来看）相当苛刻的条款。就在半岛中央，一个幅员辽阔的保加利亚横空出现，并在黑海和爱琴海这两个海域都有出海口。虽然它没有独立的地位，但即使作为一个自治公国，它也将在欧洲东南部发挥重要作用。这正是俄国想要的，对其他欧洲国家尤其是英国来说，这一目的很明显。这样，地中海沿岸地区对俄国人的恐惧又抬头了。根据《圣斯特凡诺和约》，保加利亚的领土大致包括保加利亚人所居住的土地，并且保加利亚的疆界与所有大国在君士坦丁堡所认可的疆界也没有明显不同，因此没有一个西方政治家会为此睡不着觉。1815 年维也纳会议召开以来，欧洲会议解决了所有具有欧洲意义的问题。诚然，1871 年德意志帝国凭借一己之力就强迫法国签订了和平条约，因为它很强大，成功地在可能的对手之间挑拨离间，而当时俄国还很弱小，无法对抗统一的欧洲。欧洲高调宣称要捍卫不同民族的权利，但当这些权利与它的利益相违背时，它就会毫不犹豫地侵犯这些权利。

1878年夏天，在柏林举行的一次列强会议——一场所谓的“音乐会”上，敏锐的耳朵几乎听不到任何和谐之声，甚至连民族问题也没有被提出来。战略利益是当时大家所需要的。在奥托·冯·俾斯麦的支持下，第一代比肯斯菲尔德伯爵本杰明·迪斯累利作出了最后的决定。保加利亚的边界被重新划定，其主要目的是阻止俄国向南推进，使巴尔干国家沦为争吵不休的小国，从而成为有经验的大国外交官的牺牲品。

保加利亚人目瞪口呆。国家肌体被撕裂了。像尼斯（Nis）、皮洛特（Pirot）和洛岑格勒（Lozengrad）这样的大教区，几乎有一半教区，其中的基督教徒已经自愿承认隶属于保加利亚的督主教区，却发现自己置身于保加利亚公国之外。12个世纪前保加利亚国家诞生的地方——多布罗加——被交给了外国统治。列强们小心翼翼地切断了新公国与爱琴海的联系，从而切断了其与地中海的联系。他们对俄国的猜忌严重损害了保加利亚的经济利益，使该国的贸易转向中欧。

柏林会议的决议决定了巴尔干半岛未来几十年的走向。保加利亚人要把他们的大部分精力花在追逐“圣斯特凡诺梦想”的催眠之光上面。巴尔干国家之间的关系在未来的几年里受到了毒害，因为没有一个国家的野心得到了完全的满足。列强之间出现了新的矛盾。西方国家和柏林会议的发起者，尤其是英国，出于它们对战略优势的追求，使半岛处于比1877—1878年战争之前更不稳定的状态。柏林会议的决定是导致1914年萨拉热窝刺杀事件和随后第一次世界大战的导火索。

《柏林条约》实际上注定了保加利亚在其外交政策上长期奉行民族统一主义（irredentism）。没有哪个内阁能对其同胞的哀叹置若罔闻。虽然边界限制了发展的机会，但近三分之二的保加利亚人或多或少获得了某种程度的自治权。在近代，塞尔维亚、希腊和罗马尼亚在最开始也没有获得更好的发展条件。《柏林条约》是要成为保加利亚人的坟墓，还是要成为自由之光通过的半开着的大门，这在很大程度上取决于保加利亚人的决定，取决于他们的精力和决心。

柏林会议把保加利亚领土分成几块的决定，后来被认为是19世纪最大的悲剧之一。20 世纪 20 年代颇受欢迎的《通史》（*General History*）一书的作者、法国历史学家 E. 拉维斯（E. Lavisse）和 A. 兰贝奥特（A. Rambeault）写道，保加利亚被划分成三部分，违反了一个民族的意志，柏林会议没有考虑到正义，没有考虑到这个民族的意愿，也没有考虑到对健全的理性和共同利益的要求。他们指出，最后的决议是利己主义（egotism）的纪念碑，是嫉妒和个人仇恨的产物，因为它不但没有确保和平，反而为后来无数的冲突创造了一个平台。作者总结说，保加利亚问题、马其顿问题、波斯尼亚-黑塞哥维那问题、巴尔干的“阿尔萨斯和洛林”（Balkan Alsace and Lorraine），这些都是柏林会议对欧洲外交造成的后果。

19 世纪末，英国一些有影响力的人士坚持认为，迪斯累利的目光短浅造成了巴尔干半岛长期的不稳定。一些柏林会议参会者后来意识到，从长远来看，一个靠近海峡的大保加利亚更有利于西欧的利益。历史证明，较大的国家比较小的国家更能成功地抵抗俄国施加的南向压力。在支持保加利亚的游说浪潮中成为首相的威廉·格莱斯顿很快撤回了对保加利亚事业的支持。他宁愿建立一种平衡，也不愿英国对欧洲东南部港口进行更积极的干预。

民主的表象

根据《柏林条约》，保加利亚由俄国的职业行政机构统治了 9 个月，其结果是不容忽视的，它奠定了保加利亚未来独立的基础。数百名保加利亚人进入政府，开始积累管理经验。他们被任命为新地区的副职长官，并领导地区法院。他们力图在公国和东鲁米利亚建立相同的体制，包括行政、军队、财政和文化各个方面。除了纯粹的行政管理，这也具有重要的政治影响。俄国人对两个保加利亚地区没有区别对待，这是未来统一的条件之一。建立一支军队的基础得以奠定，教育改革也顺利进行，六所中学顺利开办，索非亚还建立了一所军事学院、一个保加利亚国家银行，甚至还有国家图书馆，所有这些都是一个独立实体的标志。

甚至在解放战争期间，保加利亚领土上的土地制度也发生了根本的变化。许多（即使不是成千上万的）土耳其人离开了这块自由的领土，他们中的一些是担心遭到保加利亚人的报复，另一些则是不想生活在基督教国家。这样一来，他们的土地就重新回到了保加利亚人的手中。当然，这一过程的进展并不那么顺利。那些更具进取心、更接近新政府或更富有的人，会拥有更大面积的土地。1878 年秋，在那些想给新政府制造麻烦的英国外交代表的诱导下，一些土耳其人返回保加利亚。然而，这些穆斯林发现“拉亚”（reaya）[①] 已经耕种了他们的土地，并且不打算放弃。由于诉讼是一种不可靠的解决办法，而且预示着会有多年的麻烦，因此，他们中的大多数人选择以最划算的价格出售其地契，然后定居奥斯曼帝国。

尽管如此，很少有保加利亚人能够获得超过 5—6 公顷的可耕地——这或多或少足以养活一个家庭，但肯定不足以使一个家庭富裕。至此，保加利亚成了一个主要由小农构成的国家，这也成了其特点。小农和中农阶层构成了议会民主的支柱。然而，小块土地并不稳定，当收成不好时也不能赊账，税收往往还会把他们逼入绝境。保加利亚很难避免类似其他国家的命运——那里的小农逐渐失去土地而到城市里工作。

俄国人在俄国法律理论家的思想和罗马尼亚及塞尔维亚公国宪法的影响下，起草了一部被称为《组织法》（Organic Statute）的宪法。这一文件削弱了公民的基本民主权利，因为尽管俄国曾征求过保加利亚最杰出的社会名流的意见，但他们的建议在俄国人的草案中几乎没有被提及。而且，由于从头到尾都进行了重新起草，该法规仍停留在纸面上。

首先，由农民、商人和知识分子组成的制宪会议用“宪法”代替了《组织法》，强调了公国的独立性。其次，他们废除了关于土耳其附属国的条款，并将未来国君的王室费用从 100 万减为 60 万保加利亚列弗。最后，他们决定，圣会（Holy Synod）将是整个王国领土上保加利亚教会的统治机构，从而确认了摩西亚、色雷斯和马其顿的保加利亚人在精神上的统一。宪法宣布了基本公民权利（就像英国、比利时和法国政府宣称的那些

① 指奥斯曼帝国的非穆斯林臣民。——译者注

一样），包括结社权、建立政党的权利以及实际上不受限制的投票权。

最大的争论源于两个问题。第一个是所谓的“国家问题”，或者应该说是如何应对柏林会议的决定。仍处于土耳其统治之下的色雷斯和马其顿的45名保加利亚人代表，来到了特尔诺沃，要求其更幸运的兄弟们给予支持，而大会的命运早已命悬一线。在激烈的争论中，一些代表为了反对欧洲国家的指令，表示要毫不犹豫地解散会议。最后，理智占了上风，因为欧洲国家不可能这么快就重新审议其决定。被解放的人必须努力工作，并通过为将来希望实现的统一做好准备，表明他们的自由不是神的恩赐。会议决定，各个大国在城里的代表将收到一封抗议信，而会议将按原计划开始。

第二个问题是议院应该有一个还是两个。根据以宪法基本原则，由议会选举出来的一个委员会（该委员会主要由思想保守、受过良好教育的议员组成）的提议，保加利亚不成熟的民主政治需要两个议院。这是为了平衡和纠正有时在情绪影响下通过的决定，但它并不完全符合国家的长远利益。外国观察员认为这个建议可行，但许多准备自豪地过独立生活的保加利亚人却将其视为一种侮辱。杰出的民族复兴运动者佩特科·拉切夫·斯拉维科夫（Petko Rachov Slaveikov）对它进行了严厉、机敏但不算公正的批评，因此这项动议在表决时没有通过。

自由派和保守派这两种对立政治倾向的代表在辩论中相遇时，两派之间的分歧常常被个人的分歧所掩盖。在几乎所有具有争议的议题中，最终的胜利者都是自由派，大多数议员最终都站在他们一边。

《特尔诺沃宪法》（Tarnovo Constitution）于1879年4月16日通过，它可与欧洲最先进的宪法相媲美。宪法中几乎没有什么来自保加利亚国家现存传统的内容，它清楚地表明了转向那些代表社会进步方向的欧洲国家的意图。当然，这部宪法也不是没有缺陷，例如，宪法中没有明确的“禁止废除宪法”的条款，也没有设置足够的障碍来阻止竞选舞弊，制定者们仅仅将希望寄托在宪法使用者的诚实品质上。然而，不管怎样，宪法成为未来几十年公共生活的象征和主要基础。一个人是赞成还是反对，决定了他在政治调色板上的位置。制宪会议所制定的这部宪法是在几乎没有做什么准备的情况下仓促完成的，它是热情的产物，而不是深思熟虑的决定，但它仍然是保加利亚现代史上最长久的宪法之一。

保加利亚大公的当选

1879 年 4 月 17 日，大国民议会（Grand National Assembly）召开，选举保加利亚大公。每个人都知道他就是俄国皇帝推荐的德国巴腾堡的亚历山大。在一片欢呼声中，他未经投票就当选为保加利亚的第一位统治者。

民主政治的开始

在接受保加利亚代表的选择后，大公亚历山大一世开始试图修改《特尔诺沃宪法》，他认为国家的基本法只会束缚他的手脚。这种意图并未得到欧洲方面的鼓励。虽然自由派在制宪会议中占上风，但获得大公支持的却是保守派。领导独立的保加利亚第一个内阁的荣誉落到了著名的民族复兴人物——保守派托多尔·布尔莫夫（Todor Bourmov）身上。他必须组织立法机构的选举，在这一过程中他解散了自由派官员，希望如此能够削弱他们在选民中的影响力——这种令人震惊的做法将盛行于后续的数十年中。自由派获得了压倒性的胜利，但亚历山大一世想让保守派也进入未来的内阁，以牵制难以驾驭的自由派。然而，当他发现自己无法达成妥协时，他不得不放弃这一企图，不情愿地任命了一个由德拉甘·灿科夫（Dragan Tsankov）领导的内阁。

新内阁充满热情地开始工作，因为他们必须切实贯彻他们规划的原则。对自由党人而言，保加利亚的社会图景近乎理想，他们想要保持它的现状，即一个由中小业主组成的国家。他们清楚，业已开始的小地产的瓦解进程很难被控制住，但他们认为可以由国家来限制甚至阻止这一进程。

然而，意图是一回事，机遇又是另一回事。这个国家必须运转，而这需要资金。因在经济领域维护国家利益而声名鹊起的财政部长佩特科·卡拉维洛夫（Petko Karavelov）收起税来毫不留情。自由党人还不得不遏制国外金融家和企业家——他们将保加利亚公国视为无助的猎物。铁路成为主要问题。保加利亚不得不将自己的铁路网与欧洲连接，但并不清楚如何实现，或由谁出资修建。索非亚成了俄国和奥地利的金融贪欲的战场。同时，英国又对他们于 19 世纪 60 年代修建的鲁塞—瓦尔纳（Russe-Varna）铁路索要极高的价钱，虽然这条铁路已经破旧不堪。内阁与大公的关系迅速恶化，这位君主认为部长们并未向他表示出他应当获得的那种尊重。他与保加利亚社会天然的民主氛围格格不入，并对它的粗鲁和限制他特权的欲望感到厌恶。

大公在索非亚非常孤独。他与一些国外的外交代表，尤其是法国代表保持联系，因为英国代表明显很冷淡；此外，跟他保持联系的还有一些俄国军队的军官，以及一些在欧洲的学校和大学接受过教育的保加利亚人。

大约在 1880 年底到 1881 年初，保守派发动了一场积极的舆论战，起因是大公与自由派之间的冲突，以及农民对严厉的财政政策的不满。保守派指责自由派在一起法国财政顾问的任命丑闻中犯了“虚无主义”（nihilism）的错误：在大公的参与下，保加利亚已经决定为这位顾问提供的服务支付高额的酬金，但自由派却拒绝执行。对即将在英国掌权的格莱斯顿所寄予的希望，此时也落空了。君士坦丁堡罗伯特学院的教师斯特凡·帕纳莱托夫（Stefan Panaretov）被派遣出使伦敦，却带回了令人沮丧的消息。如今看来，格莱斯顿在野时说的是一回事，但掌权后做的又是另一回事——他并未表现出支持保加利亚人的意图。然后从俄国就传来了消息：“民意党人”（Narodniks）发动炸弹袭击，导致沙皇“解放者”亚历山大二世（Tsar Liberator Alexander Ⅱ）身亡。

一段不民主的插曲

保加利亚在政治和情感上是如此依赖俄国，以至于它不得不面对新沙皇登基带来的一系列后果。巴腾堡大公怀着悲伤但并非毫无希望的心情前往圣彼得堡。一方面，他意识到新沙皇亚历山大三世并不喜欢他，但另一方面，他也知道亚历山大三世认定他的父亲是帝国自由化的牺牲品，因而对这种自由化之风欲除之而后快。巴腾堡大公希望这一次他中止《特尔诺沃宪法》的企图不会遭遇拦阻。他去俄国首都之后发生了什么依然是个秘密，但即使他并未受到明确的鼓励，他也意识到自己不会被阻止。1881 年 4 月 27 日，他宣布解散政府，由在保加利亚军队任职的俄国将军卡西米尔·恩洛特（Casimir Ernrot）领导临时政府。然后，大公发布宣言召集国民议会，目的是投票授予他在未来 7 年中拥有特别的权力。7 年之后，《特尔诺沃宪法》会根据积累的经验进行修改。这实际上就意味着大公中止宪法的想法得以实现。

看上去很矛盾的是，独裁政权的建立证明了保加利亚民主的强大，而非弱小。大公的行动表明保守派对于以非暴力方式夺取权力的道路已经绝望。

起初，自由派惊愕至极，因为他们从未预料到事态会有如此大的转变，然后他们断定俄国不会接受这种转变。然而，事实证明这个判断是错误的，因为俄国同意了大公的行动。欧洲方面对此并未表现出太大的反应，毕竟，保加利亚处在俄国默认的势力范围之内。恩洛特将军把全国划分为 5 个选区，由俄国军队委员领导。破坏和平与秩序的人将遭受以下两种惩罚中的一种——一个月的牢狱之灾，或死刑。这些措施表明这一转变的组织者们并未感到安全，但他们不会允许选举出现意外的结果。

自由派的领袖们绝望了。保守派利用了农民的亲俄情绪，而所有安全措施的实行把哪怕是举行选举运动的想法都扼杀了。任何不满，无论价值几何，都被无情镇压。选举不出意料地以大公支持者们的胜利而告终。1881 年 7 月 1 日，国民议会在多瑙河岸边的商业城镇斯维什托夫召开，那里的居民支持保守派。国民议会召开了不到一个小时，就按照要求投票选出了元首，并给予称赞。大公和保守派的胜利看上去是彻底的。这一系列事件的发展也体现了后续很多次政治危机的一个鲜明特点：对于解决保加利亚国内政治问题，国外的政治支持比国内的更为关键。

这次政变的发动者们热切地准备照搬一些保守的欧洲国家的理念。他们成立了国家委员会（Council of State），这个机构加强了元首在立法和司法权力上的影响力。一部新的选举法律规定选举分为两轮，国民议会成员数量减少，其任期从 4 年延长到 6 年。为了防止党派纷争对议员的影响，由巴腾堡大公任命国民议会主席。他们的企图最终遭遇惨败。人民并不欢迎这些改革，大公意识到他正在失去根基，只得被迫接受不可避免的结局。1884 年春，宪法得到恢复，且没有进行任何修改。

1881—1884 年这段时期尽管短暂，但对保加利亚历史却异乎寻常地重要。它表明《特尔诺沃宪法》不是高谈阔论的成果，而是符合人民渴求的产物。保守党的影响力崩塌了，它遭到解散并退出了政治舞台。从某种程度上说，“温和自由派”（moderate liberals）取代了它的位置。这几年对于大公来说是致命的，他丧失了权力和俄国的支持，而欧洲则以恶意的眼光旁观他笨拙地攫取更多权力的尝试。如果他想要留在保加利亚的话，他需要一场决定性的胜利。另外，他也学会了寻求妥协，接受他原本厌恶的人民的意见，他也被迫更多地藏身于幕后，这对一位立宪君主来说是合宜的。从这段时期一直到 20 世纪 30 年代，再也没有人企图对这个国家的基本法进行激进的变革。有几次投票通过了增强君主权力、削弱立法机构权力的修正案，但这些修正案都未改变宪法的本质。当权者将学习如何违反它的精神，但遵守它的形式进行统治。

政治与日常生活

尽管保加利亚公国的人们被日常的烦恼所困扰，但他们依然可以怀着信心期待未来，不过色雷斯和马其顿的居民却遭受了比过去更严重的压迫。穆哈希尔（Muhacir），即来自保加利亚和波斯尼亚-黑塞哥维纳的穆斯林难民被安置在东色雷斯和马其顿人的土地上。奥斯曼帝国政府不仅拒绝承担它在《柏林条约》中承诺的责任，也没有在官方承认的保加利亚各主教管区（eparchies）任命主教。多亏教会领袖督主教约瑟夫（Exarch Joseph）拥有出色的能力和耐心，并且与土耳其官员十分熟悉，他才没有让他们抓住任何想要的借口将他逐出君士坦丁堡。在雅典人的支持下，普世牧首制在马其顿和东色雷斯得以保留。希腊人接管了保加利亚教会，并谴责了数十名保加利亚人，罪名是为保加利亚的理念辩护。每一天，都有来自马其顿的难民抵达保加利亚公国谋生并追寻自由的生活。他们当中很多人定居在首都，那里对他们来说前景一片光明。这个永无止息的过程从依然被外国统治的保加利亚族群中淘出了最有雄心和能力的代表。

另一个保加利亚

抵制《柏林条约》

柏林会议将色雷斯位于巴尔干山脉和罗多彼山脉之间的那部分从保加利亚公国中分离出来。英国外交官将这个四月起义的摇篮称为“东鲁米利亚”。由于土耳其人称希腊人为“鲁米利特”（Rum-Millet），所以“东鲁米利亚”这个名字就意味着那里没有保加利亚人，这挑起了保加利亚与马其顿之间的争端。

保加利亚人面临的最关键的任务是阻止奥斯曼帝国根据《柏林条约》沿巴尔干山脊建立要塞。各个所谓的爱丁斯特沃（Edinstvo，即 Unity，意为统一）委员会成为抵抗的中坚，它们或协助或独自组织“体操协会”（societies of gymnasts）的训练。这些协会为青年爱国者提供军事训练，他们装备的步枪由俄国占领当局提供，或是从军火库“偷”出来，而那里的卫兵对此故意视而不见。这些组织的领袖们宣称，土耳其军队要想进入这个地区，除非踏过他们的尸体。奥斯曼帝国政府犹豫了，因为训练不足、装备简陋的保加利亚人虽然很难阻挡苏丹的军队，但是土耳其几年前就在这片土地上镇压过四月起义，如果再爆发一次血流成河的屠杀，会招致欧洲的强烈反对。最后，君士坦丁堡决定采取俄国的建议让步了。这是在这个地区确立保加利亚特性的第一次关键性胜利。

东鲁米利亚受限制的民主

这个地区的法规在柏林就被规划了，它将成为奥斯曼帝国所谓的“特权”行政区（“privileged” vilayets）之一。在君士坦丁堡，由列强代表组成的一个委员会受委托来解决细节问题。经过几个月的争吵和相互妥协，该委员会几乎与制宪会议同时完成了工作，起草了该地区的基本法，即所谓的《组织法》。尽管程度不同，保加利亚公国和东鲁米利亚都被赋予了自主创造未来的机会。根据《组织法》的规定，地区议会及其常务委员会（Standing Committee）是主要的立法机构，最高执政官——总督则由苏丹任命。主要的资产阶级自由权得到采纳，议会制政体的基础得到认可，包括政府向议会所担负的政治责任、议会豁免权、辩论自由、言论与出版自由、结社自由、宗教从属自由以及法律面前人人平等。与《特尔诺沃宪法》相比，这个法规在承认以上权利的同时也包括了一些限制：它引入了选举资格，而相关的行政管理十分复杂昂贵。列强在奥斯曼帝国境内的各项特权也被宣布对东鲁米利亚具有法律效力。

地区议会有一个非常关键的任务。它审议财政预算并进行投票，其成员中的 10 名根据法律确定，10 名由总督任命，36 名由全国人民选举。根据法律确定的成员包括土耳其穆夫提（mufti）[①]、保加利亚东正教大主教（Orthodox metropolitan）、亚美尼亚主教（bishop）、犹太拉比（rabbi）和一名新教徒（Protestants）代表。此外，总督可以选择和任命 10 名成员，他们来自最重要的 100 名地主、商人或企业家、文书和法官、受过大学教育的公民以及自由职业者。

希腊人跟欧洲媒体保持着良好的联系，他们让这个论点传播开来：即将于 1879 年 10 月 7 日在东鲁米利亚进行的选举会显示该地区哪个民族成分占优势。事实的确如此。竞争最激烈的地方是普罗夫迪夫，那里的保加利亚人、希腊人和土耳其人都想要占据上风。选举结果表明了这个城市的归属：保加利亚竞选人赢得 2345 票，土耳其竞选人获得 1651 票，而希腊竞选人获得 511 票。保加利亚人在各省的竞选胜利则更令人信服。

总体上，地区议会包括 31 名保加利亚人，2 名土耳其人，3 名希腊人。总督利用了他的特权，在他起初任命的议员中一个保加利亚人也没有。这

① 穆夫提，伊斯兰教法典的说明官。——译者注

并不出人意料，因为这正是《组织法》的制定者们想要的。

地区议会选举的政府也主要由保加利亚人组成，只有财政局长和国民卫队总指挥是为奥斯曼帝国服务的外国人。在起初的一两年里，东鲁米利亚的保加利亚人团结起来，想确立该地区的保加利亚特性。然而，一旦达到了这个目的，政治激情就爆发了。两个政党兴起了，正如在保加利亚公国一样。它们的名字也是一样的，但各自的纲领不同。跟保加利亚公国的同名政党不一样的是，这里的自由党相对较弱，它倾向西方国家，它的领袖们也并不受欢迎。当亚历山大一世在保加利亚公国确立实际上的绝对权力时，普罗夫迪夫成为被政权驱逐出公国的自由派移民的聚集地，这时自由党领袖们变得更加活跃了，他们在那里运用自己的经验组织公共生活。自由党人与总督走得很近，因此被戏称为“官僚”（bureaucrats），意思是当时他们跟政府关系密切，更重要的是跟财政局关系密切。保守党或“统一”党（Conservative or“unification”party）在两党中实力更强，它亲俄国，并得到了农民选民的支持。它的领袖包括一些当地最杰出的知识分子，以及拥有广泛关系网的富人。总之，很难找出两党成员身份有什么不同，事实上两党的领袖也都属于同样的社会经济圈子。

东鲁米利亚成为保加利亚的一个地区

到 1880 年夏天，这个地区除了名称，已在各个方面都很“保加利亚”了。政府和地区议会的大部分成员都是保加利亚人，各地区和大部分县的最高长官也是保加利亚人。军队被称为国民卫队（3500—4500 人，随着年份不同有所变化），警察被称为宪兵队（gendarmerie）（约 1500 人），绝大部分都是保加利亚人。高层军官是欧洲人，但保加利亚人和俄国人领导着连队和营队。

这里的文化生活也是保加利亚式的。人们在普罗夫迪夫建立了一所国家印刷厂，比索非亚还早。该地区为 7—13 岁的儿童提供免费义务教育。当地有大约 900 所保加利亚东正教学校，约 5 万名学生。1883 年，当地中学也达到了 33 所，有 2500 名学生（可惜只有 400 名女生）。少数族裔拥有他们自己的学校：小学方面，穆斯林 700 所，希腊人 50 所，犹太人 13 所，亚美尼亚人 5 所；中学方面，穆斯林 2 所，希腊人 4 所。美国和法国传教士也建立了学校。此外，还有 2 所男子高中（分别在普罗夫迪夫和斯利文），在 1884—1885 学年有 1100 名学生；两所女子高中（分别在普罗夫迪夫和旧扎戈拉），有将近 400 名学生。在萨多沃（Sadovo）村建立了一所农业学校，旨在对青年农民进行现代农业培训。这方面的自信心也表现在 1884 年以来的公开讨论上，即关于在普罗夫迪夫建立一所拥有法律系的大学。课程已准备好，预定在 1885 年秋季开学。报纸和杂志纷纷出版，其中一些新闻报道比保加利亚公国的要出色得多。

最终，在 1885 年初，东鲁米利亚成为一个典型的保加利亚地区，拥有保加利亚人占绝对优势的政府和军队参谋人员、主要由保加利亚人组成的立法机构，它的文化成为现代保加利亚文化中不可磨灭并常常是最优秀的一部分。

尽管如此，局势并不理想。该地区面积小，经济落后，被战争的破坏力和向君士坦丁堡纳税的任务压得喘不过气来。在它存续期间，苏丹并未认可地区议会的任何法令。这虽然并未阻止政府实施这些法令，但它制造了一种不安全感。面对与奥斯曼帝国的传统经济联系和廉价西方商品的涌入，传统手工艺注定要衰落。东鲁米利亚成为保加利亚土地上最早爆发工人暴动的地方。1883 年 3 月，索波特（Sopot）和卡尔洛沃的工人们将进口羊毛扔进河里，甚至攻击从事欧洲羊毛贸易的商人。

解决以上大部分问题的最好方法就是与保加利亚公国统一，成立一个更大、更有发展前途的国家。

统　一

整个保加利亚民族都相信《柏林条约》的决议迟早会被废除。这项工作做得越早越好。1879—1880 年，事态的发展十分迅速，使双方的政治家将注意力转向了这两个地区内部治理最紧迫的那些任务，例如在保加利亚公国引入宪法秩序，以及确立东鲁米利亚的保加利亚民族的特性。当这两个目标实现之后，双方政治家的注意力转向了统一问题。

阿列克·博格里迪亲王（Prince Aleko Bogoridi）的任期到1884年结束。他申请第二次任职，但他已招致俄国外交界的憎恨，他当时的秘书加夫里尔·克鲁斯特维奇（Gavril Krustevich）被任命接替了他。一名保加利亚人被任命为总督的这一事实表明列强已经意识到了该地区的民族身份。地区议会选举已提上日程，但全体保加利亚人如同一个人一样投票的日子已经过去了。如今竞争在自由党和保守党之间展开。后者围绕立即统一的口号开展竞选运动，并自称为"统一党"（unification party）。选民们报之以热切的支持。然而，竞选胜利之后，在到了兑现承诺的时候，新政府却开始退缩，理由是时机还未到来。被欺骗的选民于是给该党起了个绰号，叫作"虚假统一派"。

与此同时，国际局势已变得有利于统一。在1881年，将俄、德、奥三国联合起来的三皇同盟决定，只要马其顿不发生动乱，就不再反对保加利亚公国和东鲁米利亚的统一。

统一大业的准备与实现

保加利亚秘密中央革命委员会和东鲁米利亚政府之间的第一次严重冲突在5月爆发。5月19日，该委员会组织了一次游行来纪念博泰夫逝世一周年，但被政府禁止。尽管如此，邻近城乡的"体操协会"代表还是来到了普罗夫迪夫，聚在总督府前进行集会。几名"煽动者"被解职以平息君士坦丁堡的怒气，其中就包括担任政府低级职务的扎哈里·斯托扬诺夫（Zahari Stoyanov）。当时的人们认为这个决定是个严重的错误，因为此前扎哈里不得不长时间待在办公室里以求谋生，如今他可以自由地全力投入革命了。革命者企图从一间仓库里偷出枪支来武装伙伴，从而成为第一支在巴尔干山脉挥舞旗帜的队伍。他们失败了，但当局对煽动者的惩罚也收敛了。统一的观念显然正在加强。

1885年5月底，第一期《斗争报》（*Borba*）诞生了，它由不屈不挠的扎哈里·斯托扬诺夫编辑出版，而且常常几乎完全由他一人执笔。该报纸在东鲁米利亚自治区和保加利亚公国都引起了轰动。它公开宣扬统一，对当局的抨击十分机智、辛辣，而且常常很偏激。仅仅一两个月的工夫，它就设法让人们相信东鲁米利亚注定要消亡。

保加利亚秘密中央革命委员会想要同时统一保加利亚、色雷斯和马其顿这三个保加利亚人聚居的地区，但具体实现的方法却并不明确。领袖们在海杜克式的浪漫主义和全国性革命之间摇摆不定。扎哈里·斯托扬诺夫本人考虑由武装部队发动起义，宣布统一。他的一些同志则建议先在首都以外的城镇宣布统一，然后进攻普罗夫迪夫。所有计划都源于这样的预测，即统一事业将遭受阻挡。确实会有阻挡，但来自谁呢？政府对事态的发展漠不关心。在鲁米利亚没有土耳其驻军，而国民卫队由保加利亚人控制。对青年爱国军官来说，关于统一的宣传早已不是秘密，他们也寻求与该委员会的联系。一个观点浮出水面：政客们不应被排除在全国范围的统一事业之外，于是跟一些自由党领袖的谈话开始了；委员会也联系了亚历山大大公，因为他们要依靠他的帮助赢得国际社会对统一事业的认可。一些谨慎的迹象让大公了解了东鲁米利亚事态的进展，于是，尽管还有某些怀疑，大公也并未否认参与统一的可能性。

1885 年 9 月 2 日，几名学生在帕纳久里什泰挥舞统一的旗帜，这是受四月起义使徒们行动的启发。官方迅速作出反应，将他们逮捕。然而，人们在警察局门前举行了声势浩大的抗议集会，迫使官方不得不将他们释放。很显然，局势已经失控。保加利亚秘密中央革命委员会的领袖们也领会了这一事件的意义，他们决定在 1885 年 9 月 5（17）日晚上行动。

尽管有许多误解，由丹奈尔·尼古拉耶夫少校（Major Danail Nikolaev）指挥的国民卫队还是在计划的时刻占据了普罗夫迪夫的各处战略要地。教堂钟声敲响，发出统一的信号，农民志愿队伍也抵达普罗夫迪夫。国民卫队和农民包围了总督府，高呼："联盟万岁！"卫兵接受了这个口号，未作抵抗便投降了。总督加夫里尔·克鲁斯特维奇在前一天便已知晓将会爆发起义，他却并未使用自己的权利向土耳其军队寻求援助。相反，他已经就寝，当欢呼雀跃的国民卫队和农民逮捕他时，他所做的不过是说："我也是保加利亚人，我支持统一！"政府成员也被逮捕了。喜气洋洋的人群路过城里的外国领事馆：俄国领事欢迎他们；英国领事诅咒他们。

权力转换的实现并未产生任何一位值得一提的牺牲者，临时政府成立了。正如通常的情况一样，政客们很快就篡夺了革命者的领导地位。1885年夏末，亚历山大大公下令在舒门地区举行重要的军事演习，那里靠近东鲁米利亚边界，更重要的是还相对靠近土耳其边界，这样能保证军队至少在一定程度上可以准备好应对土耳其可能发动的进攻。大公于9月6日得知了统一的消息，稍作犹豫之后，他便启程前往东鲁米利亚。他在特尔诺沃发表了一项声明，宣布他支持刚发生的统一行动，并表示他决心领导统一的公国。关于普罗夫迪夫起义的消息传遍了保加利亚，受到人们的热烈欢迎。索非亚的市民们大批聚集在王宫前的亚历山大广场（Alexander Square）上。志愿者们立即开始报名预备可能与奥斯曼帝国开启的战争。

统一是保加利亚现代历史上无可争议的重大事件之一。保加利亚人民没有依靠任何外来援助就成功地推翻了《柏林条约》中最令他们蒙羞的限制性条款。9月6日的行动将民族解放的传统与现代国家的能力联合起来。朝着统一的第一步已经迈出了。整个保加利亚民族的力量聚集起来以实现同一个目标的例子并不多，它就是其中一个。统一使保加利亚公国的领土和人口扩大了一倍，使它成为多瑙河以南最大的基督教国家，并增加了其经济发展的机会。它也为将来保加利亚民族问题的解决提供了一种模式，保加利亚政治家们寻求解决马其顿问题时还要来参照这种模式。

"上尉对抗将军的战争"

宣布统一是一回事，捍卫统一又是另一回事，而且绝非易事。巴尔干半岛和欧洲对此的反应并不明确，因为9月6日的行动涉及不少对领土的要求，不管它们是正确的还是错误的。

巴尔干诸国在知晓这个消息后对保加利亚产生了敌意。

尽管鲁米利亚只在形式上是奥斯曼帝国的一部分，但对君士坦丁堡来说，失去鲁米利亚丧失颜面，丧失相当多的领土和人口，丧失税收，最重要的是，这导致其边界离首都更近了。然而，奥斯曼帝国并未暴露自己的意图，而是等待列强的反应。它不愿在1877—1878年灾难性的战争之后这么快又卷入一场新的结果不可预测的冲突。

雅典则纯粹表示拒绝接受这一事实。尽管有充分的反面证据，很多希腊政客依然认为东鲁米利亚与希腊文化遗产有着不可分割的联系。它与保加利亚公国的统一对他们的影响就像对公牛挥舞红旗。他们宣布部分动员，并在希腊和土耳其边境部署军队，对君士坦丁堡施加压力以索求赔偿。

对塞尔维亚来说，保加利亚的统一对于它成为南部斯拉夫民族联合中心的野心是个沉重的打击。部分政客和知识分子怀着反保加利亚的态度，将马其顿的人口视为塞尔维亚人，梦想将其并入塞尔维亚。1881年，米兰大公（Prince Milan）与奥匈帝国达成秘密协议，由此贝尔格莱德放弃了波斯尼亚和黑塞哥维纳。作为交换，维也纳将不会阻止塞尔维亚向南扩张，并承认塞尔维亚为王国。此时新国王看到统一的保加利亚比他自己的王国大一倍，并预计索非亚将在马其顿变得更为活跃。因此，倚仗奥地利的支持，米兰国王（King Milan）宣布他不承认保加利亚的统一。维也纳不仅暗地里给予鼓励，还为塞尔维亚军队改良装备提供了一笔贷款。

只有罗马尼亚对保加利亚统一表达了支持的态度。

列强对此也表达了不满。夏季的时候，亚历山大大公曾答应他不会允许保加利亚统一，如今他却在领导统一事业。维也纳持反对立场。法国和英国怀疑俄国在野心勃勃地搞秘密外交，也反对统一。没有什么比这更离谱的了。虽然俄国媒体在9月6日起义后的第二天就称赞统一，高层外交官员却感到吃惊和不满。他们从俄国利益的角度将亚历山大大公视为不可靠之人，而俄皇亚历山大三世则根本就是憎恶他。因为成功的统一将增强他的权力，并巩固他的地位。为了表示抗议，俄皇召回了保加利亚军队中经验丰富的俄国军官，这导致保加利亚军队只剩下年轻的保加利亚军官指挥作战，他们当中少校的数量用一只手就能数得过来。在巴黎，外交部长谨慎地表达了他对事态发展的同情，前提是这不会导致整个欧洲产生新的混乱。

保加利亚预计奥斯曼帝国会发动进攻，因此部队被动员起来，派遣到南部边界。志愿连队也奔赴战场，因为和平解决的希望看起来已经破灭了。

然而，接下来保加利亚却得到了意想不到的支持。伦敦看到圣彼得堡并不赞成统一，便认定这是打破俄国政治霸权的合适时机，于是选择支持保加利亚人。此后数月中，英国成为最支持索非亚追求统一的国家。根据英国的提议，在法国和意大利的支持下，一个旨在解决这场冲突的会议在君士坦丁堡召开了。这次会议非常成功：保加利亚被给予时间进行谈判，与土耳其发生冲突的危险被消除了。然而，会议却由于保加利亚与塞尔维亚之间爆发战争的消息终止了。

小型战争

在冲突前夕，保加利亚拥有 100 个步兵团，9 个骑兵中队，12 个炮兵连，以及 4.3 万名训练有素的士兵。经过动员之后，他们的人数增加到了 6.6 万人。成熟的士官则很缺乏。东鲁米利亚的国民卫队拥有大约 20 个步兵团，征召了 4.2 万名士兵。军需供给具有所有穷国的典型特征。士兵和军官们在 11 月作战，却穿着夏季的制服，大衣十分短缺。很多人没有靴子，就穿着当地传统的猪皮鞋。挖战壕的工具也短缺，士兵们被迫用他们的刀在冰冻的土地上挖掘。起初武器装备包括极其老式的步枪，后来换成了更现代的伯尔达纳（Berdana）卡宾枪。炮兵部队拥有 200 门大炮，但弹药只够应付一场短暂的冲突。军需品依赖人民的热情来募集资金、食物和粮草。

塞尔维亚则已经历过 1876 年和 1877—1878 年战争的洗礼，拥有经验丰富的指挥官。全国动员使军队人数扩大至 21.5 万人。然而，尽管他们装备的是本国生产的毛瑟枪，但他们的大炮却已过时，弹药也很短缺。

对保加利亚人来说，与他们的西邻发生冲突这种想法实在太难以置信，以至于起初他们甚至连战区地形图都没有。战争的爆发始于米兰国王的宣言，他指责保加利亚破坏了巴尔干地区的平衡。不少被动员的塞尔维亚士兵对进攻保加利亚也感到很惊奇。直到最后一刻，他们都还以为他们将按照基督教以及斯拉夫民族团结一致的传统原则与保加利亚人一同去进攻土耳其。1885 年 11 月 2（14）日，塞尔维亚军队越过边界。

与塞军预料的相反，保加利亚人并未掉头逃跑。小群边境守军与入侵的塞军交战，坚决抵抗，缓慢撤退。他们在故意拖延时间，等待保加利亚公国军队——尤其是驻扎在保加利亚和土耳其边境的军队。保军在交通方面遇到了问题，因为只有一条铁路连接边境和瓦卡雷尔（Vakarel）车站——距离战争前线还有一半路程。从那里开始，他们只能步行往前。例如，在哈斯科沃营（Haskovo battalion）1000 名强壮的士兵中，300 多名士兵在泥泞中步行抵达首都时已经赤脚了。在那里，他们两个两个地骑上战马奔赴斯利夫尼察。当时的画面一定令人震惊——天寒地冻，士兵们赤脚无鞋，却积极准备行动。难怪在中世纪游牧部落横扫巴尔干半岛之后，来自南保加利亚的军队被称为“佩切涅格人”（Pechenegs）。

志愿连队为胜利作出了巨大贡献。成千上万强壮的男人志愿参军，拿起了武器。第一个志愿连队由大约 60 名马其顿难民组成，于 9 月 8 日在索非亚组建。统一仅仅 10 天之后，大约 4000 名保加利亚公国志愿兵奔赴东鲁米利亚。在欧洲求学的留学生树立了爱国主义的榜样，他们当中很多人离开大学讲堂，回国参战。总共有大约 13000 名志愿兵参战，他们并非被召入伍。志愿兵包括来自马其顿、东色雷斯、鲁米利亚和俄国的保加利亚人。与此相反，在塞尔维亚军队中并没有来自马其顿的志愿兵。

精神状态是胜利的核心——士兵们奔赴战场就像参加婚礼。在 11 月 3（16）日早晨，哈斯科沃连（Haskovo company）甚至没有接到任何命令就自行列队，他们抱怨普罗夫迪夫的战友们已被派遣到前线，而他们不得不留在原地。然而，等到上了前线，他们依然抱怨说自己远道而来是为了战斗，而不是像看客一样闲逛。伤兵拒绝被送回后方治疗。护士们展现出模范式的勇气，其中两位被授予四级英勇银十字勋章（Silver Cross of Valour）。

在斯利夫尼察大捷之后，随着东鲁米利亚增援部队的到来，保加利亚军队继续向前进军。尽管兵力少于敌方，保加利亚人还是夺取了皮洛特，打开了通往贝尔格莱德的大门。胜利打乱了维也纳的一手牌，维也纳不愿让其庇护下的米兰国王失去王位。因此，奥地利代表警告亚历山大大公，如果他们继续进军，保加利亚人将直面奥地利军队。由于保军的资源已经不足，不适合继续开展军事行动，于是双方签订了停战协定。

从欧洲的角度来说，这场战争并不重要。按照欧洲的标准，这场战争的死伤人数并不多，但按照保加利亚的标准则相当多：总共 6 万名士兵当中有大约 700 名战死沙场。伤员得到了极好的照顾，首都的很多建筑里都建立了临时医院。包括“上流社会”人士在内的志愿者轮流照顾伤员，其他人则负责准备绷带。城里的德国和希腊社区建立了自己的医院，犹太社区、俄国驻在机构和天主教教会也是如此。战争伤员总共有 4262 名，其中只有 73 名在医院去世——对于这种规模的冲突来说，这样低的死亡率是前所未有的。

第二个 3 月 3 日！

保加利亚取得的这些胜利表明，旧时的状态已经无法恢复。1886 年 2 月 19 日（3 月 3 日），保加利亚和塞尔维亚在布加勒斯特签订和平协议。过去保加利亚人曾经被另一个 3 月 3 日的和平协议给予自由，而这次，统一是他们自己赢来的，不但没有获得任何外国援助，而且突破了利益集团的阻挡。诚然，塞尔维亚的指挥部低估了敌手，只动员了部分军队，但双方交战的兵力也确实是相当的。保加利亚的胜利不是靠人数优势，而是靠爱国热情赢来的。欧洲国家曾经预计他们会失败，如今却为他们的成就喝彩。土耳其也承认了保加利亚的统一，因为苏丹于 1886 年 4 月 5 日任命亚历山大大公为东鲁米利亚总督。这实际上承认了保加利亚统一的合法性。

年轻而缺乏经验的军队赢得了胜利，这使保加利亚人的名声传遍了欧洲。他们取得了如此重要的成就，连剧作家乔治·萧伯纳（George Bernard Shaw）都受此启发而写了一部戏剧。别的不说，但这部在伦敦成功上演的《武器与人》（*Arms and the Man*）体现了英国人对居住在巴尔干半岛中心地区人民的扭曲看法，这种看法与事实相去甚远。

保加利亚的危机

统一之后，保加利亚成为多瑙河以南最大的基督教国家。在国民议会里，来自东鲁米利亚的代表与来自保加利亚公国的代表并肩而坐。似乎到了庆祝胜利的时候。然而，政治局势不断紧张。整个国家精疲力竭，在列强当中也并没有一个庇护者，因为俄国持续表现出敌意，而英国又太过遥远。由于无法期待与英国合作，很多人开始指责大公要为糟糕的现状负责。亲俄分子在“保加利亚不能没有俄国”的口号下联合起来，认为大公应该退位，以便保加利亚获得俄国的支持。他们的反对者则大呼：“没有大公，就没有保加利亚！”首相 P. 卡拉维洛夫（P. Karavelov）和国民议会主席斯特凡·斯塔姆博洛夫（Stefan Stambolov）采取了折中的立场：他们想增进与俄国的关系，以消除保加利亚的孤立状态，但他们又不想为此而牺牲主权。

当成功镇压政变的消息传来，亚历山大大公受邀返回保加利亚时，他正在利沃夫（L'viv），也就是去德国的路上。他犹豫了一段时间后决定返回，但他也想通过与俄国建立和平关系促进局势好转。他向俄国沙皇发去了一封恳求的电报，但回复很坚决：亚历山大三世不想看到他继续留在保加利亚。显然已经别无他法。8 月 26 日，大公第二次退位，并在退位之前任命了摄政者，包括斯塔姆博洛夫、卡拉维洛夫和萨瓦·穆特库罗夫（Sava Moutkourov）。

摄政统治

稳定是摄政政权最重要的目标，如果能找到一位新的大公，这种状态是可以实现的。1886 年 9 月 1 日，召开大国民议会（Grand National Assembly）选举大公的决定得到通过，保加利亚方面请俄皇提名一名候选人。然而，圣彼得堡已充分意识到亲俄势力已在 1886 年的夏季冲突中失势，帝国外交界并不愿与胜利者妥协，他们更愿意用武力解决保加利亚问题，于是俄皇特使考尔巴斯（Kaulbars）将军抵达保加利亚以提供“建议”。但是，这位将军并不是真的来提供“建议”的，而只是想宣布俄皇的旨意。这些旨意像冰雹一般砸下来，如要求释放被捕者、取消大国民议会、赦免参加政变的军官。当摄政政权拒绝其中一些要求时，特使开展“直接外交”，周游保加利亚，颂扬俄皇的旨意。为了施加压力，他还将两艘俄国军舰召集到瓦尔纳。就考尔巴斯将军的这次出使活动而言，俄国外交界犯了一个严重的错误，因为他们并未接受这一观点，即保加利亚是一个独立的国家。他们也没有考虑这一事实，即保加利亚已经拥有自己的政治家，这些政治家不再习惯于唯命是从，而是要自己发布命令。考尔巴斯将军鲁莽的行为助长了反俄言论，这些言论宣称俄国不愿看到一个独立的保加利亚，它只想让保加利亚完全依赖圣彼得堡。

1886 年 10 月，大国民议会的选举在一片紧张气氛中进行，当权者毫不犹豫地利用手中的特权来取胜。由于对政治对手使用言语攻击、武力甚至残酷谋杀，选举变得腐化堕落，而选民对此漠不关心。考尔巴斯宣布新的国民议会为非法，当他意识到摄政政权决意要召开大国民议会时，他利用一个小事件向索非亚发出了最后通牒。遭到拒绝之后，他离开了保加利亚，两国的外交关系由此中断。这种状态持续了 10 年，是保加利亚政策中最严重的问题之一。一方面，保加利亚在欧洲的各种冲突中没有了重要的保护者。另一方面，俄国外交界由于鲁莽的行为而动摇了自身在保加利亚的影响力基础。

选举萨克森-科堡-哥达的斐迪南为保加利亚大公

摄政政权在为保加利亚王位寻找可能的候选人。曾经有一段时间，它误以为符合俄皇心意的候选人能解决危机。大国民议会意欲邀请俄国皇后的弟弟——丹麦的瓦尔德马王子（Prince Waldemar）。然而，瓦尔德马不愿冒惹怒他那有权势的姐夫的风险，遂拒绝了邀请。圣彼得堡则提名一位格鲁吉亚贵族，此人甚至让亲俄分子都不满意，并又一次让反俄分子坚信俄国并非寻求保加利亚的妥协，而是要获得其无条件的投降。

保加利亚不得不转向其他地方，遗憾的是，从任何地方都得不到支持。一支代表团被派遣到欧洲各国寻找王位候选人。代表团在圣彼得堡被拒绝接待，但它在维也纳、伦敦和罗马受到热烈欢迎。然而，这些好意只是道义上的支持，因为西方国家还未确信索非亚的政权已经稳定。统治阵营中的矛盾激化了，曾经的搭档斯塔姆博洛夫和卡拉维洛夫之间的关系出现恶化，最终卡拉维洛夫离开了摄政政权。斯塔姆博洛夫把政府各方面的权力都集中到自己手中。并非所有保加利亚人都赞同这一坚决的政策，而亲俄情绪在大众当中依然高涨。关于密谋驱逐当权者的报告从四面八方汇集而来。在布加勒斯特，通过俄国公开的资金支持，流亡军官成立了一个委员会，企图恢复亲俄分子的权力。流亡军官率领的队伍越过了边界。1887 年 2 月，西利斯特拉（Silistra）和鲁塞的驻军当中爆发了叛乱，不过很快就被忠于当局的军队平息下去。镇压接踵而至。军事法庭将发动叛乱者判处死刑，而一波毫不留情的恐怖行动也针对亲俄分子展开。他们在警察局里被拘留、关押和拷打。保加利亚的政治实践形成了一些不体面的特点，并在相当长一段时间里都无法消除。

考虑到法国和德国似乎倾向于支持俄国，保加利亚需要尽快找到一个解决问题的方法。讨论的不同方案中包括一些折中的选择。这些选择包括迎接巴腾堡大公回归，跟罗马尼亚甚至跟土耳其组成一种二元国家（dualist state），等等。最后，大国民议会与几乎是王位唯一候选人的萨克斯-科堡-哥达的斐迪南（Ferdinand Saxe-Coburg-Gotha）达成了共识。1887 年 6 月 25 日，他被选为保加利亚大公。这位新大公为提前确保一些外交支持而努力了将近一个月。在努力未果后，他还是决定无论如何也要冒一次险。1887 年 7 月 30 日晚间，斐迪南抵达维丁，并于 8 月 2 日在旧都特尔诺沃庄严地登上保加利亚王位。

斯塔姆博洛夫的光辉时刻

斯塔姆博洛夫凭借坚毅的行动和人格魅力，自然而然地在1886—1887年的危机中成了领军人物。因此，斐迪南大公委托他组建新内阁也就不足为奇了。在接下来的7年当中，这个国家的命运紧密地与这位首相的决策联结在一起，这一时期在历史上也被称为“斯塔姆博洛夫时代”。

国家的权力落入了向西方寻求政治灵感的群体手中，正如他们也将西方视为经济发展的范例一样。他们的首要任务是确保国内稳定。新事业有许多敌人，主要是亲俄党派的领袖和追随者，他们当中不少人已经移民国外。凭借沙俄政府的资金支持，他们继续密谋废黜首相。此外，许多亲俄分子仍留在保加利亚，并得到了东正教会的大力支持。斯塔姆博洛夫执行个人意志的方法粗暴专断，且无视法律和法理，这也招致了不满。他坚定地支持这一理念，即保加利亚的利益优先，为捍卫保加利亚利益，法律可以被搁置一旁。选举在恐怖与欺诈的气氛中进行。被提名的政府官员候选人在一些选区获得了百分之百的选票。贿买选票成了常规操作。新闻自由受到严格限制。在这种高压政策下，反对的密谋开始进行。1890年，一名曾参加塞保战争的保加利亚高级军官——科斯塔·帕尼察少校（Major Kosta Panitsa）被判死刑并执行枪决，罪名是密谋反对大公。1892年，另一场密谋以财政部长赫里斯托·贝尔切夫（Hristo Belchev）之死而告终。作家S. 米拉洛夫（S. Milarov）在一场走过场的审讯中被判处死刑，没有像很多其他政治家那样移民国外的卡拉维洛夫则被投入监狱。同年，保加利亚在君士坦丁堡的外交代表被刺死。

斯塔姆博洛夫也毫不犹豫地放任他与列强的关系恶化。1891年12月，他引渡了一位法国记者加斯东·沙杜纳（Gaston Chadourne），因为沙杜纳在巴黎报刊的多篇文章中不遗余力地批评他这位首相。

在斯塔姆博洛夫的支持者当中也有不满情绪。瓦西尔·拉多斯拉沃夫（Vassil Radoslavov）与他的同伴退出并形成了一个独立的政治群体。他们接受当时政治道路的大体方向，也接受斐迪南当选为保加利亚大公，但他们想要在政府当中有更多的参与权。在一些前保守党政治家的支持下，拉多斯拉沃夫的同伴们成为所谓“合法反对派”（legal opposition）的核心。

客观上，斯塔姆博洛夫的一系列努力加强了各个国家机构，并捍卫了国家的独立，但这导致公民基本的个人权利和自由频繁遭到侵犯。

在他当政期间，保加利亚似乎已厌倦了各种政治冲突，沿着加快经济发展的道路向前冲。政府谨慎地鼓励工业和农业发展——这是一个时间问题。农民被税收压得喘不过气来，无法使用更先进的方法耕地，他们普遍还是使用木犁。偶尔有农民使用铁犁，但依然很少见。他们仍然使用马匹进行脱粒。脱粒机几乎没有得到使用，因为它们的使用成本太高。尽管如此，科技先进的英国和美国农业机械制造商依然在保加利亚寻找市场，曼彻斯特或波士顿制造的重型三重犁广告在报纸上并不少见。种植经济作物尤其是烟草的田地增加了。保加利亚依然是一个以中小业主为主的国家，但是，尽管还不很清楚，人们也能够觉察到最底层农民的贫困化过程。一些村庄成立了合作社以对抗贫困化，1890 年，第一个合作社成立于皮尔多普（Pirdop）附近的米尔科沃（Mirkovo）村。

尽管面临上述各种不利因素，保加利亚农民还是通过不知疲倦的辛勤劳动取得了很大成就：到斯塔姆博洛夫执政结束时，保加利亚的谷物产量在欧洲排名第二位，人均小麦产量则在欧洲排名第一位（是罗马尼亚的 2 倍，塞尔维亚的 4 倍，希腊的将近 7 倍）。

城市工匠一个接一个地破产，更廉价的西方工厂制成品的竞争和国内市场的限制将他们逼到了走投无路的地步。城市经济的所有部门曾经为满足土耳其东方市场的口味而进行生产，此时却由于国界的划分和关税的征收而走向衰落。然而，也有一些工匠设法适应了新形势，虽然他们并未变得特别富裕，但也能保证家庭的温饱。

这些经济问题也是由保加利亚的特殊地位造成的。从法律的角度来说，这个国家依附于君士坦丁堡。列强经过几个世纪在土耳其帝国里取得的所有特权也适用于保加利亚公国。努力更改不公正条款意味着要为修订《柏林条约》的规定而斗争。1887 年，政府努力将许多商品的进口关税提高到《柏林条约》规定的最高额之上。随后，政府与英国、奥匈帝国和法国签订了贸易协定，稍微改变了保加利亚的耻辱地位。

但这只是问题的一方面。在将近 7 年的执政期间里，斯塔姆博洛夫的内阁起草和执行了一些议案，鼓励地方工业的发展，并保护其产品。这些议案为具有小国特色的国家保护主义打下了基础，极力摆脱大国经济那令人窒息的控制。这也将决定后续保加利亚各个内阁的行动。工人们的声音第一次被听见。最早的工人协会之一——兄弟会（Fraternity）要求国民议会通过一项法律保护劳工和缩减工作时间，因为当时男性的工作时间已达到每日 15 小时或 16 小时。

如果交通不畅，经济是难以发展的。1887 年，火车的咔嗒声第一次在索非亚响起。瓦卡雷尔—察里勃罗德（Vakarel-Tsaribrod）段铁路此后很快竣工，将保加利亚与塞尔维亚的铁路线连接了起来。这段铁路由保加利亚出资修建，没有使用国外贷款。一家保加利亚航运公司建立起来，从事近海航运，政府拨出大量资金，在黑海之滨的布尔加斯（Bourgas）建造一个现代港口，这些资金对保加利亚来说已是相当大的数额。19 世纪的通信奇迹——电报早在 1886 年就已在索非亚出现，不过只有 5 名用户。6 年之后，奥赫里德的纳撒尼尔大主教（Metropolitan Nathanael of Ochrid）开通并祝圣（consecrated）了一条连接索非亚和普罗夫迪夫的城际电话线。在政治潮流的鼓励下，商人和高利贷者开始将他们的资本投入生产。定居罗马尼亚的保加利亚裔富翁埃夫洛吉·格奥尔吉耶夫在卡尔洛沃建立了一家现代纺织厂。它雇用了近 150 名工人，在当时是相当大的数量。仅在斯利文一地就已有 15 家呢绒厂，其雇用了 700—800 名工人，并且第一家硬纸板和牛皮纸厂也在克斯泰内茨（Kostenets）建立。

总之，斯塔姆博洛夫执政时期为经济上的“保加利亚奇迹”奠定了基础，这将成为 20 世纪最初 10 年很多写作的题材。保加利亚资产阶级寻求并找到了那些能让自己与国外资本竞争的生产领域，在这个过程里他们当中富于进取心的代表在自尊心上得到很大提升。

斯塔姆博洛夫的外交政策

斐迪南大公入主保加利亚并未得到列强的承认。由于沙皇亚历山大三世的不满，俄国拒绝接受自身在“保加利亚危机”中所犯的错误或这一既成事实（fait accompli）。一旦承认斐迪南的地位，就意味着反俄势力已在保加利亚公国占了上风，而斐迪南本人则已被当作德奥两国政策的一件工具。因此，将他废黜就作为改善俄保关系的一个条件被提了出来。大国政治将巴尔干东部视为俄国的利益圈，没有哪个国家愿意为了一个小公国而冒险破坏本国与圣彼得堡的关系。然而，俄保之间的紧张关系促使其他国家极力逐步削弱俄国的影响力，并增强自己在这一战略要地的影响力。首先是英国和奥匈帝国，两国是斯塔姆博洛夫领导的自由党追求的方向。两强表明自己无意反对俄国，但并不赞同俄国的政策，并愿意给予保加利亚一定程度的支持。

1890 年，外国驻索非亚的外交代表甚至宣布他们将保持与保加利亚政府的官方关系。次年，驻索非亚的土耳其代表（commissar）第一次请求觐见大公。大公受到了一些外国统治者的礼遇，尽管只是以私人的身份。他与 23 岁的波旁和帕尔马公主玛丽·路易斯（Princess Marie Louise of Bourbon and Parma）于 1893 年成婚，这是获得承认的重要一步。这件婚事的主要障碍是公主的宗教信仰，因为宪法规定王位继承者必须是东正教徒，这是帕尔马公爵（Duke of Parma）那虔诚的天主教家族无法接受的。斯塔姆博洛夫以他惯用的方式解决了这个棘手的问题。他召开了一场特别的大国民议会，并下达命令修改宪法，规定王位继承人也可以属于东正教以外的宗派。随着鲍里斯王子（Prince Boris）于 1894 年 1 月出生，斐迪南的地位得到了巩固，但斯塔姆博洛夫的地位却于 1893 年前后开始动摇。很多人认为，他一直用外部危险来为自己采取极端措施作解释，但此时外部危险已经减弱了，因此人们要求回归民主。地方政府官员利用自己的地位开始敛财。斐迪南大公开始厌倦首相自封的全权统治。了解这位保加利亚统治者的人声称，感恩从来就不是他的性格。他不仅要做君主，还要有实权。在他君临保加利亚期间，他将奖赏和勋章慷慨地赐予他认为有用的人，以此在政治精英当中赢得有利地位。斐迪南没有忘记亚历山大大公的命运，他特别注重军队，军官群体尤其深得他的青睐。1893年前后，他开始与合法反对派保持经常的联系。

大公意识到，只要斯塔姆博洛夫这个俄皇的死敌还在领导政府，俄国就不会承认他。在试探性地接触了俄国外交官之后，他证实了自己设想的正确。因此，他利用索非亚上流社会的一次丑闻，于1894年5月18日接受了首相的辞职，这只是历届首相多次辞职当中的一次。

斯特凡·斯塔姆博洛夫这个人物无法用普通的标准来评判，他也是保加利亚现代历史上最具争议性的人物。尽管如此，他本人的爱国主义情怀却是毫无疑问的。能够作证的不仅有他在瓦拉几亚流亡地那肮脏简陋的棚屋，他多次渡过多瑙河的行动，还有他以解放保加利亚为目标发动的两次起义，以及他坚决反对沙俄贪欲的勇气。斯塔姆博洛夫取得了什么成就？在很多人反对他的时候，他坚定不移地捍卫了保加利亚的独立；当欧洲国家不相信他会反对俄国熊的时候，他强行推选了斐迪南；他以铁拳对付亲俄者发起的叛乱，并摧毁了犯罪团伙；他也没有忽视新兴经济的需求。然而，斯塔姆博洛夫建立的政权也是专制的。诚然，这是在外部因素的压力之下建立的政权，但他却自始至终都一直实行专制统治。起初它是由于保加利亚的外部原因而强行建立，而最终斯塔姆博洛夫只能靠武力维持他对国内极具影响力的政治反对派的统治。在这方面，到他当权的末期，他似乎也已经开始丧失政治直觉。

斯塔姆博洛夫政权还是一些风气的始作俑者，这些风气虽然短暂，却已在政治生活中出现，例如残酷的政治行为、政治不宽容、选举期间的暴力行为，以及议会作用的逐渐弱化，等等。尽管如此，他已经使保加利亚成为巴尔干半岛上的一股政治力量。《泰晤士报》通讯记者詹姆斯·鲍彻（James Bourchier）的选择就很能说明问题，他报道巴尔干半岛新闻将近30年，选择了索非亚作为他的总部，因为这里最方便他追踪东南欧的各种事件。在保加利亚首都的外交职位被视为雄心勃勃的年轻外交家一个极好的起点。在这里，他们可以积累许多他们需要学习的计谋与幕后操控经验。

19 世纪末的保加利亚

斯特凡·斯塔姆博洛夫的倒台使保加利亚陷入了政治真空。他的政党失去了权力，但并没有另外一个政党接手权力。大公不信任亲俄分子，他明显更倾向于选择和俄国没有瓜葛的政治家。从宫廷的角度来说，选择合法反对派是一个可能的出路，这一派包括极有影响力的公众人物如瓦西尔·拉多斯拉沃夫博士和康斯坦丁·斯托伊洛夫博士。大公委托后者组建新内阁，其任务为在秋季组织选举。首相建立了一个政治团体，自称人民党（the People's Party）。斯塔姆博洛夫的辞职被接受，这是个积极的事件，但斯托伊洛夫接手权力并非因为选举获胜，而是仰赖大公一时的兴致，这在政治道德上产生了消极影响。大公正在成为政治上的最高仲裁者。

人民党执政将近 5 年，它宣称将恢复宪法的准则。在这方面它确实做了很多，但也有很多依然没有做。被斯塔姆博洛夫政权囚禁和拘留的政敌得到释放，对之前部长们的司法调查也展开了；极大限制了记者的《新闻法案》（Press Act）被废除；1894 年底前后宣布了全面的政治大赦，各政党恢复了它们的活动。然而，人民党的很多行为表明，斯塔姆博洛夫政权给保加利亚的政坛留下了极为深刻的烙印。虽然程度有所减轻，但选举还是表现出了利用暴力、欺诈和罢免不合作的对手等手段赢得胜利的特点。1895 年夏，斯塔姆博洛夫在街头被谋杀者袭击身亡。大公的行为显得他似乎与此无关，但索非亚依然有流言称他应为这个悲剧负责。如果这是真的，政府明显不情愿追查这个悲剧的发起者和行凶者，这表明它乐见自己最有影响力的对手被这种方式对付。

内阁继续沿着斯塔姆博洛夫的民族自由党（National Liberals）选择的道路前进，政策延续性相当强。一项保护国内工业的法律得到通过，交通领域的发展也持续进行。索非亚—罗马铁路线竣工，交通网络也得到了改善。多瑙河与黑海沿岸主要港口的现代化开始了。外资被吸引，税收制度也被改变，以保持与先进的西欧标准一致。各种大型企业——至少以保加利亚的标准来说是“大型”——处于持续的繁忙建设中，例如索非亚的糖厂，它计划满足全国每年三分之一的食糖消费需求。执政党的支持者们成立了保加利亚商业银行（Bulgarian Commercial Bank），进行各种信贷业务。奥匈帝国是保加利亚最大的贸易伙伴，英国居第二位。保加利亚跟法国签订了一项特别贸易协定，给予法国最惠国待遇。这一协定也有利于保加利亚，主要是因为它给予两国平等地位，而无视《柏林条约》强加的限制。此外，它引入了一个对保加利亚经济有利的关税差异化体系。这就是为什么国民议会给予它高度评价，而不是对它进行投票表决。结果，法国从保加利亚进口的玫瑰从1897年的400万列弗（Leva）增加到1914年的2000万列弗，法国与保加利亚的贸易额在列强中排名第四位。

人民党以改善跟俄国关系的名义获得了权力。改善并不意味着投降，而是双方接受和解。该党的领袖们是亲俄分子，但并不是灿科夫周围的自由派那种类型。对他们来说，跟圣彼得堡的良好关系并非强制条件，而是维护保加利亚独立道路的需要。俄国局势的变化也巩固了他们的立场。斐迪南大公的敌手亚历山大三世于1894年去世，尼古拉斯二世继位（Nicholas Ⅱ）。这个时机对双方都很合适。一个亲俄分子组成的代表团前往俄国参加葬礼，尽管保加利亚并未从亚历山大三世身上看到任何善行。并不真诚的唁电也发送了。圣彼得堡的政治家们也意识到结束对抗的时机已到，于是索非亚的表态被满意地接受了。俄国外交界表示，将承认斐迪南的大公头衔。作为回报，他们想让王位继承人按照东正教的仪式受洗。经过一些商议之后，大公决定接受这个条件。

两岁的鲍里斯于1896年2月2日受洗。俄皇成为他的教父，由一名个人使节代表。俄国承认了大公，其他列强步其后尘，大公也被土耳其帝国政府的诏书承认为东鲁米利亚总督。经过十年的斗争，冲突终于解决了。保加利亚表明它将实行独立政策，俄国也认识到自己既不能习惯性地像亚历山大三世时代的外交官那样对待保加利亚，也不能期待索非亚在危急时刻会将俄国的利益置于本国利益之上。俄保间的正常关系恢复了。保加利亚有很多人希望正常关系的恢复也将自动使俄国支持保加利亚在马其顿的政策——但事实并非如此。

尽管大公本人于1894年将权力移交给人民党，该党的领袖们与他的良好关系却并未保持多久。有不少关于财政丑闻的报告，其中一些指控该党获得的一项贷款严重损害了保加利亚经济，这些报告使双方关系变得紧张，最后导致政府于1899年1月辞职。

在接下来的几年当中，内阁更换了好几届。虽然不乏渴求权力的人，但只有大公才能决定由谁领导内阁。他不愿把权力交到亲俄分子手中。公众意见则不允许他把权力交给斯塔姆博洛夫的追随者，因为后者并没有忘记他在斯塔姆博洛夫下台和遇害中所扮演的角色。这样就只剩下瓦西尔·拉多斯拉沃夫博士领导的自由党了，但大公并不充分信任他们。这就是为什么他选择了联合内阁的策略，新内阁由自由党和民族自由党组成，由不属于任何一派的D. 格列科夫（D. Grekov）领导。然而，在这个内阁中掌握实权的人物是拉多斯拉沃夫。他以不择手段地追求权力而闻名。一些漫画描绘他倚着一根粗大的权杖，而不是他最喜爱的手杖。他担任内务部长（internal minister）期间的行为令人信服地证明了棍棒是保加利亚局势当中的主角。他领导的自由党在政府当中是最活跃的，该党赢得了选举。然而，它又很快丧失了它的政治信誉。通过谈判，自由党以牺牲国家利益的代价从维也纳的一些银行获得了一笔贷款，但这笔贷款并没有取得任何成效。为了充实国库，他们恢复了原本已废除的什一税。1900年，农业获得丰收，农民本来希望他们能卖掉剩余农产品，结果却是他们不得不交给国家。抗议和骚乱爆发了。许多村庄和城镇举行了多达数千场集会。农业知识分子的扬科·扎布诺夫（Yanko Zabounov）创办的报纸《农业卫士》（*Agrarian Defence*）反映了农民的不满，并寻求一些方法组织抗议。很多地方爆发了起义，被军队镇压下去。双方都有人员伤亡。

这一切表明，在这一时期，没有哪个主要依靠农民选票上台的政党捍卫农民的利益（包括社会主义者）。农业知识分子当中的失望情绪促成了一个新政党的建立——保加利亚农业人民联盟［Bulgarian Agrarian National

Union（BANU），以下简称农民联盟或农业党］。

不满情绪迫使大公改组政府。他再次绕过亲俄分子，委托拉乔·佩特罗夫将军（Gen. Racho Petrov）领导的不属于任何一派的政府组织选举。令所有人惊奇的是，这些工作最终都和平完成，政府并未采用惯常的强制手段，结果是所有政党都在1901年的国民议会中拥有了自己的代表，没有一个政党拥有独立组阁所需的多数票。

经过长时间的磋商，政府由民主党（Democratic Party）和进步自由党（Progressive Liberal Party）联合组建，由卡拉维洛夫领导。这届政府是保加利亚正常运转的议会民主最好的范例之一。大公对这个结果并不满意，但这次他无法反对。

这届内阁极力解决一些遗留问题：它对北保加利亚骚动的参加者给予特赦；将上届政府渎职的部长移交审讯，废除一些针对政党活动的限制措施，取消什一税，代之以更进步的土地税。然而，这些改变并不能充实国库，于是内阁不得不向国外银行寻求一笔贷款。这些银行提出了苛刻的条件，要求以烟草专卖收入作为贷款的担保。包括民主党人在内的很多议会成员都认为这与国家利益相悖，这笔贷款并未获得投票通过，卡拉维洛夫也辞职了。进步自由党领袖S. 达内夫博士（Dr. S. Danev）组建了一个由灿科夫的同伴们组成的政府，得到了民主党的支持。

新内阁继续开展前一届内阁的立法活动。然而，它跟大公以及其他资产阶级政党之间的问题主要来自对外政策。灿科夫的同伴们是保加利亚最热情的亲俄分子。他们忠于自己的纲领，转向俄国寻求支持，但并未得到任何特别的回应。在整整10年里，俄国一直关注的是跟同盟国（Central Powers）可能发生的冲突，已经将塞尔维亚视为自己在巴尔干的保护对象（protégé），因为它位于奥匈帝国侧翼，战略位置比保加利亚更优越。贝尔格莱德渴求赢得有利地位以渗入马其顿，得到了俄国的积极支持。在俄国的帮助下，一名塞尔维亚主教在斯科普里（Skopje）得到任命。这样，保加利亚督主教辖区的主要城市遭受了一次沉重的打击。

保加利亚的政策也无法获得其他欧洲国家的支持，因为它们不愿让马其顿的现状发生改变。该地区汇集了太多的利益冲突，欧洲面临无法预料的后果，并且在那样一个时代，欧洲大国之间军事与政治联盟的基础正在被考验。保加利亚实际上在巴尔干半岛依然是孤立的。大公利用这种不满情绪以实现自己的目的。在这样一个时期，孤立是一系列糟糕后果的预兆：1902 年秋，马其顿爆发了一场秘密起义，它以爆发地点上朱马亚（Gorna Djumaya）命名，后被镇压。新的起义随时都有可能爆发。1903 年 5 月初，大公公开冒犯一名部长，这迫使达内夫博士递交辞呈。

保加利亚奇迹

第二次斯塔姆博洛夫派政权

进步自由党政府倒台后，大公断定亲俄分子不再有任何潜力，于是松了口气，把注意力转向斯塔姆博洛夫派（Stambolovists）。他们的纲领与他的心意相近，但他们的领袖迪米特尔·佩特科夫（Dimiter Petkov）对于大公来说则过于独立、变幻莫测。斐迪南更愿意让拉乔·佩特罗夫将军领导政府，因为他与宫廷关系更密切。

新内阁并没有很多时间来提升它的影响力，因为巴尔干半岛爆发了一场新的冲突。1903 年 8 月，圣以利亚日（St. Elijah's Day）起义爆发了。保加利亚在外交上受到孤立，对战争又毫无准备，只能无助地目睹数千名保加利亚人死去。由于保加利亚不得不接收大量难民并为他们寻找工作机会，因此其经济几乎到了山穷水尽的地步。

民族自由党誓言，保加利亚不会再陷入如此困窘的境地。实现经济现代化是重中之重，但军队的升级换代和改良装备已成为国内政策的第一要务。此前没有任何一届政府忽视这一任务，但这届政府将其置于政策的核心。几乎三分之一的财政预算用于军事目的。许多能干的军官被送到国外接受专门训练。从法国和德国采购了更加现代化的新式武器，尤其是火炮。驻索非亚的法国军事专员指出，保加利亚的一个营相当于罗马尼亚或塞尔维亚的两个营。在 10 年的时间里，由皮雄上校（Captain Pichon）领导的一个法国军事代表团创建了保加利亚海军。保加利亚第一艘巡洋舰——“娜杰日达”号（Nadezhda）是向法国购买的，一同购买的还有6艘鱼雷快艇以及水雷和鱼雷。总体来说，战前海军的装备都来自法国。国外观察者们迫不及待地想看到德国装备的奥斯曼帝国与法国装备的保加利亚之间的战斗。

然而，军备采购也激发了某些邪恶的欲望。关于显赫的斯塔姆博洛夫派从军备采购中牟利的丑闻数不胜数。

这个雄心勃勃的计划需要巨额资金。保加利亚国内资源并不充足，国外投资者又很少，他们被官僚主义和公开腐败吓跑了，剩下的只有国外贷款。19世纪末，法国是欧洲最大的债主，于是索非亚将目光转向巴黎的众多银行。仅仅10年间，双方就签署了几笔总额超过5亿列弗的贷款协议。贷款条件通常都很苛刻，要以国家重要的战略资源作为抵押。1902年，债主们甚至为确保他们对保加利亚财务的控制，截留了一大笔财政收入以保证贷款的偿还。这些贷款都是在一定的经济与政治条件下获得的。它们当中很大一部分用于购买克虏伯（Krupp）、施耐德-克鲁索（Schneider-Creusot）等大公司的军火，这些公司与贷款银行有紧密联系。从1905年到1912年，仅仅7年间，在保加利亚就成立了6家法国资本的银行，总资本达5500万列弗。每年生产7200万盒火柴的科斯泰内茨（Kostenets）火柴厂就是利用法国资本建立的。在传统的保加利亚玫瑰油生产方面，法国的地位也很重要。总体上，在第一次世界大战之前，法国对保加利亚的经济渗透程度是主要大国当中最高的。经济问题是从属于政治问题的。

在国内政策方面，民族自由党坚持斯塔姆博洛夫的理念。经济继续加速发展，索非亚取代鲁塞成为保加利亚公国最重要的经济中心。这从首都的外观也能够看出来，它在20世纪初就像一个建筑工地。索非亚铺设了宽阔的街道，拆除了陈旧的住宅区，建造了现代的私人与公共建筑。新工厂（主要是纺织厂）如雨后春笋般纷纷建立，第一家机械制造企业也开始与进口产品竞争。这都清楚地表明了首都日益增长的机会与自信。

在农业方面，葡萄和葡萄酒生产遭受了葡萄根瘤蚜的沉重打击，其几乎摧毁了所有的老葡萄藤，并导致所有以这些产业为主的地区破产。进口能够抵抗葡萄根瘤蚜的美国葡萄藤第一次在保加利亚和美国的贸易关系中占据重要地位，而此前的主导产品一直是玫瑰油。

在社会政策方面也采取了进步措施。女性每日工作时间第一次被缩减到10小时，新生儿的母亲获得了一项权利，即享有一个月的带薪休假而不会失去工作。这表明了女性社会地位的提高。在一些产业里，她们的比例与男性相当，甚至高于男性。社会主义者首先估量出了女性在政治上的潜力。1905年，第一个妇女社会民主团体成立，在索非亚建立了自己的组织。

民族自由党获得成功是通过他们特有的方式，即使用粗暴的策略和限制其他政党的自由。D. 佩特科夫非常清楚，统治者的支持比选民的意志更重要。这种支持注定需要花费一些代价，因此斯塔姆博洛夫派增加了斐迪南大公的王室年俸，并进一步限制了对王室家庭的批评。他们通过了一项关于通过媒体实施犯罪的法案，从而加强了惩罚性措施。惩罚最高能达到10年监禁和1万列弗的罚款。民族自由党的严苛政策导致社会上很大一部分群体联合起来反对他们。传统的反对党甚至在1904年成立了一个集团。3年之后，左翼的激进民主党和温和的社会主义党也加入了他们。

1907年初前后，所有政治力量都走到了斯塔姆博洛夫派的对立面。国家剧院落成典礼上的抗议示威充当了这一过程的催化剂，一大群学生以不满的嘘声迎接大公的队列。内阁的回应是以严厉的措施处罚所谓的示威参加者。教授们援引古老的大学自治原则对此表示抗议。然而，事实证明那些原则只对海德堡（Heildelberg）有效，而对巴尔干无效。政府关闭大学，解聘教授，将学生发配到军队。曾经大力推动教育现代化的教育部长伊万·希什马诺夫教授（Professor Ivan Shishmanov）递交了辞呈。在群情激昂的氛围中，一名冲动的求职者在街头枪杀了佩特科夫首相。尽管斯塔姆博洛夫派极力通过重组来挽救内阁，但事实证明这已经不可能了，内阁后于1908年1月下台。

反对集团达成一致协议，这次他们将不允许君主强行任命国家的新政府。然而，民族自由党的倒台证明了政党是何等不遵守道德原则，当斐迪南大公选择民主党替代斯塔姆博洛夫派时，该党领袖毫不犹豫地以权力的名义违反了协议，并组建了自己的内阁。

民主党平息了政治局势。经过相对民主的选举，国民议会包括了保加利亚大部分政党的代表。斯塔姆博洛夫派各项限制法令被废除，大学复课，教师重新获得教职。

在那些年间，外国观察者们常常谈论“保加利亚奇迹”。美国总统将保加利亚称为“巴尔干的日本”。这个国家的进步是有目共睹的。

加强义务教育的决定进一步反映了这个国家的自信。每天早晨，50万学生坐在他们的课桌前，不过遗憾的是，许多小村庄的学校条件依然恶劣。贫穷的学生没有钱买笔记本和铅笔，仍然使用石板写字。

女性争取平等的斗争势头也更加高涨，不过她们也未能遏止冲突的苗头。一些更激进的女权主义者脱离保加利亚妇女联盟（Union of Bulgarian Women），成立了现代妇女联盟（Union of Modern Women），又名拉夫诺普拉维（平等）联盟［Ravnopravie（Equality）Union］，该联盟由作家安娜·卡丽玛（Anna Karima）领导。这个新组织比旧组织更加激进，目标是为妇女赢得选举权。

这个世纪的头十年是文化欣欣向荣的时期。宏伟的国家剧院中上演着保加利亚和国外作家的戏剧。索非亚的几名爱好者创立了一个歌剧协会，并努力创作一部保加利亚歌剧。他们从国民议会获得的支持几乎为零，因为他们受到农业党议员（Agrarian MPs）的强烈反对，这些议员认为歌剧对这个国家来说是一件多余的奢侈品。然而，仅仅一年之后，就有4部保加利亚原创歌剧在斯拉夫扬斯卡·贝赛达协会（Slavyanska Besseda Society）的礼堂中上演，其中有埃马努伊尔·马诺伊洛夫（Emanuil Manoylov）的《贫苦女人》（*Poor Woman*）。

狂放不羁的文学家们也形成了一个群体，其中包括年轻作家和诗人，他们流连于索非亚的各个咖啡馆和酒吧，并出版报纸、杂志、诗集和短篇小说集，而这些作品位居保加利亚文学珍宝之列。无人羡慕他们的财产，因为除了作家伊万·瓦佐夫（Ivan Vazov），其他文化界人士都无法依靠自己的创作成果谋生。音乐家和歌手的收入还不如一名熟练工人。在斯塔姆博洛夫派执政期间，伊万·希什马诺夫教授派优秀的年轻作家如佩约·亚沃罗夫（Peyo Yavorov）、叶林·佩林（Elin Pelin）和基里尔·赫里斯托夫（Kiril Hristov）千里迢迢前往法国，让他们近距离熟悉欧洲文化。

在外交政策方面，民主党政府以一次非常重要的行动在历史上赢得了一席之地。20 年来，关于保加利亚将宣布独立的传闻一直在外交界流传。尽管奥斯曼帝国对保加利亚公国的主权在很大程度上只是名义上的，但还是阻碍了它的独立发展。当保加利亚力图使其外交政策更活跃时，这种阻碍就更突出了。1908 年夏爆发的青年土耳其党政变看起来提供了合适的时机。诚然，主要的欧洲大国都反对保加利亚改变现状，但奥匈帝国意欲利用这次危机，将它通过《柏林条约》占领的波斯尼亚和黑塞哥维纳正式吞并，因此它支持保加利亚。保加利亚政府果断地利用了涉及保加利亚驻君士坦丁堡外交代表的一次丑闻，于 1908 年 9 月 22 日（10 月 5 日）在特尔诺沃宣布保加利亚独立。斐迪南大公成为“保加利亚人的国王”（King of Bulgarians）。次日，维也纳宣布吞并波斯尼亚和黑塞哥维纳。围绕这两个事件产生的外交危机持续了几个月，但最终得到了成功解决。君士坦丁堡意识到，一切已无法再恢复原状，如今的问题是保加利亚会提供怎样的赔偿。从长远来说，在俄国发挥了仁慈调解人的作用介入这一事件后，这一问题在 1909 年春得到解决。苏丹政府——此后还有列强政府——承认了保加利亚的独立。

这样，在解放战争结束 30 年之后，保加利亚成为一个完全独立的国家，与欧洲大陆其他国家是平等的。独立行动继承了统一的最佳传统，并意味着国家主权得到进一步加强。

保加利亚的政治生活

政　党

20 世纪初，自由党这个大政党已经分裂成好几个派别。斯塔姆博洛夫的追随者建立了民族自由党（斯塔姆博洛夫派），由迪米特尔·佩特科夫领导。瓦西尔·拉多斯拉沃夫博士的同伴们建立了自由党（拉多斯拉沃夫派），灿科夫博士的同伴们建立了进步自由党（灿科夫派），佩特科·卡拉维洛夫的同伴们建立了民主党（卡拉维洛夫派）。然后，围绕在迪米特尔·顿切夫（Dimiter Tonchev）周围的所谓青年自由党人（Young Liberals）从拉多斯拉沃夫的自由党中分裂出来，由纳伊乔·察诺夫（Naicho Tsanov）和托多尔·弗拉伊科夫（Todor Vlaikov）领导的激进民主党人（Radical Democrats）也从民主党中分裂出来。传统政党名单上的最后一个是人民党，它联合了旧保守党（Old Conservative Party）、前东鲁米利亚的联合党（Unionists）以及温和亲俄派的一些成员。

保加利亚社会主义者（Socialists）也于1891年建立了自己的政党，此外，1899年还成立了保加利亚农业人民联盟。这两个（或者说是三个，因为社会主义者又分裂成极端派和温和派）左翼政党在战前尚未在政治生活中发挥重要作用。

资产阶级政党之间的明显区别并不容易发现。它们的追随者来自各行各业——从工人、店员、工匠、贫穷农民到富裕的商人和工业家。这些政党在内部政治观念上遵循同样的路线：它们赞同保护主义，极力支持国内生产并确保其拥有优惠的发展条件。

虽然有一些细微差别，但资产阶级政党总体上对君主制的态度，以及具体对斐迪南大公的态度，也都是沿着相似的路线发展。所有资产阶级政党都支持君主制的观念。在双方对立时，它们批评大公——尽管只是以温和的方式——企图以一己之见主导国家政策。然而，一旦大公将权力交在它们手中，它们就会忘却自己的批评，转而变成最忠实的臣民。

在很多情况下，资产阶级政党之间的差别并非由于意识形态或政治上的分歧，而是由于政党各自领袖之间的矛盾。大部分政党都拥有一个成熟的“老板”（boss）体制，据此以领袖的姓氏来区分彼此，这并不是偶然的。

这些政党对于解决国家问题的方法也没有大的分歧。他们都支持保加利亚教会的爱国主义行为，也都知道需要寻求其他方法以赢得国家统一。

重大的分歧在于对外政策的方向。人民进步党（The People's Progressive Party）是最彻底的亲俄派，它甚至在党纲中宣称自己将永远在任何事情上跟随俄国。它的实际行动表明它坚持自己的理念。民主党接受这一观点，即保加利亚必须争取与俄国和解，但在这方面它认为应该以保加利亚民族利益为导向。人民党则是温和的亲俄派。

反俄阵营也不比亲俄阵营软弱多少，它的观念是保加利亚必须远离俄国政治那令人窒息的控制。各自由派政党寻求与反对圣彼得堡政策的国家建立更密切的联系，对于19世纪末20世纪初的巴尔干，这样的国家主要是奥匈帝国，在某种程度上还有英国。

各政党的分裂状况和相对一致的社会基础是选举中的重要因素。在政府和一些不大合法的方式的压力下，选票很容易流向执政党。仅有的一次例外是在1910年，当时政府的支持者们在斐迪南大公完全独裁的情况下输掉了选举。

从外部看保加利亚

里拉修道院综合了堡垒与宗教隐修所的特点，它位于一个林木葱茏的美丽峡谷之中，海拔约5000英尺。它被崇山峻岭环绕，这些山岭是罗多彼山脉的支脉，包括巴尔干半岛最高的一些山峰。在大公逗留期间，这里有两个步兵连驻守，此外还有一个宪兵队和一个骑兵护卫队；它那远离尘嚣的四方庭院站满了身穿白色夏季制服的士兵，还有身穿黑袍的修士，以及身着传统装束的农民，这些农民在这个季节来到圣伊万·里尔斯基（St. Ivan Rilski）的圣地进行一年一度的朝圣——这一切呈现出一幅异常趣味盎然、生机勃勃的壮观场面。四周群山覆盖着茂密的原始森林，主要是山毛榉和松树，许多树木已长得非常高大粗壮。成群的野马是修道院的财产，它们在岩石与森林之中游荡，捕获这些动物唯一的方法是娴熟地使用套索。在这些人迹罕至的地方会发现熊、狼和野猪，而崎岖的高山为岩羚羊和鹰提供了住所。

《泰晤士报》1890年9月15日

兵营膳宿问题正在受到关注。宽敞的营房建立起来，适当地考虑了位置、空间、通风、舒适和卫生。少数大城镇的军营外观漂亮，但大部分还是质朴实用，不着意装饰。建国初期修造的“临时营房”（hutments）正在被更坚固的建筑所取代。

我有幸参观了索非亚郊区的一座“临时营房”，那里住着一个骑兵团。在描述我所见的景象之前，我想请读者注意两点：第一，我这次是出其不意的访问，我正在跟一位朋友散步，他是总参谋部的一名军官，当我们偶然路过军营大门时，他主动提出带我进去，因为他认识那里的上校；第二，这个临时建筑建于20年前，甚至更早，那个时代风起云涌、压力重重，因此快速和廉价是首要的考虑。

我因羞愧而脸红，怒火中烧，因为我在贫困的保加利亚看到这个地方——明亮、舒适、宽敞，简单的装饰让它像家一样，令人愉快——并在头脑中把它跟英格兰类似的地方比较，关于那些地方我曾有过糟糕的经历，留下了噩梦般的记忆：弗利特伍德（Fleetwood）的临时营房……那些小木屋紧挨惠廷顿兵营（Whittington Barracks），靠近利奇菲尔德（Lichfield）。我非常严肃地提出以下问题：任何人在了解利奇菲尔德的小木屋之后，会强迫一名罪犯住在那里吗？……任何人如果对动物怀有善意的话，会让一只狗住在弗利特伍德的已婚军人宿舍吗？

这个地方处处漂亮干净。它的位置选得很好，因为保加利亚人并不相信英国那种在最可怕的偏僻地方修建兵营的计划，实际上，除了英国政府，还有哪个政府会采取这样残酷的政策呢？沿着一条令人赏心悦目的小路信步前行20分钟，你就能抵达索非亚市中心，而在另一边，你可以到维托沙山脉（Vitosha Mountain）

的山坡上，进行郊野漫步。

我想谈谈一两点细节，它们本身似乎并不重要，但可以证明保加利亚官方真心希望让军人们住得舒适，并通过细节实现这一目的。

兵营的每间宿舍里至少有一面大镜子，宽度足够让三到四名士兵同时刮胡子。我想，破镜子的小碎片对于每一名英国军官来说都是很熟悉的。每间宿舍都有一些漂亮的版画，描绘民族历史的场景，还有描绘军团大事的水彩画。这些画都镶上了画框，朴素整洁，整齐划一。我想起光秃秃的墙上贴着的圣诞数字画，难看的青白色粉墙上画着的粗糙炭笔漫画。每个宿舍里有两个火炉，其中一个大火炉以瓷砖砌成，用以抵御严寒（这里的冬天非常冷），它拥有某种专利，早晨它被塞满燃料，此后 24 小时都不用照管；另一个小铁炉用于短暂的寒冷天气下临时生火取暖，这种天气在秋天甚至夏末并不罕见——我们刚刚体验过一整天……我想起我们那些肮脏、浪费、有害健康的敞开式壁炉，我们似乎对此已经习以为常，并认为它们是人们争吵的缘由，也是大家不舒适和不满意的一大原因。

然而，要记住，一群年轻的保加利亚人比一群年轻的英国人要容易相处，前者几乎都来自农民，而后者即使有的来自贫民区，也大多在城镇长大。保加利亚人是一个严肃冷静的民族，醉酒很少见。这个团的上校在 5 年里只处理过两次醉酒行为。这些男青年基本不吸烟，只有极少数例外；几乎见不到烟斗，而放纵过量吸雪茄的恶习只限于城镇人。这里没有人抽烟喝酒，也没有随地吐痰。由于保加利亚士兵并不酗酒，因而也就没有英国士兵的那种犯罪行为：为了获得啤酒而卖掉自己的毛毯、靴子等物品。每一名英国军官都知道这个诅咒；许多年轻绅士由于缺乏经验或不合时宜地信赖他人“接管”这些物品而付出昂贵代价；许多人由于丢失军需品而不得不偿付一大笔账单，导致债务缠身多年（我还曾听说过几起破产的案例）。这里的上校在保加利亚军队服役的20年间，从未听说过一条毛毯被偷或一双靴子丢失。赌博也很少，多米诺骨牌和一种十五子棋都是无害的消遣。赌马则闻所未闻。

赫伯特·F.（Herbert F.）：《巴尔干小径》（*By-Paths in the Balkans*），伦敦，1906年

从外表上看，保加尔人并不是一个吸引人的民族，因为他们外貌上的突雷尼人（Turanian）特征太过显著而显得不漂亮。他们的身高略低于中等水平，肩宽胸阔，体格健壮，发达的双腿令人羡慕。他们圆脸、直鼻或鼻略弯曲，头发为黄褐色或黑色，肤色暗淡，眼睛略斜，眉毛浓密，颧骨与下巴发育良好。他们的面部表情严肃而有活力……

保加尔人是节俭的农业家、勤快的农夫。他们脚踏实地，喜怒不形于色，沉默与自制的力量在他们身上无穷无尽。他们是勤奋节省的农民，“拥有农民所有的吝啬与偏见，但也拥有农民所有的节约与勤劳的美德”。

保加尔人沉默、谨慎、生性多疑，不爱吹牛、煽风点火，他们不像其他一些巴尔干民族那样“声称自己拥有一种想象出来的优越性或爱炫耀本民族”。他们平静而又充满理解地履行生活中的职责。虽然他们对国外批评很敏感，但作者发现他们始终愿意以特有的直率坦诚来讨论民族性格和制度的缺点。

W. 门罗（W. Monroe）：《保加利亚与她的人民》（*Bulgaria and Her People*），波士顿，1914年

我也登上马车，再次由斯塔姆布罗夫（Stambuloff）陪同，一路颠簸，匆忙回到那天早晨我们骑马离开的地方。我们的心情自然是比上午更加欢喜；不过，所有的焦虑仍然没有消除，因为持续不断的隆隆炮声表明战斗还在进行。我们在路上遇到的勤杂工和医生告诉我们，古切夫（Gutscheff）已经成功地击退了塞尔维

亚人的所有进攻，当我们距离斯利夫尼察（Slivnitza）还有几英里时，一名军官告诉我们，保加利亚人已经阻击了整条战线的进攻。土地在我们脚下燃烧，我让马车夫全速前进，在5点钟之前我们赶到斯利夫尼察，在那里确认了大捷的消息。我们立即骑上马奔赴我们的阵地，此时那里的战斗已经停止了。夜幕已降临，使我们看不清交战现场发生了什么变化，但仅从军官们欣喜的面容就能判断这一天令人喜出望外。古切夫和他的全体参谋还没有返回“宫殿”，当我们骑马寻找他们时，我们发现了第一个胜利的标志——我们的排炮已经不在原来的阵地上了：它们已向前推进。最后我们找到了古切夫，但我们刚刚向他致敬和祝贺，就听到从右翼传来叫喊声，那是持续不断的欢呼，宣告大公的到来，他紧随我们之后离开了索非亚。一分钟之后，我们与大公会合，他深情拥抱了古切夫。听了关于战斗的简短陈述并再次感谢军官们之后，大公返回斯利夫尼察。后来，在“大官邸”（Konak），我才听到了在布雷兹尼克（Bresnik）获胜的细节，这个胜利避免了来自那一侧的威胁。正如我之前提到的，波波夫上尉（Captain Popoff）率领3个营已经在18日晚上跟随塞尔维亚军队朝我们的左翼进军，最终抵达布雷兹尼克，他把自己在路上遇到的所有部队都带过去了。带着这种保加利亚军官特有的进攻精神（这也许在某种程度上源于这一事实，即每一名上尉都想“自力更生”地赢得胜利），波波夫于19日早晨向敌军发动进攻并将其彻底击溃，敌军惊惶失措，被迫仓促向特伦（Trun）撤退，波波夫立即紧紧追赶敌军。

斯利夫尼察战斗的确切过程如下：早晨8点钟，本德莱夫（Bendereff）重新对右翼发动进攻，决定这次要推进到德拉戈曼（Dragoman）以控制敌军撤退的路线，即斯利夫尼察-扎里布罗德（Slivnitza-Zaribrod）公路。部队在之前胜利的激励下，在他们天才的青年领袖带领下创造了英勇的奇迹。

他们此前已经获得了无限的自信，并增加了经验，此时派上了大用场。他们确信塞尔维亚人无法抵挡保加利亚人的刺刀进攻，因此目标就是尽快接近敌军，以便能够使用冰冷的刺刀搏斗。后来本德莱夫告诉我，一旦他发出进攻的命令，就很难让部队撤回。他们似乎已经本能地掌握了死亡点理论（the theory of the dead point），并意识到他们在远距离会遭受重大损失，但如果抵达必须攻占的陡峭山峰脚下，就几乎不会有任何损失，他们全速向山腰冲过去。在那里稍作喘息之后，他们开始进攻。这是何等艰苦的攀登！斯利夫尼察附近的山脉已经够糟糕了，可是德拉戈曼的山脉更高更险峻。我无法想象保加利亚士兵在艰苦的攀登之后如何还有体力留存进行刺刀进攻。然而，更无法想象的是，塞尔维亚士兵已经在他们的阵地上休整过了，却没有将抵达时已精疲力竭的保加利亚士兵直接推下山坡。但这已是第三天，塞尔维亚人在道义上的心理支撑已经摇摇欲坠，在某些情况下只需像往常一样在进攻前演奏保加利亚国歌（Shumi-Maritza），就足以让他们仓皇撤退。关于军乐队的作用有很多争议，我自己从前并不完全支持军乐队，只是在这次战役中，我这种不支持的看法才开始动摇。我不知道本德莱夫是否有音乐天赋，但他确实在右翼的战斗中使用了音乐，其程度是我在过去的战役中从未体验过的。在每一次进攻中，军乐队都进行演奏，常常是在进攻队列的前头行进演奏，尽管他们蒙受了非常严重的损失。举世公认，音乐对人有着巨大的影响，我们看到塞尔维亚人也无法幸免。

最困难的进攻是最后一个特别坚固的高地据点，就在德拉戈曼前面，完全是徒手搏斗。在夺取这个据点之后，通向德拉戈曼的公路右侧整个山脉都落入保加利亚人手中，他们甚至派遣侦查员到这个村子里去。与此同时，来自主阵地的部队已经沿着公路行进过来支持右翼的战斗，也已经击退了塞尔维亚人。

冯·胡恩·A.（Von Huhn A.）：《亚历山大大公领导下的保加利亚人追求民族独立的斗争：1885 年保加利亚与塞尔维亚战争的军事和政治史》（*The*

Struggle of the Bulgarians for National Independence Under Prince Alexander. A Military and Political History of the War Between Bulgaria and Servia in 1885)，伦敦，1886 年

没有什么比这岩石嶙峋的峡谷更美丽了，当北道接近特尔诺沃时，它从峡谷中蜿蜒而过。山坡上处处都绿意盎然，点缀着葱茏的林木与芬芳的山楂；在其他地方，高耸垂直的峭壁十分突兀，皱着眉上下打量着左右两侧的旅行者，而在旅行者的脚下，扬特拉河白花花的流水奔涌向前，在浓荫下半遮半掩，把巴尔干山脉融化的雪水送入多瑙河宽阔的怀抱。道路陡转，将旅行者带到城镇的门口，但这样一幅画面激起他心中一阵厌恶之感：他发现自己站在一条肮脏不堪、散发恶臭、路面铺得乱七八糟的街上，街边拥挤的房子阻挡了那条美丽峡谷所有的景色，而蜿蜒穿越峡谷的扬特拉河几乎环绕着这座国王和神父居住的古城。这座城市位于一个遍布岩石的半岛上，为了欣赏它绝美的风景，需要下到河岸上，或者有可能的话登上对面令人头晕目眩的高峰。房屋聚集在悬崖边，如同海鸟聚集在海岸峭壁之上。红瓦屋顶此起彼伏，错落如画。四处有绿树与小葡萄园点缀其中，望去简直就像悬挂在山下湍急的激流之上……

J. D. 鲍彻（J. D. Bourchier）：《与斐迪南大公穿越保加利亚》（Through Bulgaria with Prince Ferdinand），《双周评论》（*Fortnightly Review*）1888 年 7 月

斐迪南大公总是尽力让他周围的人感到轻松，从不让任何人感到被忽略、被漠视。他的仁慈和蔼感染了身边所有人，使宫廷宴会确确实实成为一个令人愉悦的活动。宾客总是感到自己很受欢迎，也就能够更好地享用佳肴。即使此前数日他只能勉强靠保加利亚裔客栈老板提供的糟糕饭食度日，他对美食的鉴赏力也不会减弱。

《圣詹姆斯公报》（*St. James' Gazette*）1890 年 4 月

保加利亚运动

旅行者对马其顿保加利亚人很少有良好的第一印象。这个民族的外表很少有吸引人的地方，他们很少费力请求同情，或促进相互理解。他们既不热情好客，也不善于言谈。这些斯拉夫农民对外国人来说没有秘密可言。他们不像希腊人拥有伟大的过去，他们不能夸耀他们的祖先曾是你的文明导师。他们让你对他们想怎么看就怎么看，他们只是穿着单调乏味的普通日常服装展示自己。他们不会不请自来造访你下榻的旅馆，不会邀请你访问他们的学校，也不会极力请你参观他们的教堂。当然，你可以通过外表研究他们。你会发现他们沉闷、矜持、不友好，因为他们的经历教会了他们将每个外族人都看作可能的敌人。他们缺乏希腊人的能言善辩、优雅风度与敏捷机智。他们毫无阿尔巴尼亚人那种庄重礼仪、不羁独立和中世纪的骑士精神。他们的外表也不吸引人，甚至连女人也不漂亮。他们不在意外表，也不愿炫耀。如果有人富裕，他就会隐藏自己的钱财。如果贫穷，他就会活在肮脏污秽之中。他们的民族服装很少有好看的，他们的民族舞蹈单调乏味，他们的民族歌曲也不悦耳。你也许能学会尊重他们的勤劳，他们拥有做乏味工作的强大能力，但这都是劳动者的苦力，艺术家与工匠的精神与他们无缘。他们向你筑起谎言的堡垒。他们将你的每个问题都当作陷阱，拒绝落入其中。他们要么回答问题时假装愚蠢、故作无知，要么竭力猜测你期待的回答，然后立即告诉你，却不考虑这个回答是否符合事实。根据我们的理解，这并不完全是撒谎。其实这些农民完全不知道跟任何地位更高的人还可以有坦诚的关系。由于长期应付幼稚无知、任性无常、独裁专制的主人，他们已经变得沮丧消沉，毫无盼头。他们的恶习是受压迫者的卑劣习惯，如果在任何职位上你需要勇敢、诚实或忠诚的人，那么你应该雇用阿尔巴尼亚人，而不是保加利亚人。

你也许能学会以真正的历史视角来审视这些缺陷。你也许会让自己这样认为：他们证明了征服者可耻的恶行，而不是证明被征服者自身的堕落。你越了解就越倾向于一种仁慈的怜悯，但你在一开始的时候不大可能欣赏这个冷漠、缺乏吸引力的民族。只有时间和机遇才能提供线索让你以不同方式解读他们的性格。

我恰巧在马其顿城镇寂静的街道上获得了这个神秘而难得的线索。在这些街道上既听不见音乐，也听不见笑声。农民迈着沉重的步子默默走来，身后几步跟着妻子，只有在集市上讨价还价时才开口说话。城里人过分忙于躲避密探、跨过犬类，无法打破这忧郁的沉寂。然而，随着冬日临近，一支哀怨的曲调开始挣脱沉闷压抑的背景。我几乎没有注意到它，直到有一天晚上我在一户保加利亚人房屋里的火炉边听见这支旋律。在我的经历里，没有比那一家人更家常、更满足、更舒适的了：质朴的女儿、腼腆的儿子、发福的身着便服的父母。那是一种粗糙的物质主义氛围，没有什么比思想更遥远，比革命更陌生。然后，突然之间，他们唱起这首哀怨的街头曲调。它给他们的眼睛带来火焰，使他们的声音变得响亮，让他们冷淡的面颊泛起红晕。这是一首起义歌曲。它召唤青年男子聚集到山上，责备那些“坐在咖啡馆里”的老辈落后分子，逐一颂扬秋季战死的首领们，并预言自由的未来。自从那天晚上以来，这支曲调就一直在我耳边回响。有时候是一位学童在街头吹口哨；有时候是一群青年男子唱出它那大胆的歌词，故意让土耳其哨兵听见。它与武装巡逻队的脚步声和弹药车的隆隆声混在一起。它向夜间警卫员发出挑战，向帕夏的马车发出辱骂，让土耳其人再也不要忙于大张旗鼓地采取防范措施和无休止地征兵准备下一场战役，这首反抗的歌曲一直在空中飘荡，嘲笑他们的愚蠢和无用的预备。但土耳其人既听不见又不明白，因为他们是“自己国家里的外国人”。它戏弄他们的耳朵，就像大地自己唱的灭亡之歌，他们却充耳不闻。终于听到保加利亚人心中真正的律动了。于是，他们的谎言与沉默都无关紧要了。人们能够偷听到这个不善言辞的民族跟自己谈话。我置身于一个正在为自由而组织起来的民族之中。它过着双重生活，毫不关心丑陋卑微的当下，尽管它正在其中受苦、密谋、妥协，却把自己那些更优秀的品质推迟到未来，因为它已下定决心要征服未来。

起义运动实际上是一场真正的马其顿运动，由马其顿人预备，由马其顿人领导，由绝大多数斯拉夫人火热的同情心支持。几乎没有哪个村庄不参加起义组织。在较大的城镇，例如莫纳斯提尔，很少有哪个保加利亚人不是积极主动的起义组织成员。

布雷斯福德·H.（Brailsford H.）：《马其顿：民族与未来》（*Macedonia: Its Races and Their Future*），伦敦，1906年

土耳其人在莫纳斯提尔获胜
许多起义者被杀——一些村庄被彻底摧毁（续）

君士坦丁堡，9月7日——来自莫纳斯提尔的官方报道，时间为8月31日、9月1日、9月2日和9月3日，提供帝国军队在该地区诸多胜利的细节。

一群保加利亚人盘踞在博德尼克湖［鲁德尼克湖，现在的希玛迪提斯湖（Lake Bodenik/Roudnik, now Himaditis）］和叶连捷村［采勒尼切，现在的斯克里特隆（Yelendje/Zeleniche, now Sklitron）］之间的群山之中，他们被军队攻击，死亡35人。剩余者为躲避追赶跳入湖中溺亡。

在一个叫莱斯纳［莱森（Resna/Ressen）］的村子（实际上是一个镇），22名起义者被杀，而在菲奥里纳（Fiorina）周围，还有40名起义者死亡。在布索沃［卢科沃（Boussovo/Loukovo）］，一支200名革命者组成的队伍被驱散，而在德布莱（Debre）地区，5名革命者被杀。

在维沙尼［维谢尼，现在的维西尼亚（Vishani/Visheni，now Vissinia）］地区，两支强大的队伍被消灭。在森林里找到的妇女和儿童得到了食物，并被送回他们的村庄。

发自萨洛尼卡的一篇领事报道写道，根据真实的消息，莫纳斯提尔地区的起义实际上已被镇压。非正规军协助正规军开展镇压行动，据说这次行动残酷血腥，看上去土耳其人的目标不仅是消灭保加利亚居民，还要消灭所有基督徒，不管是哪个民族。

《纽约时报》（*The New York Times*）1903 年 9 月 8 日

第六章

“为了奴隶兄弟的解放”

1910年左右，随着青年土耳其党对基督教徒恐怖活动的增加，土耳其欧洲领土上的紧张局势日益升级。帝国正处于重整军备和现代化的过程中，它必然会在此后数年中变得更强大，这将让解放那里的保加利亚人这一任务变得更加困难。俄国是能够支持保加利亚人雄心的国家，因此斐迪南大公强行任命了一个亲俄党政府。他期待圣彼得堡将因此而更信任他。1911年3月，人民党和进步自由党联合政府成立，人民党领袖伊万·E. 盖绍夫（Ivan E. Geshov）成为首相和外交部长。

巴尔干联盟的建立

联合政府开始积极行动起来，力图建立一个巴尔干同盟（Balkan alliance），这也受到了东地中海地区的一系列事件的影响。1911年秋，意大利进攻奥斯曼帝国，后来被称为的黎波里战争（Tripoli War）。看上去似乎巴尔干国家再不参与瓜分奥斯曼帝国就晚了，因此，1912年2月29日，保加利亚与塞尔维亚签订联盟协议。

巴尔干联盟（Balkan League）是在俄国的支持下建立的，英法外交官也对相关谈判有所耳闻。北方帝国的这两位盟友并不隐瞒自己的怀疑。它们与圣彼得堡一样，意欲把这个联盟作为将来与同盟国发生冲突时的后手，但它们不愿在不合适的时候卷入与奥斯曼帝国之间不必要的冲突。巴黎在奥斯曼帝国有很大的经济利益，因此不愿看到它被瓜分。然而，现实必须被接受。巴尔干国家对欧洲冲突并无兴趣，它们从 1912 年夏初开始与土耳其发生冲突。在这种情况下，即使是法国也接受了这一不可避免的事态，并极力获取自己所能得到的利益。巴黎荷兰银行（Banque de Paris et des Pays-Bas）向保加利亚提供了总值达 7500 万法郎的贷款，从而实际上资助了它的军事行动。

乍看之下，敌对双方的力量似乎相差悬殊。巴尔干联盟国家的领土勉强超过 20 万平方千米，人口大约 800 万。奥斯曼帝国的领土则将近 200 万平方千米，人口是巴尔干联盟国家的两倍。1912 年夏，在马其顿色雷斯革命组织发动的一次炸弹袭击之后，土耳其在马其顿的科加尼（Kocane）无情地屠杀平民。最终 39 名保加利亚人被杀，200 名保加利亚人受伤，而这只能使紧张局势进一步恶化。

第一次巴尔干战争

1912 年 10 月 5 日，君士坦丁堡拒绝满足联盟关于真正改革的要求，向联盟宣战。这再次引发了保加利亚人追求统一的热情。成千上万的志愿兵涌向征兵中心。国内所有的政党都支持日益迫近的冲突，视其为完成民族革命的机会。只有教条的极端左翼社会主义者不愿放弃他们反对任何军事冲突的原则。不过，这并未阻止数百名社会主义者因其英勇战斗而获得勋章。

保加利亚军队较大的一部分向东色雷斯和罗多彼山脉进军。一个师必须通过斯特鲁马河谷接近萨洛尼卡。这个军事计划是由保加利亚的地缘政治位置决定的，但它完全错误。保加利亚军队不得不独自在色雷斯作战，而那里的土耳其兵力很集中。马其顿是战争的起因和保加利亚意欲获取的目标，而它将被塞尔维亚和希腊解放。

当部队沿着色雷斯泥泞的道路行进时，他们后面跟着牛拉大篷车，满载着武器、弹药和食物。这些由在前线战斗士兵的父亲们驱赶的牛车，成为这次战争不容忽视的一个特点，而这些被称为“大叔”的赶车人也是胜利的一个重要因素。

马其顿色雷斯革命组织的队伍为马其顿的解放作出了重要贡献。总共大约 100 支队伍以及该组织的 16000 名到 17000 名民兵全都帮助联盟作战。保加利亚在韦莱斯、普里莱普（Prilep）、基切沃（Kicevo）、德巴尔、斯特鲁加、奥赫里德和其他地方建立了统治。武装队伍解放了班斯科，爱琴马其顿（Aegean Macedonia）的麦霍米亚（Mehomia）、科斯图尔（Kostur）、莱林（Lerin）、贝尔（Ber）、卡伊拉尔（Kajlar）也被攻占，但在塞尔维亚和希腊军队进入的每一个地方，保加利亚政府都被解散了。

近乎象征性的黑海海军也为胜利作出了贡献。11 月 6 日晚，4 艘鱼雷快艇驶向土耳其海军的骄傲——“哈米迪耶”号（Hamidiye）巡洋舰。炮声轰鸣，前三艘快艇发射的鱼雷未能击中目标，但第四艘“德拉兹基”号（Drazki）击中了巡洋舰的船头。“哈米迪耶”号不得不放弃炮轰保加利亚海岸的计划，返回君士坦丁堡。

在南部，沿着斯特鲁马河谷，保加利亚的一个师急速行进，与希腊军队展开竞争，双方都想抢先攻占萨洛尼卡。该城市的指挥部未做任何抵抗就将所有钥匙交给了希腊人，他们只比保加利亚人早到了几个小时。

塞萨利和马其顿的土耳其人境况也同样糟糕。他们的兵力少于塞尔维亚人和希腊人，未作任何重大抵抗就撤退了。12 月初，除了阿德里安堡、塞萨利的约阿尼纳（Ioannina）和阿尔巴尼亚的施克德尔（Shköder）的要塞，土耳其在欧洲的所有领土都被占领了。希腊海军占领了爱琴海诸岛。

君士坦丁堡请求停战。然而，斐迪南已经预订了一件拜占庭皇帝的礼袍，他下令进攻加塔尔萨的要塞。保加利亚军队则已开始遭受它最邪恶的敌人——霍乱的进攻。此外，土耳其人在前线聚集了大量兵力。保加利亚的进攻失败了。

和平谈判在伦敦开始，但因青年土耳其党发动的政变终止了。隆隆炮声在色雷斯再次响起。那时候马其顿和塞萨利的局势已经平静了很久，而持续的战斗则耗尽了保加利亚人的资源。对阿德里安堡要塞的进攻从 1913 年 3 月 12 日开始。一支 6 万人的部队以及超过 500 门大炮守在两道防御工事后面。保加利亚炮兵部队展开了精心准备的炮轰，成功地运用“火力割草机”战术将防御工事炸开。进攻部队冲进要塞，炸开的墙边有 8000 人死亡，17000 人受伤。3 月 13 日下午 1 点，该要塞的指挥官投降。工程兵队伍和飞机也为胜利作出了很大贡献。

约阿尼纳和施克德尔的驻军最终也投降了。君士坦丁堡别无选择，只好求和。在英国外交大臣爱德华·格雷爵士（Sir Edward Grey）的施压下，和平协议于 1913 年 5 月 17（30）日在伦敦签订。土耳其向联盟割让了东色雷斯的米迪亚—埃诺斯线（Media-Aenos line）以西的所有领土。一个新国家——阿尔巴尼亚——在半岛西部建立起来。然而，停战并不预示着安宁，而是从一开始就充满了矛盾冲突。

“等同于犯罪的愚蠢行为”

盟友之间的矛盾

联盟协议的模棱两可和保加利亚军队在色雷斯的战斗为塞尔维亚和希腊提供了一个机会，它们在马其顿向保加利亚人发动了一场恐怖运动。1912 年 10 月，贝尔格莱德违背与保加利亚的协议，宣布将比托利亚、普里莱普、韦莱斯和奥赫里德并入塞尔维亚。当塞尔维亚军队进入斯科普里时，保加利亚国歌被禁止，集市上的保加利亚旗帜被塞尔维亚军官扯下。亲塞尔维亚分子（Serbophiles）被任命为市议会书记员，教会仪式中也禁止推荐保加利亚主教。村庄遭到塞尔维亚军队的恐吓。同样的事情也发生在爱琴海马其顿。1912 年夏以后，教师和神父由于遭到希腊当局驱赶而渐渐离开此地。

马其顿色雷斯革命组织对此十分担忧。“我们怀着这样一个希望，没有任何一个保加利亚政府会将斯科普里这样纯粹的保加利亚地区割让给塞尔维亚。在抛洒了如此多的热血之后，也不会有任何一个保加利亚人会将这片土地重新抛入黑暗的日子，任其毁灭。”1912 年 11 月，斯科普里地区委员会（Skopje Regional Committee）向内阁提交的备忘录如此写道。当联盟胜利时，马其顿色雷斯革命组织明确解释了它为何坚持自治：“本革命组织在战斗中追求一个所有保加利亚人直接或自治的联盟。因此，开始自治是拯救马其顿完整性的途径。”

保加利亚的盟友们宣称获得的地区，比协议中规定的要多得多。塞尔维亚和希腊希望被征服的土地按照实际占领情况分割，例如，获得整个马其顿。1912 年秋，罗马尼亚要求获得南多布罗加（Southern Dobrudja）以换取其中立地位。经过列强干预，它要求的领土限于西利斯特拉市，保加利亚被迫在军事行动还未结束时就将其割让。这样，这场始于解放保加利亚人摆脱外国统治的战争，第一个后果却是将一个保加利亚城市割让给另一个国家。

1913 年春，塞尔维亚和希腊建立的反保加利亚联盟已经浮出水面。保加利亚政府则无力阻止。不负责任的政治群体意欲向从前的盟友发动战争，于是发起了一系列运动。军方和沙皇斐迪南（Tsar Ferdinand）本人都充满了好战情绪。盖绍夫的和解建议无人听从，于是他在《伦敦和约》（Peace Treaty of London）签订后立即辞职了。进步自由党领袖斯托扬·达内夫博士开始领导政府，他的反塞尔维亚和反希腊倾向要强烈得多。保加利亚在列强当中也没有盟友。俄国责备保加利亚引起冲突，并承认塞尔维亚提出的一些领土要求是有理由的。德国乐于看到一个在协约国保护下建立的联盟瓦解，并支持希腊的要求。罗马尼亚明确表示它将进行干涉以阻止保加利亚过分扩张。土耳其帝国政府并未急于遣散其在色雷斯的军队。进行战斗是愚蠢的行为，而保加利亚就犯了这个愚蠢的错误。

《伦敦和约》刚一签订，塞尔维亚和希腊就建立了秘密联盟，发誓彼此忠诚，并承诺不让保加利亚领土扩张到瓦尔达尔河以西。此后，从前的“盟友”之间的小规模武装冲突变得更加频繁。沙皇尼古拉斯二世作为塞尔维亚—保加利亚协议的仲裁者召集了两国首相。达内夫博士认定最终决议将有利于塞尔维亚，但他经过深思熟虑还是接受了这一邀请。然而，1913 年 6 月 16（29）日，保加利亚军队向塞尔维亚和希腊在马其顿的阵地发动进攻。直到今天，历史学家们还在争论到底是谁下达了这个致命的命令。没有人承认，但很明显，如果没有国王斐迪南的指示，至少是一个口头指示，很难说有哪个副手敢于下达这样的命令。这个“等同于犯罪的愚蠢行为”注定要葬送军队在几个月的浴血奋战中赢得的一切。次日，政府命令进攻部队撤回原先的阵地，但已经太晚了。塞尔维亚和希腊欣然利用这一机会向保加利亚宣战。

当两国在6月16日发动进攻时，保加利亚人已经将塞尔维亚人和希腊人从其阵地上击退，但结束行动的命令让敌手稳住了阵脚。保加利亚在马其顿的兵力少于塞尔维亚和希腊军队。战争在塞尔维亚战线进行，保加利亚赢得的胜利并不巩固。经过激烈的战斗，保加利亚人奋力稳住了战线，并准备大约于7月中发动进攻。希腊人击败了萨洛尼卡保加利亚驻军的抵抗，挥师北上。爱琴马其顿的保加利亚文化中心之一——库库斯（Kukus）陷落了，它并被烧成一片焦土，以示惩罚。到7月中，希腊人已经深入斯特鲁马河谷和梅斯塔（Mesta）河谷。与此同时，保加利亚人设法重新组织起来阻挡他们，几乎包围了包括希腊国王康斯坦丁一世（King Constantine Ⅰ）在内的所有敌军。眼看希腊人败局已定，他们却被布加勒斯特和谈所拯救。

保加利亚人在前线忘我战斗的同时，罗马尼亚从后方攻击他们。列强极力阻止进攻，但无济于事。罗马尼亚入侵是保加利亚外交的严重失误，布加勒斯特十分明显的威胁被忽视了。在入侵者的道路上全无保加利亚军队抵挡。甚至连那些孱弱的边境要塞也接到命令，不抵抗即撤退。仅仅几天之内，罗马尼亚军队就占领了整个保加利亚北部，而他们的骑兵巡逻队已抵达距离索非亚约30千米处。

看到敌人包围了保加利亚，土耳其人趁机越过新的保加利亚—土耳其边界，重新占领了东色雷斯。法国为君士坦丁堡提供了一笔150万里拉的贷款，帮助了入侵。土耳其一路进军，对当地人民犯下了种种暴行。成千上万的保加利亚人逃亡北方寻求拯救。一些村庄的居民被屠杀殆尽。1913年秋之后，东色雷斯只剩下两个保加利亚村庄，总共200座房屋。这个地区实际上已经去保加利亚化（de-Bulgarised）了。这可能是20世纪欧洲第一个成功的“种族清洗”案例。欧洲外交官们犹豫不决地试图阻止这次入侵，但君士坦丁堡很清楚，列强之间的分歧让它们无法联合采取措施。事态正是如此。保加利亚被彻底孤立了。邻国切断了连接索非亚与世界的电报线，并散布关于所谓“保加利亚暴行”的谣言，这导致欧洲公众对保加利亚的态度转变为反感。

一听到战争的消息，保加利亚人就在塞尔维亚军队后方的蒂克韦斯（Tikves）地区爆发了起义。该地区被塞军占领后，保加利亚的学校被关闭，政府被解散。5月底，当地马其顿色雷斯革命组织的领袖决定在条件允许时发动起义。起义者将塞尔维亚人逐出内戈蒂诺（Negotino）和卡瓦达尔齐（Kavadartsi），并建立了一个临时政府。他们英勇地坚持到6月24日，因为他们预计距离东部仅15千米的保加利亚军队会随时抵达。然而，以特使身份被派来保军指挥部的司令官赫里斯托·切尔诺佩夫（Hristo Chernopeev）却被告知军队要撤退，而起义者也不得不撤退到山里。他们没有得到援助，于是塞尔维亚人摧毁了这些起义的地区。内戈蒂诺的800座房屋中有750座被烧毁。在卡瓦达尔齐，150名保加利亚人被绑到木桩上30小时，滴水未进，然后被一架机关枪扫射致死。根据马其顿色雷斯革命组织的统计，将近700名保加利亚人遭到屠杀。

《布加勒斯特条约》

斯托扬·达内夫博士领导的政府在军事行动最激烈的时候递交了辞呈。权力被转交给了一个自由党派联合政府，由瓦西尔·拉多斯拉沃夫博士领导。该政府打着将政策转向同盟国的旗号上台。内阁呼吁停战，希腊军队身处的绝望处境迫使保加利亚的对手们接受了停战提议。

和谈在布加勒斯特开始，持续了几天，最终确定巴尔干联盟解散。保加利亚没有得到列强中任何一国的支持。法国在其巴尔干政策中偏向塞尔维亚和罗马尼亚。法国外交官并非不知道哪个民族在马其顿占大多数，库库斯传教所的法国修女报告了希腊人焚烧和洗劫该城的恐怖细节，但这对高层政治无关紧要。罗马尼亚和塞尔维亚能够对奥匈帝国造成威胁，而保加利亚在将来的军事冲突中却没有利用价值。

签订的和约——更准确地说是“命令”——宣告了马其顿数十年奋斗的失败。该地区大部分被塞尔维亚和希腊瓜分，保加利亚只保留了皮林马其顿和斯特鲁马河谷。留在塞尔维亚和希腊统治地区的保加利亚人的权利没有得到任何保障。他们被称为“塞尔维亚人”或“说保加利亚语的希腊人”（Bulgarophonic Hellenes）。保加利亚虽然也保留了爱琴海边的一段海岸线，但那里一个良港也没有。《布加勒斯特条约》（Treaty of Bucharest）最致命的作用在于，它孤立了保加利亚。所有邻国都获得了保加利亚的领土，并且都有理由担心遭到其报复。

1913 年 9 月 16（29）日，保加利亚跟土耳其也签订了协议。保加利亚再次未能得到列强中任何一国的支持，几乎将整个东色雷斯退还给君士坦丁堡。

巴尔干的军事冲突还僵持不下的时候，在美国就出现了一个观点，即要客观调查敌对各方的行为。这一倡议最初由新成立的卡内基国际和平基金会（Carnegie Endowment for International）提出，它是亿万富翁安德鲁·卡内基（Andrew Carnegie）建立的无数慈善机构之一。它建立了一个由巴尔干事务专家组成的特别委员会。他们花了几周的时间周游保加利亚、土耳其、希腊和塞尔维亚，采访了许多难民，并研究官方与非官方档案。他们的研究成果是关于巴尔干冲突起源及过程的大量历史资料。这一成果并未宣布参战任何一方完全无罪，不过它在很大程度上消除了对保加利亚行为的诽谤。调查报告的作者们写道，如果可以做什么值得一提的对比，那么保加利亚人应受的谴责是最轻的。《泰晤士报》通讯记者詹姆斯·鲍彻支持他们的权威观点。他请保加利亚的控告者们——主要是希腊国王康斯坦丁，他本人已成为一名鼓吹者——提供他们控告保加利亚的证据，结果毫无回应。英国的巴尔干委员会竭尽全力援助受害者。他们组织了一场慈善运动，募集了数千英镑，用于购买衣服、鞋、药品和食物。

巴尔干战争中的死亡人数超过 55000 人，盟友之间短暂战争中的死亡人数也在这个数字的一半以上。知识分子遭受了沉重打击，有前途的年轻演员、作家和诗人或战死沙场，或被病魔夺走生命。大量难民开始从马其顿和南多布罗加涌入。《布加勒斯特条约》改变了巴尔干半岛的局势。协约国重视塞尔维亚、罗马尼亚、希腊和门的内哥罗，法国驻圣彼得堡大使还将《布加勒斯特条约》称为“东方编年史上幸福的一天”。同盟国则极力与两大战败国——保加利亚和奥斯曼帝国建立更好的关系。

通往灾难的漫长道路

保加利亚人和许多外国观察家都认为《布加勒斯特条约》是不公正的，不能解决巴尔干半岛的问题。很明显，协约国和同盟国这两大阵营无法达成协议，欧洲正处于危机的边缘。1914 年 6 月，塞尔维亚青年加夫里洛·普林西普（Gavrilo Princip）在波黑的萨拉热窝刺杀了奥匈帝国的王位继承人，一个月后，第一次世界大战爆发。这场从巴尔干半岛开始、缘于巴尔干半岛的矛盾的战争引出了巴尔干国家在国际冲突中的地位问题。

保加利亚的失败以及沙俄舆论对其命运的漠视，削弱了亲俄党派的影响力。然而，事实证明，亲德派也没有得到多少好处。在 1913 年秋季举行的选举中，自由党政府联盟未能赢得多数席位。有趣的是，那些一味批判现状却没有提出现实解决办法的人（社会主义者和农业党人）的影响力反而急剧上升。新的选举和不公正的选区改划是必要的，这样拉多斯拉沃夫才能获得足够的多数。

保加利亚需要几年的和平时间，但却没有足够的运气来实现。从欧洲冲突爆发的那一刻起，几乎没有保加利亚人抱有本国可以置身事外的期望，而国内各界关于应该如何应对这一状况的决策并不一致，公众的舆论主要集中分布在三大政治阵营中。

民主党、民族党和进步自由党都建议与协约国和解。根据它们的说法，只有协约国集团才能恢复半岛的公正。自由党主张中立，但只是在口头上，实际上是将保加利亚推向同盟国。德国的军事和经济实力以及在战争最初几个月里闪电般的推进给它们留下了深刻印象。保加利亚人对站在协约国阵营的塞尔维亚的敌意也是驱使他们作出这一选择的动机。对他们来说，在军事上击败塞尔维亚是他们获取马其顿地区的唯一可能。

社会主义者、农业党人和激进民主党人则认为，保加利亚应该置身于国际屠宰场之外。然而，到 1915 年秋天，支持中立的人数已经减少。除了自由党，几乎所有人都主张与协约国站在同一边，只有社会主义者还在继续挥舞中立的旗帜。

争取保加利亚

保加利亚的立场取决于多种因素，其中领土让步的程度至关重要。这听起来不符合逻辑，因为即使败方提出重大的让步，也不会被胜方讨论。但是在战争的第一年，人们不能确定两个联盟中的哪一个会赢得战争，他们的力量差不多相等。

从 1914 年 8 月到 1915 年 9 月，经过近一年的讨价还价，协约国与同盟国向索非亚方面提出的条件在某些方面趋于一致：两个集团都承认了《布加勒斯特条约》的不公正，但同时，它们既没有对马其顿的保加利亚民族性质表示怀疑，也没有考虑为了正义而放弃既得利益。说到底，这两个帝国主义集团只有在触及自身利益的时候才会对施加给保加利亚的不公正举措给予一定程度的纠正。

协约国承诺给保加利亚提供马其顿的一部分，或者说是整个“无可争议的”区域：南多布罗加的部分或全部领土、爱琴海上一个位于卡瓦拉（Kavala）的更宽阔的出海口以及到埃诺斯—米迪亚线（Aenos-Midia line）的东色雷斯地区。但是，这个安排存在着问题：尽管大国承诺保加利亚将会在战争结束后获得这些领土，但这些领土的让步必须由协约国的巴尔干盟友作出，而巴尔干诸国宣布坚决不会遵守这一决定。

不过，同盟国方面却没有这样的障碍。它们准备向保加利亚保证“一切”，保加利亚的士兵将用手中的武器取得胜利。塞尔维亚是它们的敌人，所以没有理由怀疑它们的立场。

1915 年夏天的形势对德国有利。协约国的达达尼尔海峡行动旨在占领君士坦丁堡、吸引保加利亚、与俄国方面建立直接联系，但该行动濒临失败。塞尔维亚军队疲惫不堪。西线稳定。在东方，俄国军队已经放弃了整个波兰，并在德奥联军推进之前迅速撤退。

两个联盟开出的条件、前线部队的比例、对马其顿地区的野心——所有这些都是自由党在 1915 年秋天决定站在同盟国一边参加战争的原因。这个决定注定会产生致命的后果，因为只有保加利亚和奥斯曼帝国犯了与同盟国结盟的错误，而协约国集团则获得了 20 多个其他国家的支持。

反对派领导人试图推迟这一决定，但没有成功。在与斐迪南国王的会面中，举止最傲慢的是农业党人的领袖亚历山大·斯坦博利斯基（Alexander Stamboliiski），不久之后他就被投入了监狱。由此可以看出内阁的决心很坚定。

1916 年夏天，罗马尼亚宣布加入协约国。罗马尼亚国王在一份宣言中宣布，这场战争将是短暂而光荣的。这个预测的第一部分被证明是正确的，第二部分则是错误的。保加利亚人只花了两三个小时就入侵了多瑙河上的图特拉坎（Tutrakan），尽管它城池坚固，并被罗马尼亚人认为是无法攻占的。两个月内，保加利亚和德国军队占领了整个多布罗加，之后他们进入布加勒斯特，罗马尼亚政府在沙俄的保护下向东撤退。

因此，到 1916 年底，军队已经完成了它的任务。然而，和平仍然遥遥无期。战事的结果如何并不取决于巴尔干半岛，它虽然重要，但只是一条次要战线，最终的和平仍然取决于谁会在东方或西方战线获胜。

战争中的保加利亚

军事上的成功未能激起类似巴尔干战争的热情。新的冲突也是由解放引发的，但情绪不同。黑暗的预兆有很多：经济还没有为持续的紧张局势做好准备，后方发现很难供给前线。按照人均计算，保加利亚动员了所有参战国家中规模最大的军队。1916 年底，士兵们开始挨饿，面包口粮被削减到每天 500 克，制作面包的原料有四分之三是玉米粉，只有四分之一是小麦粉。在这样的配给下，士兵们还要站岗、战斗以及建造防御工事。制服质量很差，靴子也很短缺，一些士兵几乎赤脚或穿着木屐，可与此同时，后方的权贵阶层却日益富裕，大发国难财。德国盟友把装满肉和面包的包裹送回了家。祸不单行，在后勤保障如此匮乏的情况下，疫情又暴发了。仅在 1917—1918 年，前线和后方就有 6 万多人感染伤寒，其中 5000 人死亡。饥荒引发的起义也在后方爆发，起义主要由被迫供养子女的妇女领导，她们连续三年独立生活，同时还要供养军队。面包店、食品杂货店和市政厅都遭到了袭击，特别令人憎恶的奸商也遭到了殴打。前线的纪律急剧恶化，军官们试图采取严厉的措施进行整肃，然而士兵们对此进行了消极抵抗。1918 年春，不服从的情况变得更加频繁，军队中普遍存在不满情绪，拒绝服从命令、开小差以及休假返回延迟的情况层出不穷，甚至还出现了公开的反军事宣传。

执政五年后，自由党人已经疲惫不堪。战争即将在不可知的未来结束，他们在与德国的盟友关系中也未能获得平等的地位。当罗马尼亚在 1918 年投降时，德国人不同意将北多布罗加划割给保加利亚。沙俄 1917—1918 年的失败并没有改善同盟国的处境。拥有庞大资源的美国站在协约国一边参战，它派出了数百艘美国舰船以及大量的增援部队，同盟国集团的失败已经不可避免。在这样的情况下，保加利亚必须寻求摆脱困境的方法，这超出了自由党的能力范围。

经过艰苦的谈判，政府由亚历山大·马林诺夫（Alexander Malinov）领导的民主党和激进民主党的联盟接手。马林诺夫本应该寻求和平，但他缺乏与当时的政策决裂的毅力。可悲的是，虽然英国和美国都知道与保加利亚的冲突是毫无意义的，因为保加利亚只是试图恢复正义，但它们不能“逆潮流”而单独去和保加利亚谋求和平，因为它们不能损害它们的盟友塞尔维亚、希腊和罗马尼亚的利益。还在军事行动期间，在保加利亚全国各地游历了数十年的美国传教士们就已回国，他们非常了解巴尔干半岛上真实的民族情况。正如华盛顿的一位美国外交官所说，他们已经变得“比保加利亚人自己更像保加利亚人”，回国后，他们尽最大努力影响公众舆论，支持这个巴尔干小国。

愤怒的士兵们出发前往索非亚，要求政府为那些在战斗中耗费精力的人负责。派出的增援部队没有在前线就位，而是加入了正在返回的部队。惊慌失措的政府决定寻求休战。停战协定于 1918 年 9 月 29 日在帖撒罗尼迦签署。保加利亚成为同盟国中第一个承认失败的国家。

在这样的情况下，斐迪南国王的地位已经无可挽回。犹豫了三天之后，他决定让位给他的儿子鲍里斯，这样至少可以挽救科堡王朝。1918 年 10 月 3 日晚上 11 点，他从索非亚火车站出发前往德国。第二天上午 10 点，在国民议会，亚历山大·马林诺夫宣布国王鲍里斯三世登基。唯一投票反对他的是一个社会主义者，他喊道：“打倒君主制！共和国万岁！”

从外部看保加利亚

21 年来，我爬过她的山间小道，与她的人民住在一起，品尝他们矮桌上的普通菜肴，睡在他们小屋的泥土地板上。从海岸回来后，我在各处都发现他们自豪地自称为保加利亚人，说的方言与索非亚和菲利波波利斯的语言没有什么不同，就像缅因州、俄亥俄州和肯塔基州之间的语言没有太大差异一样。我们的移民委员会经过仔细的调查，于 1911 年以“种族或民族辞典”的形式向美国参议院提交了报告（参议院文件第 662 号）。报告的第 27 页写道：“在保加利亚的各种方言中，最重要的就是所谓的马其顿语。”有些人声称既然存在一门独立的马其顿语，那么就存在一个马其顿种族或马其顿民族。但这似乎是爱国主义的错误表述之一，在这个地区的党派语言学家中并不陌生……

此时此刻，这个国家有成千上万的人出生在莫纳斯提尔、奥赫里达（Ochrida）、卡斯特里亚（Kastoria）等地区。我经常在本地的保加利亚语出版物上看到他们的名字和商业广告……如果有人用保加利亚语为伊利诺伊州格拉尼特市（Granite City，Illinois）的保加利亚人举行的会议做广告，他一半的读者将来自马其顿的部分地区，而这些地区现在由塞尔维亚和希腊控制……如果让马其顿人在芝加哥、圣路易斯、印第安纳波利斯、托莱多、克利夫兰、阿克伦、斯蒂尔顿、布法罗等地举行全民公决，结果将是决定性的……

1912 年，保加利亚的人均教育支出是其他巴尔干国家的两倍。在独立后的 35 年里，保加利亚非穆斯林人口的文盲率降低到了 35%，而罗马尼亚独立 50 年后的文盲率为 65%，塞尔维亚和希腊独立 80 年后的文盲率分别为 83%和 57%。

美国传教士爱德华·哈斯克尔（Edward Haskell）发表在 1918 年 11 月的《奥柏林校友杂志》（*Oberlin Alumni Magazine*）上

保加利亚的危机

我们和保加利亚的一个女地主在杜兰库鲁克（Durankuluk）——一个距离罗马尼亚和保加利亚旧边界几千米的方形区域内共度了一段时间。这位女地主是个 55 岁的寡妇，精力充沛。在奥斯曼土耳其统治时期，她曾在保加利亚旧扎戈拉的第一所女子高中学习。她有两个儿子和两个女婿，都在战争中服役。她的两个儿子——一个是农学家，另一个是哲学家兼科学家——放弃了在柏林的研究工作，在同一个炮兵连里作为炮手度过了整个战役。现在，这四个人都安然无恙地回来了，这多亏反复无常的命运倒向了幸运的一边。哲学家儿子还被授予了“勇敢”勋章……经过 11 个月的行军和战斗、胜利、苦难和荣耀、失败和绝望，战士们回到了家。现如今，这个寡妇与她的儿子和女婿都成了罗马尼亚的臣民。儿子和女婿仍然处在他们曾经经历的炮击、夜间警戒和难以形容的损失的魔咒之下，而他们在家里等待着的竟是这样事与愿违的处境，以至于一个多月来，他们都不敢相信这是真的。但是他们的母亲相信这是事实，因为在她的儿子和女婿在前线奋战的时候，她亲眼看到罗马尼亚的军队经过这些地方，并为他们的长官抓牛捕鸡，用这种看得见的方式实行“边境整改”。

“多么残忍的嘲弄!”这个严肃、正直、黑发中带着一丝灰白的女人说。

“我母亲刚才说的话是对我们所经历的事情最准确的描述。”哲学家儿子如此说道。他 28 岁，受过良好的教育，思想深刻，诚实守信，头脑清晰敏锐，为人谦虚，同时，他在思想和行动上也非常勇敢。“残忍的嘲弄”，没有比这更合适的描述了。在欧洲的任何地方，似乎没有人充分意识到在巴尔干这里发生了什么，这里出现了什么历史性的罪行。欧洲有很多人了解巴尔干半岛吗?有一些，但只是少数。他们知道土耳其、塞尔维亚、希腊、保加利亚是彼此独立的国家，然而是否有人知道巴尔干国家之间的关系呢……我们的悲剧是我们依赖欧洲，而欧洲却不知道我们……

保加利亚全国人民都进行了一次真正的剖腹产。把你自己放在一个普通保加利亚人的位置上想一想。我们遭受了 12.5 万人的伤亡，除了我们 7 亿法郎的旧国债，我们又增加了 9 亿法郎的国债。结果呢?除了通往爱琴海的出海口——没有港口，最重要的是，没有马其顿市场——这就是我们要展示的一切：我们在马其顿和色雷斯获得了几千平方千米的荒山野地，却失去了保加利亚最肥沃的部分——多布罗加。保加利亚的人口数量比战前少了，它所占领的马其顿部分割让给了塞尔维亚和希腊，多布罗加割让给了罗马尼亚。试想，看在上帝的分上，还有比马其顿保加利亚人的命运更悲惨的吗?真的，我们应该向天堂哭诉那些对我们犯下的不公正……

塞尔维亚那些受政府资助的语言学家和历史学家，可以对马其顿人的国籍信口开河。但是马其顿人知道自己是保加利亚人，这就解决了问题——至少对他们来说是这样。现在，马其顿的土地因其战士的鲜血而变得肥沃，成了塞尔维亚人和希腊人进行同化试验的场所。保加利亚遭到了第一次瓜分，成了巴尔干半岛的波兰……

无论是希腊人还是塞尔维亚人，都没有击溃土耳其人，而我们做到了。可是，现如今我们面临的国际形势比战前糟糕得多。此前，只有土耳其人阻挡了保加利亚民族统一的道路，可是，现在这条路被土耳其、罗马尼亚、塞尔维亚和希腊四个国家联合封锁了。巴尔干诸国达成了一项协议，在该协议的作用下，保加利亚被其他巴尔干国家蓄意瓜分，现在，他们都因害怕遭到保加利亚的报复而团结在一起。让我们处于无助的状态符合这些国家的直接利益，如果保加利亚稍微出现起势的苗头，这四个邻国就会自动地联合起来向其施压。需要额外说明的是，保加利亚的灾难不仅是我们国家的不幸，在很多方面也是国际社会的不幸。这并不是我们这些爱国者夸大其词。保加利亚在巴尔干地区发挥的巨大作用是由该国的地理位置决定的，保加利亚人占据了半岛的中心位置，他们与任何大国——无论是奥地利还是俄国——都没有直接的联系，这给了他们比塞尔维亚和罗马尼亚更大的内外政治自由。由于这一优势，保加利亚已经能够实现政治制度民主化（普选、比例代表制、普及教育）。保加利亚被大国两边的缓冲区隔开，没有随着俄国或奥地利的曲调跳舞，或者说，比其他任何巴尔干国家跳得都少。这种情况使保加利亚成为欧洲帝国主义满足其欲望道路上一个非常重要的障碍……

利奥·托洛茨基（Leo Trotsky）：《巴尔干战争，1912—1913：利奥·托洛茨基的战争信件》（*The Balkan Wars 1912-1913: The War Correspondence of Leon Trotsky*），纽约，1980 年

在过去的三分之一个世纪里，没有哪个国家像保加利亚走得这么远、这么快。美国人有理由感到自豪的是，罗伯特学院为许多主要的保加利亚公民提供了教育，它在保加利亚民族的形成过程中发挥了独特的作用。保加利亚人经历了 20 多代人的可怕经历，这些经历似乎已经清除了他们天性中的浮渣，只留下了回火的钢铁。他们有着非常冷静和坚毅的性格，在早期与塞尔维亚的一场小战争中，他们表现出了自身在军事方面出人意料的卓越品质。他们非常爱国。每个保加利亚人，甚至是最穷的人，都对自己的国家怀有最深切的热爱。此外，我们必须记住，保加利亚人的爱国主义不仅仅是指 7 月 4 日的演说所呼吁的那种感情，也不是指促使每一个人努力履行其公民义务的那种更高层次的感情。对保加利亚人来说，爱国主义意味着一种强烈的信念，一种执着于独立和国家成功的激情，也是对付最可怕的奴隶主的唯一选择。几个世纪以来，保加利亚人一直无助地屈服在土耳其人的淫威之下。除了用于糊口的部分，他们所挣的任何东西通常都会被压迫者夺走。每隔一段时间，就有几个保加利亚人会像发疯的奴隶一般发起一场漫无目的的反抗，这种反抗的结果就是奥斯曼土耳其人对整个保加利亚民族的可怕报复，这种报复对妇女和儿童的残酷程度不亚于对男人的残酷程度。现在距离保加利亚人遭受那些暴行的日子只过去了 35 年，在美国，几乎没有人遭受过那种暴行。每一个保加利亚人，不论贫富，都成了一名士兵，他们经过精心的训练，训练有素，他们的指挥者把军事科学变成了一门最实用的学问。每个保加利亚人都随时准备纠正土耳其人的错误，对于土耳其人，他们怀有一种个人仇恨，这种仇恨就像一个未开化的民族对另一个未开化的民族所表现出的那样。保加利亚人知道战争随时可能爆发，同时他们也知道，如果开战，自己的家将有可能被摧毁，自己的父母将在眼前被屠杀，自己的妻子或姐妹或女儿将遭受侮辱，自己的弟弟或儿子将被处以可怕的酷刑。人到中年的保加利亚人在小时候就见过这样的事情发生，年轻的保加利亚人则会从年长者那里听到这些。

在这种情况下，整个保加利亚国家就是一支军队，而且是一支最强大的军队。国民性中既有坚毅，又有冷静，使人民愿意长期向前看，并根据自己的先见之明，精心准备。耐心、自力更生、准备谨慎、行动果断、决心坚定，难怪保加利亚人民表现得如此出色，保加利亚军队表现出如此非凡的品质。

日本本身的崛起并不比保加利亚的崛起更引人注目和出乎意料。无论欧洲大国对巴尔干战争的决定是什么——这是一个太可怕的决定，很可能在很大程度上被自私的政治考虑所左右——欧洲和美国人民的同情应该完全与巴尔干人民为自由进行的英勇斗争联系在一起。

西奥多·罗斯福（Theodore Roosevelt）：《巴尔干的故事》（The Story of the Balkans），《展望周刊》（*Outlook*）1912 年 11 月 23 日

心理战的时刻似乎不远了，在这一时刻，如果大国要避免另一场巴尔干战争的灾难，就必须显示出一些力量来维护其权威，并证明他们决心不惜一切代价维护和平……局势最危险的地方是塞尔维亚—保加利亚争端。无论保加利亚在其他方面作出什么样的让步，都肯定不会放弃对西马其顿地区的主权要求，这一地区的主权归属在其与塞尔维亚的条约中已经确定。在这一点上，上到保加利亚沙皇，下到最卑微的农民，全部都站在同一条阵线上。西马其顿是整个马其顿地区与保加利亚最相近的地方，在创建莫纳斯提尔、奥赫里达和迪布拉（Dibra）的保加利亚主教辖区时就已经被土耳其人所承认。它们是 1903 年保加利亚起义爆发之地，在当下的战争中也向保加利亚部队输送了数千名志愿兵。人们认为，没有一个保加利亚政府会灰溜溜地将这一地区移交给另一个国家，如果塞尔维亚坚持占领这些地区，武装冲突将不可

避免。

《泰晤士报》(*Times*) 1913 年 5 月 22 日

致《泰晤士报》的编辑：保加利亚人与战争

先生，每个国家都必须为其领导层的行为承担后果，但是，从斐迪南国王和五名反对派领导人之间的谈话来看，我们应该对保加利亚民族报以深深的同情和耐心的宽容。盖绍夫先生和他四位同僚的直白谈吐令人赞叹不已，他们代表了被中断的议会(Sobranye) 中的大多数。然而，每一个预兆都显示他们的选民被强行拖入了战争，并“蒙着眼睛”与半个世界作战。这并不是军队的阴谋。这周我从索非亚得到消息，军队将领们肯定不是都赞成参战的……

这个阴谋精心筹划了好几个月。保加利亚一半的报纸和所有的画报都被德国人买下，并在柏林的意愿下运行。他们向贫困的村庄免费提供这些报刊副本，这些报刊将英军的失败展现得十分生动。一份战争宣言最近向全国发送了 100 万份。我还从索非亚收到了一首流行歌曲，包括歌词、音乐和插图封面，这首歌每晚都在索非亚的剧院里为热情的观众演唱，它既没有提到俄国、法国，也没有提到英国；它的主题是“协约国”——即希腊人和塞尔维亚人——的卑劣行径，他们受到了诅咒。之所以这样做，是因为保加利亚人对这两个民族心怀怨恨，他们很可能因此被欺骗，从而企图收复本国因《布加勒斯特条约》而被割占的领土，如此他们就是在为协约国服务，因为协约国近几个月来一直敦促希腊和塞尔维亚归还领土却徒劳无功。

爱德华·格雷爵士的重要忠告，甚至是俄国的最后通牒，在保加利亚军队行动之前可能都不会被他们听到。保加利亚民族一心要与英国和俄国对抗的情形是不可想象的。在过去的几天里，我收到了朋友盖绍夫先生和斐迪南国王另一位前部长的长信。这两人都向英格兰表达了友谊，并向我保证保加利亚永远不会与德国和土耳其联手去损害格莱斯顿的土地……但所有这些绅士都没有考虑到腐败媒体的力量和一个在议会休会期间横行霸道的皇室独裁者的阴谋。

如果敌对行动能推迟几天，我希望一个觉醒的国家能够发出自己的声音，并取得胜利。与此同时，我们需要提醒自己，我们的大多数消息似乎都来自雅典和罗马，因此，我们要保留我们的判断，不要用严厉的指责来抹黑我们的议论，至少不要对保加利亚人民进行严厉的指责。

谨上。

H. M. 沃里斯（H M. Wallis），公谊会，保加利亚救济基金会，1912—1913 年；《阅读》（*Reading*）1915 年 10 月 5 日；《〈泰晤士报〉驻索非亚记者的报道：〈泰晤士报〉眼中的保加利亚》（*The Times Correspondent Reporting from Sofia*：*Bulgaria as Seen by* "*The Times*"），索非亚，1983 年，第 161—162 页

简单的事实是，这个国家的大多数人是支持我们的，但斐迪南和他的亲信顾问在沙俄遭到波兰和库尔兰（Courland）两场战败后得出结论：德国会赢，如果不与德国合作，保加利亚会失去马其顿。我们外交上的悲惨失误无疑进一步证实了这个结论。如果他们真的相信（似乎是这样的）马其顿的命运取决于他们的决定，那么指责他们是不公平的。我相信，保加利亚人一旦确保了马其顿的安全，他们会愿意过来找我们的，至少到目前为止，他们一直反对和德国人一起向君士坦丁堡进军。可是，对泽泽阿加赫（Dedeagach）的无用轰炸以及与我们在马其顿的军队的冲突可能已经改变了他们的态度。

J. D. 布尔歇尔写给诺埃尔·巴克斯顿的信（Letter of J. D. Bourchier to Noel Buxton），1915 年 11 月 15 日

在这个时候试图为巴尔干国家划定边界显然是不明智的。然而，可以暂时记住某些需要大致考虑的因素。简而言之，它们

是：(1) 罗马尼亚吞并的多布罗加地区几乎可以肯定是保加利亚性质的，应该归还；(2) 保加利亚和土耳其之间的边界应按照在伦敦会议上商定的那样保持在埃诺斯—米迪亚线；(3) 保加利亚的南界应该是从埃诺斯到奥尔法诺湾（the gulf of Orfano）的爱琴海海岸，应该把斯特鲁马河口留在保加利亚的领土上；(4) 塞尔维亚最好的出海通道是通过萨洛尼卡；(5) 马其顿的最终处置未经进一步调查无法确定；(6) 独立的阿尔巴尼亚几乎肯定是一个不受欢迎的政治实体。

我们强烈认为，归根结底，经济考虑将超过巴尔干半岛的民族归属，确保经济繁荣的解决办法最有可能是持久的。

《美国未来和平条约调查委员会的报告》（Report of the American Commission of Inquiry on the future Peace Treaty），《巴黎和会》（*The Paris Peace Conference*）第一卷，第 50—51 页

第七章

农业党人的实验

1919—1920 年，战胜国与战败国签署了和平条约。虽然 1918 年美国总统伍德罗·威尔逊承诺公平的和平、自决权和真正的边界，但这些条约实际上却是报复和恶意的典例。与保加利亚的条约于 1919 年 11 月 27 日在巴黎郊区的塞纳河畔纳伊（Neuilly-sur-Seine）签署。这份文件对保加利亚人民实现国家统一的希望造成了致命一击。当时的人们认为《布加勒斯特条约》是一个公然但可弥补的不公正条约，而《纳伊条约》则彻底摧毁了所有的希望。

只有在巴黎的美国代表团对保加利亚的遭遇表示了一些同情，尽管是柏拉图式的同情。据美国专家称，如果保加利亚没有至少得到马其顿的一部分，没有得到爱琴海的出海口，该半岛将继续是不稳定的根源。然而，面对英国和法国代表（他们支持保加利亚的邻国）的强烈反对，美国人很快放弃了这种建议，因为他们认为并不值得为了这个受委屈的小国与盟国发生冲突。

当时的人们认为，这个条约比强加给德国的条约还要严苛。这在某种程度上是正确的，不是因为其领土条款，而是因为它终结了保加利亚人民在民族复兴期间开始的持续性发展。从民族的角度来看，该条约是不公平的，因为它夺走了大片保加利亚人居住的领土。在战略上，它把这个国家与爱琴海海岸隔离开来。就巴尔干地区关系而言，它让保加利亚任由任何寻求报复的侵略者摆布。在经济方面，它阻碍了发展的前景，并使保加利亚背负着照顾成千上万难民的重担。最后，就国际法而言，它没有给予在巴尔干战争中被希腊和塞尔维亚征服的马其顿地区的保加利亚人任何权利。从心理学的角度来看，它也是致命的，因为它在保加利亚人民的心灵中播下了前所未有的疑虑。战前，保加利亚人坚信他们应该在欧洲东南部发挥重要作用。失败后，他们灰心丧气，失去了信心。

战后的情势

战争以欧洲的革命活动而告终，因为大众对他们的领导人失去了信心。他们受到了俄国革命的影响，这场革命预示着新的社会关系。保加利亚社会主义者采纳了莫斯科主导的共产国际的原则，并于 1919 年将其政党改名为保加利亚共产党（BCP）。

这场战争对保加利亚来说是一场灾难，造成了巨大的人力和物力损失。在经历了 6 年的战争后，保加利亚的经济处在痛苦的重组过程中，并且它没有收到来自任何地方的援助。当时，整个欧洲正在集结力量应对布尔什维克主义和左翼势力的崛起，成千上万的难民背着他们所有的家当，源源不断地穿过各地的边境。然而，他们只是增加了新落脚点的失业者人数。保加利亚由于被协约国的军队占领，也无法施行独立的政策。占领当局公然干涉国家的财政、国防和军队。

在所有的战败国，权力都落入了另一批人手中，这些人坚称自己倡导的政策不会导致国家的失败。保加利亚也未能幸免。那些或多或少造成国家理想失败的传统政党失去了群众的信任，在 1919 年 9 月的第一次战后选举中，社会党和农业党的得票率急剧上升。农业党设法组建了自己的政府，由亚历山大·斯坦博利斯基领导。他们通过政治阴谋实现了这一目标——这清楚地表明，他们正在迅速掌握前政府的一些卑鄙特征。

农业党政府

内阁强调在其国内事务中采取积极的社会政策。农业党人主张个人通过劳动获得的财产不可侵犯。城市大型房地产业主不仅要被迫接受大部分是难民的房客，还要被迫将租金降低到难民可以支付得起的水平，市政当局还给难民提供免费建房的土地。和大多数欧洲国家一样，保加利亚的农业党政府也实行了土地改革，但这场改革具有全面与荒唐的双重属性：地产被限制在30公顷以内，但因为保加利亚几乎没有大地主，国家也就无法征用这类人的土地；分配的土地主要是国有土地和修道院土地；根据其意识形态原则，农民联盟支持恐慌的小地产主的立场，但也因此阻碍了现代农业技术的引入，因为这些技术需要更大的土地面积才更有效。农业联盟还实行所谓的"劳动服役制"——一个从其他国家借鉴过来的新想法。"军人"（servicemen）的存在则是为了恢复经济，农业党人宣称，他们在教育年轻人热爱艰苦的工作，这是他们首要传达的信息。事实上，他们的真正目标是让更多的年轻人在没有集结军队的情况下获得军纪观念。服役群体也包括年轻妇女，这进一步摧毁了传统的社会结构。税收制度进行了改革，政府将大部分税收转嫁到更富裕的人的肩上。

这些法律是在顺从的国民议会中通过的，在那里反对派可以抗议他们想抗议的一切，但不能改变任何事情。农业党政府发起了两个方向的斗争——反对传统政党、反对共产主义者。前者被指责为导致国家垮台的罪魁祸首，后者被指责为追随莫斯科想法、背离保加利亚国家利益的叛徒。这种双重攻击有其原因，但它使得农业党人陷入了孤立。

传统政党的领导人意识到他们的权威已经减弱，因此开始寻求重组和恢复其原有影响力的方法。在1921年至1922年，一些政治家和不附属于任何政党的右倾知识分子想把资产阶级团结在一个新的纲领周围，这个纲领解释了新的现实，即为了应对战争以及共产主义者和农业党人的威胁，国家对个人生活的干涉程度要进一步加深。他们建立的组织"人民联盟"（People's Alliance）规模较小，但因其成员来自不同的圈子而拥有强大的实力，其成员既包括"军人联盟"（Military Union，由热衷于政治的军官组成）的积极分子，也包括影响力极大的共济会成员。亚历山大·灿科夫教授（Alexander Tsankov）领导了这个联盟。

农业党人认为，保加利亚的国家地位只有在他们努力遵守胜利者的要求时才能得到提升。然而，事实上，该国受到协约国集团的猜忌，无法减轻条约中的金融和军事条款，更不用说领土条款了。根据斯坦博利斯基的说法，南斯拉夫是打破僵局的唯一机会，正是在那里，他试图和解。这意味着保加利亚必须限制马其顿内部革命组织（Internal Macedonian Revolutionary Organisation，IMRO）的活动。这项政策取得了一些成功，但它使许多来自马其顿的流亡者反对内阁。

1923 年春天，斯坦博利斯基自信地认为，除了他的政府，保加利亚别无选择。农业党政府成立了一支民兵队，即所谓的“橙色卫队”。在多数制选举中，农民联盟获得了半数以上的选票，赢得了国民议会近 90%的席位。这是一次得不偿失的胜利，因为农业党人用他们的行动成功地使农民们前所未有地反对城市势力。农民联盟陷入孤立，遭到所有资产阶级和小资产阶级政党、大多数知识分子、大部分军人和政府中有影响力的人物的反对，更不用说众多组织良好的流亡者了。此外，由于其积极的反共宣传，农业党现在已经完全摧毁了它与共产主义者之间不稳固和试探性的关系。

政　变

有传言称，1923 年 6 月初索非亚会发生政变，但是内阁出人意料地对此漠不关心。国防部长坚信他能对付谋反者，而首相则去他的家乡度假了。当政变在 6 月 9 日凌晨真正发生时，首都陷入瘫痪，没有人作出抵抗，保加利亚现代史上第二次合法选举的政府被这场政变所推翻。亚历山大·灿科夫领导的新政府宣告成立，政府中包括所有资产阶级和小资产阶级政党的代表。只有保加利亚共产党把自己排除在外，宣称它对“乡村和城市资产阶级之间的冲突”持中立态度，这种冲突对于工人阶级来说并不重要。

> 农民联盟的力量主要集中在农村。一听到政变的消息，成千上万装备简陋的农民就涌向城市，但反抗自始至终都是自发的，既没有组织，也没有成功的机会。斯坦博利斯基试图动员他的支持者攻击邻近的城镇，但他们都被击退了。几天后，首相本人被逮捕，并在遭受可怕的酷刑后被处死，而农民联盟的其他重要人物则在没有法庭和陪审团的情况下被谋杀，监狱里挤满了农业党人。

在四年的执政过程中，农民联盟的举措是自相矛盾的，他们真诚地努力想增加群众对政治进程的参与，但他们却经常使用不民主的方法去实现民主的理想。他们沉浸在自己的意识形态中，导致他们忘记了一个事实，即政府必须关心国家利益，而不是狭隘的政党利益。亚历山大·斯坦博利斯基的政策激怒了保加利亚社会中支持《特尔诺沃宪法》的有影响力的阶层，农业党人的执政被证明是不合格的，他们身上也出现了那些自己曾经深恶痛绝的症状，他们对导致国家灾难的政策的公开谴责也没有产生任何特别的结果。诚然，保加利亚成了国际联盟的成员，但它未能在巴尔干地区或大国之中结交朋友。这是很自然的，我们对斯坦博利斯基的期望不应该太高。战争才过去不久，国家的伤口还没有愈合。

暴力时代

保加利亚邻国的政要们并不信任灿科夫建立的新政府，他们都担心自己会遭到保加利亚的报复。尽管灿科夫声称自己已经说服政府停止“农业布尔什维克主义”，但这是徒劳。虽然农民联盟失败了，但农民们仍然对它抱有同情，因此，新政府获得广泛的国内支持非常重要。1923 年夏天，经过长期的争论、邀请和拒绝，一个主要由资产阶级政党组成的联盟成立了，称为民主联盟（Democratic Alliance）。他们因敌视农民联盟和反共而团结在一起。新党是资产阶级阵营的一次成功，他们在左派的威胁面前成功地协调了自己的行动。

保加利亚共产党是第三共产国际的创始者之一，这个组织旨在协调——而且很快就被证明——指导和控制世界各地共产主义者的活动。根据共产国际的法规，所有国家的政党都有义务服从它的命令。政变后，共产国际立即严厉斥责保共的立场。莫斯科方面梦想着革命风暴，但却没有意识到大众已经厌倦了战争年代的紧张局势，也没有意识到战后劳资之间的严重冲突实际上有所缓解。保加利亚的事件被视为新一轮欧洲革命的标志。尽管部分领导人不同意，但保共中央委员会于 1923 年 8 月 5 日至 7 日召开会议，决定进行武装起义，共产国际路线得到了格奥尔基·季米特洛夫（Georgi Dimitrov）等保共内部新兴力量的支持。

因此，在短短三个月的时间里，保加利亚人民就经历了由 6 月 9 日政变挑起的两次流血冲突。

新政权希望获得合法性，1923 年 11 月，政府选举以惯常的方式举行。在选举中，农民联盟和保共一共获得了四分之一的选票，这表明左派势力尚未完全陷入颓势。1924 年 1 月，国民议会通过了《国防法》（the Defence of the State Act），禁止所有政党、组织和团体教授政治斗争的革命措施。尽管右翼势力盛行，但保共不仅没有改变自己的立场，反而继续支持武装斗争。尽管国内政治发展有其特殊性，但主张与共产国际密切合作的力量占了上风。然而，由于没有考虑到实际情况，新政权得以对共产党组织进行严厉的打击，许多共产党领导人被捕，有些人在没有审判或陪审团的情况下被杀。镇压也触动了农民联盟的左翼势力，由于没有足够的力量在新的情势下采取行动，很多同情农民联盟的人退出了斗争。共产党领导层的工作受到了阻碍。随后，军事中心的作用逐渐加强，因为它的接触面最广，受到的打击也最重。其领导人声称，他们遵循共产国际的指示，以保持革命的紧张局势。

1923—1925 年是保加利亚历史上一个险恶的分水岭，这一时期的民主正如履薄冰。这一时期的历史还表明，在不关心本国人民利益的外国势力的影响下，盲目采取政治路线是多么具有破坏性。同样清楚的是，所谓的民主机构是多么软弱，它既纵容了 6 月 9 日的政变，又放任了随后的镇压行动，并且当局不仅“善意”地参与了联合镇压，还对镇压活动进行了公开的援助。

在巴尔干半岛，灿科夫的政权甚至比亚历山大·斯坦博利斯基的政权更加孤立。1923 年 11 月，保加利亚与南斯拉夫的关系处于战争的边缘。1925 年，希腊独裁者潘加洛斯（Pangalos）将军抓住一次边境事件的机会入侵保加利亚南部，保加利亚领土存在被分割的新风险。幸运的是，国际联盟进行了干预，迫使希腊撤军并向保加利亚支付赔偿——这是该组织存在期间为数不多的有效行动之一。

民族革命运动在战后几年陷入了僵局。南斯拉夫和希腊对保加利亚人施行的恐怖活动比土耳其政府统治时期要严重得多，它们的控制体系也比奥斯曼帝国强大得多。马其顿内部革命组织因为几乎没有采取行动的机会而陷入瘫痪，他们派遣了一些武装部队前往边境，也组织了一些恐怖袭击活动，但这些都无法威胁南、希两国对保加利亚人的控制。国际联盟对马其顿地区保加利亚人的无数请愿充耳不闻。在英国，巴尔干委员会的活动家们签署请愿书并发送建议书，但也无济于事。被解除武装后，保加利亚的实力受到了削弱，它没有足够的能力支持这个组织。在 1919—1922 年的希土战争中，希腊战败，成千上万的希腊难民在爱琴海的马其顿定居。这从根本上改变了该地区的民族面貌。保加利亚的马其顿难民没能团结在一起，因为他们内部关于民族运动应当如何进行的争论持续不断，各派领导人之间的意见也无法相合。一方面，对传统盟友的失望让马其顿内部革命组织的领导人寻求新的盟友；另一方面，这个组织的领导人托多尔·亚历山大罗夫（Todor Alexandrov）于 1924 年被谋杀，他最初与共产党签署了一项协议，但后来没有遵守。这起谋杀引发了一系列的暴力事件，亚历山大罗夫的秘书伊万·米哈伊洛夫（Ivan Mihailov）为他报了仇，让人杀死了凶手，并成为该组织的领导人之一。米哈伊洛夫并没有参加过马其顿内部革命组织的队伍在塞尔维亚或希腊举行的任何一次游行，但却展示出了自己作为幕后主谋者的天赋。他的注意力与其说是集中在与塞尔维亚和希腊的斗争上，不如说是集中在解除组织中对手的武装上。

第八章

缓慢回归正常的政治生活

民主联盟未能实现其目标，时断时续的政治紧张局势、不稳定的国际政治地位以及联盟中“部落”领导人（前身政党领导人被称为“部落”领导人）之间不断的争吵，导致了联盟内部的不和。灿科夫的残酷政策令许多赞成铁腕统治但又不希望议会民主被遗忘的人反感，欧洲公众舆论也对这位当时被称为“血腥教授”的可怕之人施加了强大的压力。民主党和激进党在1923年底和1924年初重新建立，它们的一部分党员留在联盟中，从内部发起了反对灿科夫的运动。这些冲突动摇了灿科夫的地位，他也无法从外界获得稳定的支持，因为他领导的政府仍然受到巴尔干邻国和第一次世界大战胜利国的猜疑。在保共和农民联盟接连受到打击之后，残酷镇压的必要性消失了。1926年1月3日，亚历山大·灿科夫被迫辞去首相职务。新首相安德烈·利亚普切夫（Andrei Lyapchev）来自马其顿，是旧民主党的成员。他有丰富的政治和政府经验，至少在某种程度上，他更喜欢在法律范围内行动，并宣称自己赞成放松管制。利亚普切夫并没有放弃对保共和农民联盟的打压，他希望宪政可以得到施行。他最喜欢的座右铭是“用胡萝卜，而不是大棒”，虽然被捕者仍然在警察局遭到殴打，但是暴力手段确实减少了。

新政府通过了大赦令，数千名犯人（其中包括根据《国防法》被判刑的1000多名囚犯）被释放。当然，大赦是有条件的，它并没有涵盖所有的囚犯和将自由与政治行为相挂钩的政治流亡者。利亚普切夫倾向于允许共产主义者进行一定程度的合法活动，与完全的地下活动相比，这样的合法活动更容易被政府监控。在这样的情况下，一些印刷机构得以运作，工会也重新被组织起来，保加利亚共产党的合法形式——保加利亚工人党（BWP）也于1927年成立。在同年5月举行的选举中，工人党赢得了国民议会的四个议员席位。

农民联盟是保加利亚人数最多的政党，但它的力量由于党内的冲突受到了一定程度的限制，而政变以及1923—1925年的一系列事件进一步削弱了它的影响力。在斯坦博利斯基被杀害后，农民联盟内部的瓦解速度进一步加快了。在没有正式对阶层理论表示怀疑的情况下，中间派和右翼实际上都后退了一步，支持更温和的政策和与传统政党的妥协。因此，1926年底，国内出现了几个农业联合会，它们几乎都是相互独立的。

在利亚普切夫的领导下，围绕着保加利亚的包围圈出现了松动，国际环境发生了变化。在意大利，权力于1922年落入墨索里尼的法西斯势力手中，他们宣称的目标之一就是将地中海变成一个“意大利湖”，并驱逐英国和法国。意大利成了一个寻求复仇的大国，它在巴尔干半岛最严重的矛盾是与南斯拉夫的矛盾。不喜欢贝尔格莱德的保加利亚是罗马合适的盟友，两国的关系因此得到了发展。20世纪20年代中期左右，欧洲政治确立了德国不能脱离欧洲结构的认识。当时，德国靠近苏联，西方民主国家不想冒险将其推向与布尔什维克主义的联盟。因此，英国、法国和德国于1925年在洛迦诺签订了保证德国西部边界的协议，虽然这种保证并没有给予其东部边界，但无论如何，德国自战争结束以来第一次被置于与各大战胜国平等的地位。

利亚普切夫政府利用国际关系的解冻解决了一些财政问题。为了表示善意，战胜国解散了干涉保加利亚内政的所谓清算委员会（Board of Liquidation），国际联盟开始行使其职能。经过长时间的谈判，1926年底，保加利亚终于成功地获得了所谓的“难民贷款”，通过这笔贷款，部分难民获得了土地，建立了新的难民定居点。阿索尔勋爵（Lord Athol）是英国巴尔干委员会的一名成员，他为一个全新的村庄阿索洛沃（Atholovo）提供资金，阿索洛沃以他的名字命名至今。1928年，用于重组金融和信贷体系、改善基础设施的所谓“稳定贷款”成功签约，这笔贷款有效缓解了保加利亚南部的地震灾情。然后，由于世界范围内的经济大危机，而稳定经济的努力遭遇滑铁卢，保加利亚出售农产品、购买工业品的市场崩溃了。这场危机严重打击了农业国家，因为它造成了所谓的“剪刀差效应”，即工业品价格比农产品价格下降的速度更慢。保加利亚人的收入因此减半，失业大军增加，达到10万人。原本已经有所缓和的阶级斗争又开始了。

在涉及国家问题时，利亚普切夫的内阁表现得格外谨慎。如果保加利亚不放弃对保加利亚人所在领土的历史权利，它实际上是无法保护那里的人民的。国际联盟没有表现出任何主动性，在罗马尼亚、南斯拉夫或希腊，捍卫保加利亚少数民族的所有措施都沦为毫无结果的讨论。从保加利亚的角度来看，与邻国的双边协定更加有效，因为这也是瓦解默认的反保加利亚集团的一种方式。然而，这方面的成功微不足道。1927年，政府成功地与希腊缔结了一项协议，根据该协议，爱琴海马其顿的斯拉夫人被赋予自称保加利亚人的权利，并被授予某些文化发展权。对此，南斯拉夫的反应非常强烈，因为如果住在希腊—南斯拉夫边界以南的斯拉夫人可以是保加利亚人，那么住在希腊—南斯拉夫边界以北的斯拉夫人也可以被称为保加利亚人，而不是南斯拉夫所宣称的塞尔维亚人。在贝尔格莱德的压力下，希腊议会拒绝批准该协议。随后，保加利亚和希腊在1928年签订了另一项协议，根据该协议，希腊马其顿（Greek Macedonia）① 的保加利亚人则可以在保加利亚定居，保加利亚的希腊人可以在希腊定居。定居者的财产将由他们所迁出的国家偿还。事实上，这项协议进一步削弱了保加利亚在爱琴海马其顿的存在，而且许多有关归还财产的问题并未得到解决。

在那些年里，聪明但无良的伊万·米哈伊洛夫在民族解放运动中树立了他独一无二的权威。然而，马其顿内部革命组织只是旧式组织的延续，它依旧在瓦尔达尔马其顿组织惩罚性行动，并骚扰让保加利亚人生活艰难的塞尔维亚行政人员，但这样做的结果却并不尽如人意。因为在第一次世界大战后，世界局势已经发生了巨大的变化，不可能再以旧的方式行事。

① 即爱琴马其顿。——译者注

惩罚性行动的成功激起了一波又一波的镇压，这实际上进一步恶化了保加利亚人的处境，因为行政当局既在不顾一切地对付马其顿内部革命组织的积极分子，也在不顾一切地对付任何胆敢宣扬保加利亚民族自我意识的人。1927 年，斯科普里举行了一场针对学生的大规模审判，很多人仅仅因为拥有保加利亚书籍就被判处几年监禁。在这种情况下，保加利亚人试图调整自己，并在随后的选举中投票给那些承诺减轻恐怖行动的塞尔维亚政党。较富裕的阶层试图融入南斯拉夫的经济。部分知识分子由于禁令无法明示自己保加利亚人的思想感情，但他们也不想成为塞尔维亚人，于是，他们提出了建立一个独立的马其顿国家的论点。这是一种铤而走险的尝试，至少是为了保护一部分受到塞尔维亚当局威胁的文化身份，这种趋势在 20 世纪 20 年代末还处于蹒跚学步的阶段。

由于无法真正融入南斯拉夫，米哈伊洛夫把保加利亚——特别是皮林马其顿地区——作为他政治影响力的基地。他雇用了杀手帮他一个接一个地对付他的敌人，而这些杀手都认为自己是在为马其顿的事业工作。然而，米哈伊洛夫的恐怖行动更多的是针对保加利亚和马其顿不同意他观点的保加利亚人，而不是塞尔维亚或希腊的压迫者。曾经辉煌的马其顿内部革命组织沦为一个恐怖组织，几乎无视其在瓦尔达尔马其顿和爱琴马其顿的兄弟。

人民集团无能为力的民主

利亚普切夫的政府带来了一定程度的和平，民主标准也得到了一定程度的恢复。一段时间以来，经济的稳定和外国贷款帮助保加利亚走出了战后危机。不过，政府也有消极的一面，这部分是因为民主联盟的发展，部分是因为世界经济危机的影响。1930 年初，每个人都期待着政府的更迭，因为很明显，民主联盟已经穷途末路了。民主党是合理的接班者候选人，几年来，它一直试图吸引农民联盟，或者至少是其中的中间派和右翼派别人士进入政府。鲍里斯国王正在成为一个有影响力的政治人物，他犹豫了，因为他仍然不信任农业党人。从长远来看，大多数反对党达成了协议，并以人民集团（People's Bloc）的名义联合起来，这一集团无可争辩的支柱是坚定的民主党人亚历山大·马林诺夫（Alexander Malinov）。他设法使他的同僚们相信，如果不吸纳一部分农民联盟的人士，保加利亚的稳定将无法实现。但事实上，当时并不存在所谓的农民联盟，因为它已经分裂成了不同的派系和小集团，这些派系和小集团在形式上是有联系的，但实际上是相互独立的，甚至彼此之间还存在着激烈的斗争。

议会选举于 1931 年 6 月 21 日举行，出人意料的是，政府并没有采取强制措施，这主要得益于利亚普切夫。最终，人民集团取得了选举的胜利。

左派参加了所谓劳工集团（Labour Bloc）的选举，该集团实际上只包括共产主义者和一些左翼农业党人。这个集团的选举纲领与保加利亚工人党的纲领一致。这符合保共领导层宣布的目标，即通过孤立农业党的领导层来建立一个基层统一战线。然而，这些策略注定了共产党人最终会陷入孤立的处境——尽管他们赢得的 31 个席位表明，即使使用这种自杀式的策略，他们仍然在群众中享有相当大的影响力。虽然农民联盟赢得了议会中最多的席位，但民主党设法获得了内阁中的领导职位，亚历山大·马林诺夫和尼古拉·穆萨诺夫（Nikola Moushanov）连续两位首相都是来自民主党。他们被证明是最富洞察力的，因此被委托限制农民联盟的权力。

选举失利加剧了民主联盟内部的争斗，该党于 1932 年分裂。灿科夫的同僚们越来越被法西斯主义的理论所吸引，成立了一个名为人民社会运动（People's Social Movement）的政党；利亚普切夫的追随者宣称他们支持稳固的立宪议会政府；一些小型组织则被意大利的法西斯主义和德国的国家社会主义所吸引。在新思想的公开支持者中，最著名的是保加利亚法西斯联盟（Union of Bulgarian Fascists）和保加利亚国家社会主义工人党（National Socialist Bulgarian Workers' Party），这两个短暂的组织没有任何真正的政治影响力。然而，受法西斯主义某些特征的启发，一些知识分子和准军事组织在宣传上要有效得多。这些组织有祖国保卫联盟（Fatherland Defence union)、保加利亚民族军团联盟（Union of Bulgarian National Legions）、全保加利亚派西神父联盟（Father Paisii All-Bulgarian Union）和预备役军人联盟（reservist unions），他们都不信任《特尔诺沃宪法》，而信奉强力修正主义和极端民族主义，并寻求建立不同形式的威权社会。不过，这些人并没有在意法西斯主义和国家社会主义的基本理论原则。事实上，很多人对这些组织的计划并不感兴趣，他们加入组织只是因为反对《纳伊条约》而已。这些组织之所以强大，与其说是因为它们在政府中的地位，不如说是因为它们对人民集团政府实施的路线构成了威胁。

早在1928年，知识界的几名右翼成员就组成了一个名为“兹维诺”（Zveno）的政治圈子，反对自由民主政府和古典自由主义。这个圈子的成员认为是时候寻求一个“新的”强大的国家，因为他们认为许多政党的存在是保加利亚古典资产阶级民主退化的一个症状。最初，他们建议将这些政党融合，后来就开始完全否认政党结构的必要性。他们想要一种新型的议会，这种议会代表的不是政界而是经济界，这种想法受到了意大利法西斯主义实践的影响。直到1934年左右，兹维诺仍然是一个小组织，仅在右翼知识分子和军队中有一定的影响力。

一个法西斯式的有影响力的组织没有在保加利亚建立，这也是由君主的权威造成的。鲍里斯国王成功地在不同的社会阶层中赢得了相当大的影响力。同时，政治力量的多样、捍卫《特尔诺沃宪法》原则的强大政治组织的缺失，制约了用议会政府取代独裁政府的日益增长的欲望。尽管保共的影响力相对较大，但它实际上是在政治舞台之外发展起来的，在人们寻求保加利亚社会所经历的各种危机的解决办法时，它的意见并不重要。

人民集团以恢复民主的名义上台，但当时的条件并不鼓励这样的政策。成功地将合法和秘密形式的政治斗争结合在一起的保加利亚共产党实力过于强大，同时，由于大众经济状况不断恶化，劳工抗议没有减少。因此，政府以强硬的手段进行统治，并组织了针对保共地下活动人士的审判，其中的一些人被判处了死刑。警方并非正直之辈，他们毫不避讳刑讯逼供，同时，政治谋杀的情况也愈演愈烈。但共产党其实是最小的问题。

真正的问题是执政联盟中各党派之间的斗争，这使执政联盟变得毫无希望。

人民集团认为，在巴尔干半岛实现突破的唯一途径是与南斯拉夫建立更好的关系。亚历山大国王和鲍里斯国王遂于 1933 年 11 月 18 日在贝尔格莱德火车站会面，12 月，鲍里斯对贝尔格莱德进行了正式访问。尽管南斯拉夫政府公开表现出善意，但它也是《巴尔干条约》（Balkan Pact）的发起者之一，签约者包括南斯拉夫、希腊、罗马尼亚和土耳其。该条约于 1934 年 2 月 9 日签订，实际上将保加利亚与邻国隔离开来，保证了各国的边界不受索非亚方面的侵犯。保加利亚拒绝加入这一条约，因为这意味着放弃保卫保加利亚少数民族的所有要求。

大约在 1933 年底 1934 年初，保加利亚开始缓慢地走出经济危机，但这场危机已经对人民集团政府的权威造成了严重打击。

五一九政权

值得称赞的是，民主党设法将农民联盟的势力吸纳进了政府，从而避免了议会中发生更严重的危机。然而，到 1934 年初，内阁剩下的日子已经屈指可数了。农民联盟要求在政府中获得更高的地位，而较小的政党则不想放弃他们获得的席位，因为这些席位可以帮助他们稳住在国家的工作职位，并获得各种福利。经济危机也使政府受到了沉重打击，尽管危机本身不是政府造成的，但公众指责内阁未能采取必要措施来限制其有害后果。此外，政府在对付米哈伊洛夫的党羽方面也显得非常无能，这些人在街上公然杀害他们的对手，并在皮林马其顿的彼得里奇地区（Petrich）建立了一个实际意义上的国家。整个保加利亚社会因为财政丑闻和围绕首相职位时断时续的钩心斗角而死气沉沉，要求铁腕统治的呼声越来越大，另一场政变只是时间问题。

1934 年 5 月 19 日，军人联盟（Militory League）发动了蓄谋已久的政变，轻松地控制了整个国家。曾参与 6 月 9 日政变的兹维诺成员基蒙·格奥尔吉耶夫（Kimon Georgiev）被任命为新政府的首相，新政府带着一个雄心勃勃的计划上台了。政变者认为5月19日是一场革命的开始，这场革命将摧毁低效的政府系统，为所有人而不是为某个阶层提供权力，并带来所有阶级的和平。资本主义将在“国家的指挥棒”下为社会服务，换句话说，政变的实施者会施行国家对经济更强有力的干预，就像在意大利和德国一样。由于当局宣布反对政党的概念，兹维诺组织为了树立榜样而自我解散。企业组织将发挥核心作用，国家则必须中央集权化。国民议会的成员人数将会减少，剩下的成员将不再代表政党或组织，而是代表社会各阶层。政府不再依赖议会，在各个机构建立后，新宪法的起草工作将开始进行。在外交政策上，他们希望改善与邻国，特别是与南斯拉夫的关系；他们与苏联也建立了外交关系。

五一九政变的发动者拥有破坏性力量，但他们却并不具备建设性的创造力。他们缺乏人力，而且事实证明，他们也缺乏时间。因此，他们雄心勃勃的目标大部分未能实现。不过，也有例外情况，例如政党政治制度的破坏和随后各党派的解散。这项禁令在理论上适用，但在实践中却并不顺利，因为一些政党被给予了充分的行动自由。它们的领导人可以会见他们的支持者——当然，前提是他们不扰乱公共秩序。如果他们活跃得太过火，国家就会拘禁他们。这项规定对共产党控制的政治组织更加适用。国民议会的职能被移交给行政部门，政府根据所谓的“法令”进行统治，不需要议会的批准。立法机构没有正式解散，以避免宪法要求在两个月内举行新的选举。当局表面上是以经济的名义，但更确切地说是为了确保更高程度的中央集权而扩大了市的范围，并将整个国家分成七大地区，市政自治被废除，由任命的市长领导市政当局。民主权利和自由（包括新闻和思想自由、结社自由）受到严重的限制，党报被叫停了，没有被叫停的报刊也要接受严格的审查。虽然当时《特尔诺沃宪法》还没有被废除，但保加利亚的宪法工作体系实际上已经停止了运作。当新政府试图对付腐败的行政机构时，成千上万的人因“无能”而被解雇。这在许多情况下是正确的，但这也是与政治对手打交道的一种方式。新雇员最重要的职业素质是对新政权的忠诚。

政府最初的有效行动之一是针对马其顿内部革命组织的。军队进入皮林马其顿，没收了该组织秘密藏匿的武器——手枪、机枪和弹药。米哈伊洛夫则命令任何人不得向保加利亚士兵开枪，并设法逃到了土耳其。该组织实际上已经被摧毁，或者说它放弃了在保加利亚的工作，而它最可靠的后备力量仍然是在美国的马其顿移民社团。

经济政策受到墨索里尼思想的影响：政府鼓励推广合作社的经营方式，特别是在农业方面；国家垄断建立起来（盐、烟草、烈酒和油）；同时，政府也试图为生产者提供可靠的信贷。然而，所有这些措施并没有使工人的状况得到太大改善，反而让五一九政变的发动者在工商界树敌颇多。

外交政策遵循政变者的纲领路线。保加利亚利用法国对德国崛起的担忧，以及前者改善法苏关系的愿望，转而将目光投向莫斯科。保加利亚是最后与苏联建立正式关系的欧洲国家之一。在这种情况下，潜在的亲俄情结，以及部分民众的社会偏好，在保加利亚-苏维埃社团（Bulgarian-Soviet societies）的建立中得到了体现。

尽管不是特别积极，但政治力量对改革还是有些兴趣。以利亚普切夫和人民集团为代表的议会制度已经破旧不堪，许多人都想知道新思想是否会取得更好的效果。然而，事实证明，组织政变的人缺乏足够的社会基础来支持他们的改革，这让他们不可避免地陷入了无穷无尽的错误和失败。政治力量的分裂帮助了他们的政变，但没有任何社会团体公开支持他们的事业。他们想建立一个独裁-极权型的强大国家，但不管他们的理论如何，保加利亚的实际国情与意大利或德国都大不相同：保加利亚没有出现“元首”或“领袖”类型的领导人；民族主义思想也是温和的，类似罗马尼亚国内的仇外或反犹太主义的思想在保加利亚没有传播开来。策划五一九政变的人失败了，或者更确切地说，他们没有试图为自己的政权建立群众支持，也无法像意大利或者德国那样把社会吸引到极权主义类型的组织中。

国王没有听取军人联盟的建议，独自任命经验丰富的外交官安德烈·

托舍夫（Andrei Toshev）担任首相。这标志着军事政治影响的终结，因为当时实际上是鲍里斯三世（尽管是非正式地）站在了政府首脑的位置上。专政没有被废除——它只是变为由君主领导。事实上，五一九政变的策划者非但没有限制国王的特权，反而为他的专制统治扫清了道路。内阁开始起草新宪法。各种草案极大地限制了人民的代表权，增强了行政部门的作用。然而，因为与国王关系密切的外交部长格奥尔基·乔瑟伊万诺夫（Georgi Kyosseivanov）在1935年11月接受了组建新内阁的任务，这些草案都没有达到任何严肃讨论的阶段。

新战争之路

乔瑟伊万诺夫是一位经验丰富的外交官。他没有加入任何党派，声称内阁将由技术官僚组成。有人认为他是一名亲英派，但也有人觉得他属于亲法派，同时，他也被称为索非亚最好的桥牌选手。军人联盟解散了，国王在争夺权力的斗争中没有对手，他的处境很复杂。广大选民对与民主传统背道而驰的独裁政府模式表示怀疑。实际上，对于纯粹的法西斯思想，国王本人并不信任，追随者也很少，而民主力量则像鲍里斯三世所希望的那样处于分裂的状态。他在政党领导人之间周旋，允许传统政党的半合法存在，寻求他们领导人的建议，并表现得好像他倾听了他们之间的想法，同时却巧妙地助长了他们之间的矛盾。他还发起了一场宣传运动，以塑造自己“好国王”“人民之父”和“战争英雄”的形象，在议会软弱的背景下，这种形象在公众中获得了一定程度的成功。

在他的政府成立之初，乔瑟伊万诺夫承诺起草一部新宪法，并尽快组织在新规则下举行的选举。市政选举成为衡量群众情绪的一项测试。1937年1月，政府颁布了一项新的选举法。新法律限制了民主选举的可能性，以政治组织的名义提名候选人的做法被禁止，每个候选人都必须证明自己是可靠的，即没有亲共产主义或反国家的想法。候选人的学历和法定年龄提高了，反政府运动受到了限制。选举将连续四个星期日在不同地区举行，据称是为了人民的利益，但事实上，这样做是为了让警察能够集中在投票的地区。面对这样的情况，反对派试图联合起来采取统一的行动来对抗政府施加的压力。一些传统政党同意与保共以及部分农业党人联合行动。显然，反对派的失败是早已注定的，这些派别的领导人只是想表明选民对强加的限制的不满。然而，政府的精心准备确实产生了结果：许多选民根本没有投票，而在投票的选民中，80%的选民选择了政府指定的候选人。

政府认为这样的投票结果是民众对其政策支持的体现，于是继续执行限制议会代表性和创建小而顺从的立法机构的路线。议会的成员将减少三分之一以上，并实行选举审查制度。选举团的边界被仔细划定，它们的选民人数各不相同。一般来说，小的选举团都位于政府影响力强大的地方，而大的选举团则位于反对势力强大的地方。通过这种方式，投给政府的选票较少，可以确保它在国民议会中拥有更多的成员。选举权有所扩大，因为大多数妇女有权投票，但仍没有被选举权。

1938 年的议会选举是根据这项有利于亲政府力量的法律举行的。反对派集结力量，试图建立一个强大的选举联盟，但这更多是一种一厢情愿的想法，因为在竞选活动中可以看出，盟友之间的矛盾并没有消失。提名联合候选人的协议在许多选举团中没有得到遵守，政府采取了一切预防措施来取得选举的胜利，而使用行政力量和警力就是赢得议会席位的手段。反对派在阐述其观点的活动中受到了阻碍。从长远来看，只有 27%的选票投给了政府，14%的选票投给了反对派，其余的选票都投给了没有当选的候选人。反对派在议会中赢得了稳定的代表权，虽然整个反对势力内部存在时断时续的冲突，但当局依然不得不对其怀有顾虑。当时，出于对欧洲事态发展的担忧，许多议员不想破坏旨在提高军队战备水平的努力，因此投票支持政府法案，这一立场从国家利益的角度来看是合理的。

1939 年 8 月，《苏德互不侵犯条约》的签订彻底摧毁了资产阶级反对党议员对共产党仅存的信心。根据国王的说法，当下的局势有利于选出顺从的新议会，这样他就可以在即将到来的危机中按照自己的意愿行事。

1935 年以后，欧洲局势恶化。事实证明，国际联盟无力解决重大的国际冲突。德国占领了莱茵非军事区，萨尔地区也在全民公决后回到德国的控制之下。这些变化引起了鲍里斯国王的注意，一方面，他认为这些事件的发生表明现在保加利亚有机会废除《纳伊条约》中（至少是一部分）不公正的条款；但另一方面，这位目睹了弗拉达亚起义（Vladaya events）和他父亲被迫退位的君主非常害怕做出错误的举动。1936—1937 年，他出国旅行，试图猜测国际局势的走向。鲍里斯国王访问了欧洲的主要国家，并与它们的政治领导人进行了会谈。他在欧洲的威望很高，甚至法国和英国也对他保持保加利亚中立的愿望给予了积极的评价。遗憾的是，这些“积极的评价”并没有转变为“支持”。鲍里斯国王得出结论，保加利亚必须通过保持其“不参与”的立场来为欧洲政治的意外变化做准备。

总的来说，在第二次世界大战前夕，西欧民主国家对于保加利亚这个国家几乎没有采取任何争取的措施。一方面，它们担心对保加利亚采取积极的态度会惹怒它们的巴尔干盟国；另一方面，它们试图通过给德国一片可以发挥其经济和政治影响力的领域来对其进行安抚。这就是为什么它们没有认真关注索非亚一再表明的不想被直接纳入德国的轨道，而是保持其行动独立性的愿望。保加利亚所有资产阶级反对党都赞成中立。工人党主张在与苏联建立友好关系的基础上保持中立，政府则主张亲德前提下的中立。只有以亚历山大·灿科夫为代表的最极端的势力支持与德国更密切的合作关系。

第九章

第二次世界大战中的保加利亚

《苏德互不侵犯条约》于 1939 年 8 月 23 日签署。在条约的秘密附件中，两国同意划分各自在东欧的势力范围。1939 年 9 月 1 日，德国进攻波兰，法国和英国向德国宣战，几天后，苏联军队也进入波兰。第二次世界大战由此开始了。

在最初的几个月里，巴尔干地区的局势相对平静，因为没有一个巴尔干国家愿意卷入冲突。巴尔干条约国家都对现状感到满意，保加利亚也希望通过外交手段而不是军事手段让其他国家让步。9 月 15 日，乔瑟伊万诺夫政府宣布中立，尽管这一政策有所保留，但还是得到了所有政治力量的认可。

保加利亚出现了三个政治阵营：亲德组织、民主反对派和共产主义者。亲德组织包括亚历山大·灿科夫的国家社会运动（National Social Movement）、预备役军人联盟和保加利亚民族军团联盟等，他们相信希特勒即将战胜他们称之为西方“财阀”的英国和法国。民主反对派持中立立场，支持西方民主国家，其领导人不想重蹈上一次战争的覆辙，但其弱点在于民主国家的那些盟友恰恰是与保加利亚关系恶劣的国家。共产主义者则要求与苏联合作，1939 年至 1940 年冬，他们的宣传遵循共产国际的路线，批评西方民主国家是战争的真正煽动者。这一立场加剧了他们与民主反对派之间关系的恶化，导致协同抗议的机会注定失败。

鲍里斯国王对战争的消息感到不快，因为他最担心的事情现在得到了证实：保加利亚将不得不选择它在冲突中的位置。国王下定决心要等到最后一刻，待局势明朗再作决定。

保加利亚首相于 1939 年 10 月辞职，国民议会随之解散。在新的选举中，反对派比以往任何时候都更加分裂，政府抓住机会赢得了议会 160 个席位中的 140 个。因此，在东南欧发生决定性事件的前夕，鲍里斯国王可以实施他自己的决策，而不用考虑议员们的任何干预，因为没有其他的力量可以限制他的行为。在接下来的几年里，历史证实了不受控制的权力有多危险。1940 年 2 月，乔瑟伊万诺夫以“健康原因”为由递交了辞呈。在前几年，他曾采取措施改善与法国和邻国的关系，但国王认为，新的国际形势不需要一个积极参与政治的内阁。新首相、著名的考古学家博格丹·菲洛夫（Bogdan Filov）教授曾在德国留学，但没有足够的政治经验，这使他成为君主手中一个顺从的工具。

战争降临巴尔干半岛

1940 年晚秋，意大利对希腊的进攻打破了半岛的和平。墨索里尼提出让保加利亚也加入进来，他承诺归还保加利亚在上次冲突中失去的爱琴海出海口。保加利亚政府拒绝了，他们认为和平修正才是理想的解决方案，这一态度使希腊得以从边境调遣军队，意大利的进攻也因此受阻并开始撤退。

苏联特使也来到索非亚，提议保加利亚和苏联缔结一项互助条约。莫斯科方面承诺满足保加利亚的领土需求，特别是其对土耳其的领土要求。虽然这应该是一项秘密，但这一提议很快就成为众所周知的事实，共产主义者发起了一场支持接受这一提议的大规模运动。但是，苏联的外交行动注定要失败，因为保加利亚对土耳其没有领土要求。同时，爱沙尼亚、拉脱维亚和立陶宛三国在夏天与苏联签署了类似的条约，结果却遭到了苏联的吞并。这一出人意料的举措证实了当权者的信念，即面对苏联对东地中海的野心，只有德国能够为保加利亚提供支持。

战争年代的国内局势

1941 年 6 月 22 日，德国进攻苏联。共产主义者宣称他们即将发动武装斗争，驱逐德国占领者和他们的保加利亚走狗。这项任务并不十分困难，因为保加利亚没有德国的占领部队，但这就是冲突从一开始就具有内战性质的原因。

1941 年下半年，全国一致同意增强政府的权力，不过，这取决于前线的形势。很快，人们就清楚地看到，原本作为另一次闪电战的苏德战争显然将持续多年。内阁继续尽其所能进行运作，它与苏联保持外交关系，但向英国和美国进行了象征性的宣战。这是一个轻率的举动，它在接下来的几年里导致了数千名保加利亚人的死亡。政府还与法国维希政府建立了外交关系。1941 年秋，在德国的命令下，保加利亚第一次通过了反对“世界主义”组织和限制犹太人权利的法律，有影响力的政治力量和公共组织都对此表示反对，但在政府中占多数的顺从者都投了赞成票。

保加利亚由此出现了三个阵营：君主主义—威权主义的统治集团、民主反对派和共产党势力。统治集团得到了相当一部分人民爱国情感的支持，也得到了预备役军人联盟和官僚高层的支持，但由于它的政策受到来自左右两派的攻击，因此存在着相当多的矛盾。以灿科夫为代表的政治势力要求完全参与德国的行动，而政府中那些人的影响力很大程度上依赖于君主的权威和前线战况的发展。民主反对派表达了保加利亚在第一次世界大战后的发展中产生的资产阶级民主趋势，它团结了大多数传统政党中的右翼和中间势力，并努力通过政治手段解决危机。他们反对共产党人掌权，同时试图恢复《特尔诺沃宪法》的权威。民主反对派主要面向西方民主国家，并在政策上依赖它们。亲共产主义团体则宣称他们正在争取与德国决裂，争取政治和经济的根本变革。共产党人认为，这些变革将引领国家走上苏联所描绘的道路。他们的一些盟友虽然并不同意这一观点，但也认为苏联在战后将对该地区产生强大的影响，并努力与之保持良好的关系，同时也试图限制共产党人计划的变革的尺度。

1943 年，德国军队在斯大林格勒和阿拉曼的失败表明，战争正朝着不利于轴心国的方向发展。盟军在意大利登陆，同年夏天，墨索里尼独裁政权倒台。

保加利亚的局势也开始恶化。1943 年春天，一场大规模运动阻止了政府将保加利亚犹太人送往纳粹集中营的行动。

1943 年 2 月，德国和保加利亚签署了一项协议，根据该协议，2 万名犹太人将被驱逐到德国。其中大部分人，即 12000 人，来自保加利亚军队驻扎的马其顿和色雷斯地区，其余的则来自王国的旧领土。政府批准了这项协议，那些对这一协议有任何疑虑的人都可以这样宽慰自己的良心：马其顿和色雷斯的犹太人在法律上都不是保加利亚的臣民。

10 天后，在一场精心策划的秘密行动中，来自色雷斯和马其顿的犹太人被装上驶往德国的火车。然后，就轮到了来自王国旧领土的犹太人。但出乎意料的是，抵抗运动爆发了。丘斯滕迪尔（Kiustendil）的犹太人知道悲惨的命运在等待着他们，于是一个由该镇四名保加利亚人组成的代表团拜访了丘斯滕迪尔选区的议员迪米特尔·佩舍夫（Dimiter Peshev），他碰巧也是国民议会的副主席。作为执政多数派的一员，他也在 1940 年底顺从地投票支持通过《保卫国家法》，但现在他反对该法付诸实施。佩舍夫设法首先说服政府中的多数派议员，然后说服内政部长本人终止驱逐犹太人出境的行动。新命令并没有及时传到普洛夫迪夫。当普罗夫迪夫的大主教西里尔来找当地的犹太人谈心交流时，他们正聚集在一所学校里。卫兵试图阻止他，但这位不可阻挡的牧师跳过栅栏，告诉院子里的犹太人："无论他们把你们送到哪里，我都会和你们一起去！"在帕扎尔吉克，当地议会代表命令警察局长在他从索非亚返回之前不要做任何事情，并且他将在那里抗议这项命令。

政府没有放弃它的初衷。佩舍夫本人也没有。他开始收集那些支持自己的议员的签名，并有意识地只寻找多数派的议员。最终，他的请愿书共有43名议员签名，这是对政府这一政策的有力一击。博格丹·菲洛夫对此迅速作出反应，在他那群议员的帮助下，佩舍夫的职务被解除了。然而，抗议活动并没有停止，圣会给国王和首相发了一封特别的信。公众舆论显然不赞成这样的政策。

驱逐出境的企图持续了一段时间，1943年5月24日的斯拉夫书信日，超过1000名索非亚犹太人聚集在一起，抗议政府的驱逐计划。索非亚大主教斯特凡接待了犹太人的代表团，并承诺全力支持他们。

尽管抗议不断，索非亚的犹太人还是被流放到了乡下，不过没有人展开下一步的行动。到1943年8月初，就连德国人也对获得战争的胜利失去了信心。1943年8月28日，鲍里斯国王的意外逝世结束了这一政策。人们对犹太人的态度逐渐改善，许多人开始返回自己的家园。许多限制在1944年夏天被取消，而当保加利亚在1944年9月退出战争后，犹太人的所有权利都得到了恢复。

保加利亚是纳粹德国的盟国中唯一拯救了其犹太裔公民的国家，这是历史学家至今仍在争论的独特现象。很多争论都与国王鲍里斯三世有关。一些人强调是他最初同意了驱逐犹太人的政策，并强调因此导致的来自爱琴色雷斯（Aegean Thrace）和马其顿地区的犹太人的悲惨命运（只有少数人得以幸存）。其他人则持相反意见，因为在1936年后的保加利亚，如果没有君主的知情和同意，很多事情都无法完成。鲍里斯国王把整个社会都纳入了一个关系网中，实际上控制了公众生活。他是一位非常谨慎小心的政治家，一直担心国家会发生新的灾难。虽然他不是一个反犹分子，但他首先是一个政治家，因此他会毫不犹豫地通过牺牲保加利亚的犹太人来实现自己更伟大的目标。事实上，这就是他在与德国签订的协议中所做的，但是1943年的公众抵抗，以及对纳粹不利的前线事态发展，使他开始思考这种政策的后果。作为一个崇尚均势和平衡的人，国王很可能决定推迟解决犹太人问题，直到形势变得绝对明朗。

但是，这并不是最重要的。真正重要的是，尽管官方政策和反犹宣传有增无减，保加利亚（与丹麦一起）仍然是少数几个没有陷入狂热反犹太情绪的欧洲国家之一。虽然有部分保加利亚人利用同胞的不幸，对他们的财产下手，但大多数人保持了人道的态度，在衣服上别上手工制作的黄色星星，以此抗议对犹太人的限制和为犹太人声援，还帮助他们的犹太邻居参加抗议，并保护犹太朋友的财产。在欧洲的其他地方，从社会的最高层到最底层都没有如此强烈的公众反应。因此，保加利亚是欧洲唯一一个犹太人数量战后多于战前的国家。

1943年，国王意识到他押注的是一张会输的牌，但他没有勇气放弃德国，因为他担心如果自己显露出退出德国阵营的企图，保加利亚就会立刻被德国占领。于是，鲍里斯三世开始尝试联系美国人。同年夏天，在意大利发生的变化也刺激了保加利亚的政界。反对派认为，这可以说服国王仿效意大利的做法，与德国人决裂。共产主义者也扩大了抵抗运动，但他们没有忘记与一些反对派领导人的关系。一个名为“祖国阵线”（Fatherland Front）的政治中心成立了，其中包括保加利亚工人党、农民联盟的“普拉德派”（Pladne）、左翼社会民主党和“兹维诺”政治圈的代表。共产主义者从一开始就是这个联盟中最强的。始于政界的运动并没有带来具体的结果。1943年8月28日，国王鲍里斯三世死于心脏病发作。

鲍里斯的去世直接结束了他建立的制度。王位由他五岁的独子西梅翁继承。国民议会违背宪法，强制实行摄政制来代表他的权力，直到他成年。在西梅翁背后的人是博格丹·菲洛夫，他放弃了首相的职位，成为摄政者。

由多布里·博齐洛夫（Dobri Bozhilov）领导的新政府未能提供摆脱危机的途径。保加利亚人一贫如洗，给德国军队提供的常规补给耗尽了经济储备。食物和衣服是定量供应的。1943 年至 1944 年冬，政府加强了对武装抵抗的镇压，保加利亚一些主要的游击队势力被击败，其中包括奥穆尔塔格（Omourtag）分遣队、以罗多彼山脉为基地的安东·伊万诺夫（Anton Ivanov）分遣队和图兹拉（Tuzla）分遣队，这些游击队在 1944 年的春天还在全国各地到处活动。

1944 年初，索非亚和保加利亚其他一些主要城镇遭到了英国和美国空军的轰炸。保加利亚飞行员英勇地保护他们的同胞，但他们的数量太少，不足以重创强大的盟军。大多数人离开了首都，搬到了农村。

伊万·巴格里亚诺夫（Ivan Bagryanov）领导的新政府于 1944 年 6 月 1 日成立。新政府宣布将改变自己的外交政策，但它的所作所为却不足以让人相信其宣称的意图。内阁没有得到可靠的支持。这份声明既使德国心生疑虑，也没有争取到苏联、英国或美国的支持。内阁的理想是与美国和英国达成停战协议，以防止苏联军队的入侵。

虽然希望有足够的时间来为这一计划做准备，但其一开始就注定要失败，而政府在犹豫不决中作出的承诺也无济于事。然而，它所缺少的正是时间。1944 年 8 月 23 日，罗马尼亚战争结束，苏联红军已经陈兵保加利亚边境。与西方国家的谈判尚未开始，尽管一名保加利亚特使已被派往土耳其寻求与英国和美国的接触。事实上，他们没有太大的机会，因为在德黑兰的会议上，盟军已经秘密同意将保加利亚和罗马尼亚置于苏联的势力范围之内。

权力的变更

8 月 26 日，共产主义者宣布他们将对当局发动最后一次进攻。保加利亚的游击队员不超过15000人，他们装备很差，因此威胁性并不大，并且他们主要依靠的还是外部力量，即苏联红军。巴格里亚诺夫本人试图与祖国阵线代表建立联系，但已经拥有红军作为后盾的共产主义者信心十足，拒绝了他的请求。因此，一个以农业党人康斯坦丁·穆拉维耶夫（Constantin Muraviev）为首的新政府成立了，穆拉维耶夫提议祖国阵线加入内阁，但遭到了共产主义者的拒绝。9月2日，穆拉维耶夫组建了一个只由右翼农业党人、民主党人和人民党人组成的政府，他的主要目标是维护该国现有的政治秩序。近年来一些反宪法的法令由此被废除。新政府的意图是好的，但行动过于缓慢和谨慎，而且留给他们的时间也已经不多了。政府在外交政策上同样缓慢而谨慎。直到9月5日，政府官员才聚集在一起讨论保加利亚与德国的关系走向，结果却收到了苏联对保加利亚宣战的通知。这一打击是灾难性的，政府防止苏联入侵的主要目标没有能够实现，与英美的谈判也不得不停止。保加利亚政府决定不对苏联红军进行抵抗，并对德国宣战，这一决议于9月8日晚生效，然而却太迟了。当天上午，苏联红军已经越过了多布罗加边界，并成为解决政治危机的决定性因素。保加利亚国内的罢工和集会早在9月6日就已经爆发，一些城镇的监狱遭到袭击，政治犯被释放。游击队则占领了一些分散的城镇和村庄。9月9日前夜，在与索非亚警方和大部分驻军达成协议后，已经转投祖国阵线一边的军队和一些武装团体占领了首都的关键地点，几乎没有遇到抵抗。第二天早上，电台宣布，保加利亚的国家权力已经移交给了以基蒙·格奥尔吉耶夫为首的祖国阵线政府。

从外部看保加利亚

威尔逊总统关于保加利亚边界观点的声明

我们自己都无法说服自己，要保加利亚接受我们建议的妥协方案是合理的。

应该说，拒绝这些建议不是因为我们对希腊缺乏友谊，也不是因为我们同情保加利亚。希腊人的忠诚以及他们可以为我们提供的有价值的帮助是我们绝不能忽视的。我们已经进一步对他们自然的愿望给予了充满同情的考虑，即所有希腊人居住的领土都应该包含在希腊的国境线内。然而，影响未来和平稳定的决断不可以受到友谊和感情的影响。如果美国要成为保加利亚和土耳其各项条约的签署国以及这些条约所规定的领土协议的保证国之一，那么这些协议就不应完全依据勇敢人民的民族愿望或奖励的原则制定。它们必须基于消除未来战争根源的目的以及办法本身的持久性，要具备合理和公平的性质。在我们看来，所建议的妥协方案并没有满足这两个条件……

在满足希腊民族愿望的驱使下，只要符合持久性的目标，总统将同意把西色雷斯的西部割让给希腊，而西色雷斯的东部以及东色雷斯的所有部分都应纳入国际共管……保加利亚应被授予穿过国际共管区域内的西色雷斯、通往爱琴海的通行权，并可自由使用泽泽阿加赫港。

《马其顿的抱怨》，《致国际联盟的备忘录、请愿书、决议、会议记录、信件和文件》第 3 卷，1919—1939 年，日内瓦，1979 年，第 432—433 页

中央领土委员会就保加利亚对塞尔维亚—保加利亚边境的要求向最高委员会提交的报告

关于塞尔维亚和保加利亚之间的边界问题，中央领土委员会未能达成一致决定。

英国、法国和日本代表团认为，在与保加利亚达成的和平条款中所述的边界线应予维持。

事实上，这条边界线是在南斯拉夫事务委员会一致提议后由最高委员会通过的，该委员会在考虑了问题的所有因素后才作出了这个决定。保加利亚人提出的任何论点似乎都不能作为改变已经定下的边界方案的理由。

在这种情况下，英国、法国和日本代表团并不认为促使保加利亚服从强加给它的条约的希望能够抵消在充分了解事实的情况下修改一项决定所带来的严重不便，这项决定不仅已通知保加利亚，而且已通知塞尔维亚-克罗地亚-斯洛文尼亚联合政府。

美国和意大利代表团的报告

美国和意大利代表团提议在扎里布罗德（Tzaribrod）和博西莱格勒（Bossilegrad）地区撤回有利于塞尔维亚的边界调整，保持1914年的塞尔维亚—保加利亚边界。

为了让这个提议更具说服力，两国代表团提出如下依据：

1. 边界调整涉及的人口超过40000人，而这些人几乎全部是保加利亚人。在扎里布罗德地区，保加利亚人有20384人，塞族人79人；在博西莱格勒地区，保加利亚人为21839人，塞族人为12人。(保加利亚统计数据，1910年)

2. 这些地区的自然经济出口都朝向索非亚。

3. 拟议的边界将使塞尔维亚边界离索非亚近10千米，距离仅为54千米。

4. 新的边界同之前的边界相比没有任何天然优势。总的来说，这条边界在较低的山脊上延伸，在博西莱格勒地区还有两个山谷的尖顶，而塞方显然无法通过公路进入。

5. 根据目前的条约，协约国已经以牺牲保加利亚为代价向塞尔维亚作出了让步，塞尔维亚获得了斯特鲁米察（Strumitza）和库拉（Koula）两个地区，这里绝大多数人口是保加利亚人……如果再让保加利亚割让扎里布罗德和博西莱格勒，那么保加利亚的难民（目前是40万人）将再一次增加，这些难民将对国家的公共安全造成威胁，同时也会成为反对保加利亚邻国的宣传中心。如果塞尔维亚人认为斯特鲁米察根深蒂固的营地对他们自己的边界是一种危险，可以想见，这个地区的未来不容乐观，其很有可能会被摧毁。

英国和法国代表团在支持保加利亚条约草案中提议的扎里布罗德和博西莱格勒地区的边界时，强调战略考虑，并认为修改之前已经通告的边界比较麻烦。

对此，美国和意大利代表团坚持认为，战略考虑不应高于明确的民族考虑和相关人民的愿望。至于修改以前的决定，无论是对德国还是对奥地利，协约国在对条约作出类似的合理修正时也从来没有犹豫过。

美国和意大利代表团坚信，这条拟议的边界虽然考虑了战略，却公然违反了民族意愿，同时对保加利亚的首都也会构成永久的威胁和羞辱，如果维持它，只会使维护巴尔干地区的和平变得更加困难……

决定性的问题是：该行为是否符合本会议的一般规则或原则？我们断言它不符合。

《马其顿的抱怨》，《致国际联盟的备忘录、请愿书、决议、会议记录、信件和文件》第 3 卷，1919—1939 年，日内瓦，1979 年，第 468—469 页

迫害犹太人的计划遭到了全国各地的广泛反对。保加利亚律师联盟将该法律描述为“不必要的、对社会有害的、违反我国基本法律秩序的”；医生联盟宣称国家的纯洁性几乎不会受到威胁；作家联盟的请愿书中有著名作家埃林·佩林（Elin Pelin）的名字，它警告说“这项法律将对国家的好名声非常有害”。

迪莫·卡扎索夫（Dimo Kazasov）指出，当国内有 65 万土耳其人和 7 万罗马尼亚人成为外国宣传的对象时，谈论少数犹太人的危险是很奇怪的，但没有人对此感到警觉。保加利亚东正教牧首斯特凡主教把这次针对犹太人的突然行动描述为“晴天霹雳”，并告诉他手下的神父们不要拒绝任何想进行洗礼的皈依者。就连沙皇本人都对该法案表示不满，他把法案的签署推迟到了 1941 年 2 月 15 日，理由是他不想让这样严厉的法律在圣诞季颁布。1941

年5月，犹太宗教委员会按惯例在沙皇命名日向鲍里斯三世发了贺电，他回复了一封比平时更长的感谢函，而不是像他本可以做的那样忽略电报。

然而，德国的坚持导致保加利亚在接下来的18个月里针对犹太人颁布了许多法规和限制。最重要的是法律命令：（1）对所有犹太人财产征收20%的特别税；（2）没收采矿财产、药店、股票、保险单和犹太人拥有的房屋（个人住宅除外）。旅行需要特别的许可证，尽管这些许可证直到1942年初才例行发放；无线电被禁止；犹太人要戴上大卫的黄星标明身份。

为了弥补这些法律中可能存在的漏洞，1942年6月，政府要求通过一项特别法案，赋予部长会议采取任何必要的额外措施的权利。内政部长加布罗夫斯基（Gabrovsky）说，这样一项法律是必要的，因为以前的立法有许多漏洞，犹太人仍然在保加利亚生活的各个领域自由活动。早期《国防法》的主要发起人多乔·赫里斯托夫（Docho Hristov）认为，拟议的法律实际上没有听起来那么激进，因为采取的措施必须在之后得到国民议会的批准。这项特别法案遭到了巨大的反对，甚至许多通常支持政府的议会代表也对此表示反对。底米特尔·安德雷耶夫（Dimiter Andreev）是一个激进的反犹主义者，尽管他赞成针对犹太人的严格法律，但他认为目前的法案既无必要又危险。他说，每当政府希望在犹太人问题上采取任何行动时，它都应该提交请求并让议会投票，但没有理由通过法令进行统治。伊万·彼得罗夫（Ivan Petrov）和克鲁姆·米塔科夫（Krum Mitakov）补充道，由于国家没有处于紧急状态，这个危险的先例是没有道理的。尽管如此，议会还是于1942年6月底通过了“一切措施法”，随后又对犹太人实行了一系列严格的限制。

制定法律是一回事，但执行法律就是另外一回事了。最好的例子是要求犹太人佩戴黄星的法律的执行。政府没有要求犹太人制造标志，而是决定自己制造，但是电力短缺大大推迟了生产——至少德国人是这么被告知的。到1942年10月，政府只为国内20%的犹太人制造了足够的黄星，几天后，许多收到黄星的犹太人自己把星星摘了下来。一份德国报告称，这种不服从之所以成为可能，是因为“警察的不作为和大多数保加利亚人的漠不关心”。起初，许多犹太人对这个徽章感到不快，然而这份特殊的“身份证明”却让他们得到了很多的同情，以至于他们骄傲地佩戴着它。有些人甚至在沙皇的画像旁边佩戴黄色的星星。

M. 米勒（M. Miller）:《二战中的保加利亚》（*Bulgaria during the Second World War*），斯坦福，加利福尼亚，1975年

第十章

在保加利亚推行苏联式社会主义

共产主义者的胜利

新政府的成员包括兹维诺成员、农业党人、社会民主党人和四名共产主义者。共产主义者在红军以及由美国、英国和苏联代表组成的盟军控制委员会那里寻求到了支持。该委员会的主要职责是观察 1944 年 10 月 28 日（苏、美、英与保加利亚）达成的停战协定的遵守情况，这一停战协定处在莫斯科方面的高度控制之下。此外，英国首相温斯顿·丘吉尔在 1944 年秋天与斯大林达成默契，承认保加利亚是苏联无可争辩的势力范围。因此，共产党改革社会制度的计划得到了强有力的支持，或者说，反对这一计划的人没有得到支持。在战前，共产党在政治上虽然不是最主要的势力，但是也有相当大的作用。为了反对上层把保加利亚拖入战争，他们发起了一系列的武装斗争，这些斗争为他们赢得了威望。经过多年地下工作的锻炼，保共的组织得到了很好的发展。

1944 年 9 月 9 日起义之后，所谓的“民兵”（People's Militia）很快被建立起来，并取代了警察，其大部分指挥官职位都由共产党人担任。作为建立新政权最重要的工具之一，“民兵”对司法和行政部门进行了大规模的整顿。仅仅两个月，祖国阵线委员会的委员数量就增加了 10 倍，在该委员会中，共产党人设法取得了超过其盟友的绝对优势。在经济上，保加利亚工人党（BWP）[①] 也设法发挥影响力，在他们的努力下，全国最强大的工会——工人总工会建立了起来，并在许多企业中成立了监督生产的“工人委员会”。

1944 年 10 月，保加利亚军队加入了将纳粹驱逐出南斯拉夫的行动。经过血战，瓦尔达尔马其顿获得解放，之后，保军继续向匈牙利和奥地利推进。参战给保加利亚造成了 32000 人的伤亡和严重的经济损失。这一行动的动机是为了弥补该国 1941 年以来的亲德政策，并提高保加利亚在未来的和平会议上的地位。

关于新政策方向的摩擦早在 1944 年初秋就开始了。农民联盟中的右派对自己所处的从属地位感到不满，并试图削弱共产党的影响。1945 年春季，由于秋季议会选举的安排，执政联盟内部的冲突变得更加频繁。对于这样的党派斗争，工人党采取了分化对手的手段，使用这种方法在之后成了常态。这使它获得了一群核心支持者，这些人想在他们的同盟政党带来的新形势下获益。那些对此不满的人离开了“祖国阵线”，并于同年初秋演变成了反对党，包括农民联盟（尼古拉·佩特科夫派）、民主党、社会党以及部分的激进党。其中，农民联盟是最为重要的一支反对力量，但共产党人使用了一切可能的正式手段来限制所有对手的活动。在选举之前，压根没有什么民主竞争可说。当这个事实变得明晰时，尼古拉·佩特科夫（Nikola Petkov）呼吁他的盟友们抵制选举，希望西方国家不要承认选举结果，而是实行更正常的选举。这是他第一次不假思索地信任西方民主国家，然而后者对保加利亚发生的事情并不是特别感兴趣，同时他们也无法对抗苏联。官方数据显示，85%的选民参加了 1945 年 11 月 18 日的选举，88%的选民投票支持祖国阵线提名者。英国和美国要求反对派也加入政府，这鼓励了尼古拉·佩特科夫开始采取行动。作为达成协议的一个条件，他希望共产党放弃内政部长这一关键职位，并组织新的选举。然而，很明显，这种变化不会发生。

新的国民议会通过了一系列重要的法律，其中包括关于土地改革的法

① 直到 1948 年，保加利亚共产党的官方名称都是 BWP，即保加利亚工人党。

律。这只能被解释为一种宣传手段，因为在保加利亚没有多少土地可以没收，实际上的大地主数量非常少。该法律鼓励建立农业合作社，要实现这一点必须团结农民的力量，并允许他们使用更现代化的设备。战争期间通过投机获得的财产也被没收了。该法律的规定并不明确，并使城市大型房地产的权利人可能受到侵害。此外，还通过了限制反对派行动的法律，并且反对派的领导人受到了司法起诉。

根据国民议会的决定，1946 年 9 月 8 日，保加利亚举行了关于君主制未来的全民公决。几乎所有的政党，无论是祖国阵线还是反对派，都支持共和制。因为君主制的存在，保加利亚经历了三次失败的战争，可是现在，8 岁的西梅翁还占据着王位。这次全民公决共有 92%的选民参加，其中近 96%的人投票赞成成立共和国。9 月 15 日，保加利亚宣布成立共和国，皇室成员也离开了这个国家。

这些法律为彻底改变社会和政治制度创造了条件，因此必定会写入新宪法。大国民议会的选举已经安排好了，这次反对派决定参加，因为随着其政治影响力的下降，他们已经没有什么可失去的了。关于缔结和平条约的谈判已经在巴黎开始，这意味着西方民主国家已经准备好承认新政府，他们对反对派提供的支持仅限于道义上的。法国甚至在 1946 年 2 月就已经接受了保加利亚的全权大使。在 1946 年 10 月 27 日的选举中，祖国阵线各党派一共赢得了 70%的选票，得到了议会近 80%的席位。共产党人在祖国阵线中占绝大多数（277 名共产党人，69 名农业党人，9 名社会民主党人，8 名兹维诺代表，1 名激进派）。反对派也表现出相当强大的实力，在局面如此不利的情况下，他们还是赢得了 120 万张选票，即 99 个议会席位（多数是农业党人尼古拉·佩特科夫的支持者）。选举后成立了一个政府，这个政府由不久前从苏联回来的共产党领导人季米特洛夫领导，一半的部长是共产党，其余的则包括兹维诺成员、农业党人、社会民主党人以及一名独立人士。

新宪法的通过意味着保加利亚建立了所谓的人民民主政权，这是一个社会主义性质的政权。1948 年 12 月，保加利亚工人党政治路线的胜利在其第五次代表大会的决定中得到了巩固，该会议恢复了保加利亚共产党（BCP）的旧名称。

经济和外交政策问题

早在第二次世界大战之前，保加利亚政府就大力干预经济生活，以调节其发展路线。这种趋势在第二次世界大战后有所增长，国家、合作社和市政财产在经济中的份额也有所增加。在 1945 年 5 月的军事行动结束后，保加利亚首次开始尝试计划经济的发展路线。到 1947 年底，保加利亚的工业企业和银行都以苏联的方式被国有化。政府——即保加利亚工人党——掌握了最重要的经济杠杆。

从一开始，祖国阵线政府的外交政策就倒向苏联。这是合乎逻辑的，西方国家也并不怀疑莫斯科在保加利亚的影响力。除了参与的程度不同，共产党和反对派都同意依靠苏联在和平条约中取得更有利的条件。反对派还坚持与战胜国联盟中的西方盟友保持平等关系。1947 年 9 月 15 日生效的《巴黎和约》相对温和，希腊对保加利亚南部领土的要求被拒绝。保加利亚的边界保持在 1941 年 1 月 1 日的状态，也就是说，南多布罗加的回归得到了承认。保加利亚的军队规模受到限制，它不得不向南斯拉夫和希腊支付赔款，这些条件是在苏联和南斯拉夫的支持下接受的，当时保加利亚与苏联和南斯拉夫的关系呈上升趋势。战后，建立南部斯拉夫人大联邦的问题被提上日程，讨论持续了近三年。保加利亚和南斯拉夫未能就国家组织的性质达成一致，贝尔格莱德坚持保加利亚作为一个普通共和国加入南斯拉夫，而保加利亚的立场是建立一个由南斯拉夫和保加利亚组成的对等联邦。苏联或多或少支持南斯拉夫的立场。在与贝尔格莱德谈判的过程中，保加利亚犯下了一个重大错误，或者更确切地说是一项罪行。人们预计，在未来的联邦中，保加利亚将收回其所谓的“西郊”（Western Outskirts）——保加利亚在第一次世界大战后被剥夺的领土，而皮林马其顿则将被并入南斯拉夫的马其顿共和国。皮林马其顿被来自贝尔格莱德的教师、政党活动家和宣传者所占据，这些人试图让那里的保加利亚人相信他们自己其实是马其顿人。在人口普查期间，那些为了捍卫自己的保加利亚名字而战斗了几十年的人们被迫写下他们是马其顿人，而那些表达抗议的人以“资产阶级沙文主义”的罪名被监禁、拘留或审判。

苏联领导下的社会主义国家阵营在1947年至1948年形成，并成立了一个名为共产党和工人党情报局（COMINFORM）的共产党组织以协调整个欧洲的共产党活动，就像共产国际所做的那样。然而，在1948年中期，贝尔格莱德和莫斯科之间的关系恶化了，南斯拉夫被驱逐出共产党和工人党情报局，斯大林也放弃了建立南斯拉夫联邦的想法，因为他担心其会变得难以管理。西方国家也反对这种做法，因为它们将南斯拉夫联邦描述为苏联的政治工具。许多保加利亚人也反对，因为他们认为这有可能进一步减少保加利亚在马其顿的领土。住在皮林马其顿的保加利亚人也松了一口气。其实，这些反对并不会有多少人去理会，但国际关系的变化注定了建立联邦的想法最终会失败。1948年以后，苏联开始对保加利亚的外交政策施加有增无减的控制，导致其独立性在未来许多年受到严重限制。

真正的社会主义？

过渡期

保加利亚共产党走向了苏联式的社会主义，这意味着共产主义意识形态以斯大林主义的形式占据了统治地位。整个社会都陷入了政权的陷阱，几乎所有的成年人都要被迫加入祖国阵线组织。保加利亚的情报部门可能没有其他东欧国家那么发达，但情报人员的数量仍然足够多，这些情报人员一直竖起耳朵倾听各种不满的声音。在20世纪40年代末和50年代初，可能有数以千计真正的或所谓的政权反对者被关进了监狱或劳改营，这些反对者中人数最多的是农民，他们或是农民联盟的支持者，或是农业合作模式的反对者。保共特别重视赢得年轻人的支持。从上学的那一刻开始，保加利亚的孩子们就加入了由共产党管理的青年组织：最小的孩子加入恰夫达尔（Chavdar，以16世纪一位传奇的反土耳其战士命名的游击队），青少年加入先锋队（Pioneers），14 岁以上的则加入共产主义青年团（Comsomol Young Communist League）。前统治集团的代表、被战胜的反对派，甚至不关心政治的资产阶级在接受教育和找工作方面都受到歧视。按照苏联模式，居住在城市中的权利很难被所有人获得，特别是与前政府的政治精英有关的人。但同时，成千上万年轻的保加利亚人，即农民和工人的子女获得了前所未有的教育和社会进步的机会。

1949 年，著名的共产主义领袖季米特洛夫去世后，保加利亚爆发了一场苏联式的权力斗争。在莫斯科的帮助下，瓦尔科·切尔文科夫（Valko Chervenkov）取得了斗争的胜利，他曾在苏联待了很长时间，对斯大林主义等级制度的方法非常熟悉，并将其引入了保加利亚。像斯大林一样，他也被宣布为保加利亚人民敬爱的领袖，并无情地对待他的对手。诗人们赞美瓦尔科·切尔文科夫，歌手们也歌颂他。这位领导人成了所有问题的终极专家：从如何评判民族革命英雄，到什么样的耕作方法是最好的，他似乎无所不知。他自称是美学、文化和艺术的鉴赏家，并把所谓的“社会主义现实主义”作为艺术和文学的基本原则，这导致了对平庸的海报式作品的赞美。

考虑现实

1953 年 3 月，斯大林的去世导致形势发生了变化，保加利亚为改善与巴尔干邻国的关系采取了试探性的步骤。由于消费品的缺乏，保加利亚人无法摆脱严格的配给制度，他们不得不忍受排队领取物资的痛苦。政府承诺会给他们提供更多的消费品，这一承诺在接下来的几年里得到了遵守，尽管只是部分地遵守。切尔文科夫因个人崇拜而受到批评，他便仿效苏联领导层的做法，放弃了党内领导职位，但保留了总理一职。当时相对年轻的托多尔·日夫科夫（Todor Zhivkov）当选为保共第一书记。1956 年 2 月，在苏联共产党第二十次代表大会上，赫鲁晓夫批判斯大林的报告震惊了整个东欧。受其影响，东欧集团开始了部分撤换斯大林式领导人的进程。在苏联的直接支持下，日夫科夫在 1956 年保共中央委员会的四月全会上对20世纪40年代末在清洗运动中遭受苦难的共产党人进行了试探性的、部分的平反。这对切尔文科夫来说是一个打击：日夫科夫的目的不是要改变社会和国家的组织体系，而是要转移权力中心。可是，在短短几个月内，扩大批评范围的努力就被扼杀了，在1956年秋匈牙利事件发生后，这种平反运动被完全终止。

四月全会后，日夫科夫的个人权力开始增强。在接下来的七八年里，他成功地阻止了共产党内部对他的几次反抗尝试。在1962年，他成为总理，从而将党和国家的权力全部集中在了自己手中。1971年，保加利亚通过了一部新宪法，强调保加利亚共产党是“社会的主导力量”，旨在为“与农民联盟在互助的农业合作社模式下建设发达的社会主义社会”提供指导。在此之前，国民议会议长曾是正式的国家首脑，但现在成立了由托多尔·日夫科夫领导的国务委员会。

以苏联为榜样，保加利亚共产党的主要目标是发展现代工业，减少私人贸易部门，废除或至少在相当大程度上限制农业中的私人财产。这是通过实行中央集权经济来实现的，在这种经济模式下，所有最重要的决策都由政治中心作出。这种趋势在所谓的“五年计划”中得到了体现，“五年计划”涵盖了保加利亚当权者的主要经济指标。这些计划经常改变，以反映时间进程的变化，在1989年之前，保加利亚都一直采用这种制度。

农业集体化是一个跨越10多年的过程。1946年，保加利亚是一个小地产者组成的国家，人均土地只有4.3公顷。在1944年9月9日以后的最初几年里，尽管有行政压力，但进入农业合作社的主要还是贫农。这些农场一直得到国家的支持，国家则转而为私产所有者设置了各种限制。20世纪50年代初，行政压力日益增强，越来越多的农民被迫进入农业合作社。作为抗议，农民们在签署没收土地的文件之前宰杀了牲畜，牛羊的数量因此急剧下降，需要许多年才能达到战前的水平。在保加利亚西北部，甚至发生了农民起义。这些起义很快被平息，但集体化的速度也减缓了一段时间，不过到50年代中期，集体化的速度又一次加快。到1958年，90%的土地已经纳入农业合作社。

农业合作社没有带来其倡导者所期望看到的结果，并且尽管有了现代设备，但产量并没有显著增加。诚然，农民在耕地上投入的劳力并不多，但他们获得的报酬却远低于正常水平。他们的牺牲实际上资助了这个国家的工业化。其中的一个结果是，人们移居到城市，那里的生活条件更好，有更多的机会找到报酬更高的工作。整个村庄的人口都减少了，每个人都看到了农业的问题。在 20 世纪 60 年代和 70 年代，政府做了各种各样的实验，试图提高农业部门的效率。首先，他们对农业合作社进行了整合，将保加利亚从一个典型的小土地所有制国家变成了一个大规模农业国家。由此建立的 700 个大型农场每个都有大约 7000 公顷的可耕地。然后，在 20 世纪 60 年代末建立了所谓的农工综合体，每个综合体拥有 2 万—3 万公顷土地，但结果是，由于官僚主义，这些综合体也未能提高农业的发展速度，导致保加利亚农业的发展速度落后于发达国家。不过，这也并不意味着没有取得任何成果。总的来说，农民过上了更好的生活，并且随着村庄里建筑的大规模翻新，村庄的面貌也发生了变化。

在那些年里，保加利亚获得了一个颇有争议的名号——“苏联最忠实、最顺从的‘卫星国’”。保加利亚是华沙条约组织和经济互助委员会的成员。许多排外行为，比如对新教牧师和天主教牧师的审判（这些行为最终导致保加利亚与美国断绝外交关系），都是冷战时期的典型行为。法国、美国和意大利在保加利亚开设的学校都被关闭了，这些学校的财产也被保加利亚政府没收。这种强硬的政治立场在 20 世纪 50 年代中期开始软化。保加利亚领导人再次遵照苏联的指示，恢复了与南斯拉夫和美国的关系——尽管并非毫无畏惧。随后，保加利亚于 1955 年成为联合国的一员。在 20 世纪 60 年代，向世界开放的进程变得更加明显。法国是保加利亚在文化领域保持着最好关系的西欧国家，保加利亚传统的经济联系则因“西德奇迹”而得以恢复。西德成为保加利亚在欧洲最大的经济伙伴，英国则小心翼翼地保持着与保加利亚的距离，两国之间的贸易保持在异常低的水平。同时，保加利亚与一些第三世界国家的关系开始建立和改善，这些国家是保加利亚重要的外汇来源和质量不高的工业品的绝佳市场。数千名保加利亚专家曾在阿尔及利亚、伊拉克、利比亚和突尼斯工作。巴尔干半岛的形势也发生了变化，保加利亚与希腊的关系在20世纪60年代末明显改善，但其与南斯拉夫的关系仍然紧张。在若干国际论坛上，贝尔格莱德定期提出皮林地区“马其顿少数民族”的问题。在那些年里，保加利亚的外交政策一刻也没有偏离莫斯科的指示，并且在1968年，保加利亚军队参与了对捷克斯洛伐克“布拉格之春”的镇压。

内部的反对

20世纪50—70年代，与其他东欧国家相比，保加利亚国内对新政权的抵制力度显得更弱一些。自然，强大的镇压机构是造成这种情况的原因之一，但也是有其他原因的。亲俄倾向在保加利亚有着悠久的传统，因此保加利亚对苏联政治、经济和文化影响的排斥比波兰或罗马尼亚要弱得多。在那个时期，生活水平的提高是一个不可否认的事实，由于保加利亚人倾向于将他们的处境与自己以前的处境进行比较，而不是与其他同时代人（即西欧国家的人）的处境进行比较，所以他们可能对自己的房子、汽车和别墅比较满意。日夫科夫本人非常善于笼络各个社会阶层，因此有些群体或阶层即使不支持他，也只是表示不关切，而不会表示反对。然而，尽管如此，保加利亚也从来不缺少政权的反对者，虽然大多数人希望对意识形态进行改革，但希望其彻底改变的人要少得多。不同的社会阶层或多或少都有参与反抗活动。在20世纪50年代早期，农民是反抗的主要群体，他们反对给农业合作社提供土地和牲畜，因此有的人被送入了劳动营。在他们的反抗被平息后，政府作出了一定的让步，这至少部分缓和了反抗者的不满，接着，知识分子成了新思想的主要载体。

才华横溢的年青一代诗人、作家和艺术家在20世纪50年代后期涌现，并在保加利亚的艺术发展中留下了他们的印记。在赫鲁晓夫时期，苏联所谓的“解冻”政策促使保加利亚出现了不符合社会主义现实主义原则、宣扬新的人生观的作品。文学评论家、哲学家和社会科学家渴望保加利亚对西方开放，并更好地了解西方政治和文化思想。20世纪60年代，苏联异见作家亚历山大·索尔仁尼琴（Alexander Solzhenitsyn）作品的译本在保加利亚出现，年轻人把听西方音乐、模仿西方时尚视为一种抗议形式。当局也是这样看待这种做法的，在20世纪50年代末，一些年轻人因为穿紧身裤而被送进劳动营，在60年代，那些留着披头士风格发型的人被当局要求将头发剪短。在法国电影节期间，电影院前的长队被成千上万无法获得官方通行证的电影爱好者包围。不满的军人组织了一场企图推翻日夫科夫的阴谋，但很快就在1965年被揭发了，而策划者的实际动机至今仍不得而知。1968年的捷克斯洛伐克事件的影响在学生群体中也有所反映，他们中的一些人因进行反共宣传而被开除出了大学和共青团。1977年，托多尔·日夫科夫自己也承认，在保加利亚可以察觉到不同政见者的情绪。

“真正的社会主义”的危机与政权的更迭

危　机

20世纪70—80年代是托多尔·日夫科夫大权在握的时代。这位曾经反对个人崇拜的“斗士”自己成了一系列以个人崇拜为导向的“备忘录”“笔记”和“论文”的主题，这些东西使他在大众心目中成为国家发展中一切积极因素的创造者：上到经济结构的巩固，下到足球问题。可问题在于，积极的东西并不多。在日夫科夫掌权的最后十年里，保加利亚作了孤注一掷但有些混乱的努力，统治集团试图避开社会主义制度的缺陷，并使自己国家的技术发展和人口生活水平与西方发达国家持平。这些尝试以惨败而告终，这在很大程度上注定了社会主义制度在保加利亚的失败。

知识界的情况也发生了变化。在通信技术迅速发展的情况下，保加利亚无法与世界信息的交流进程隔绝。20世纪70年代末和80年代初，保加利亚为举办建国1300周年庆典付出了巨大的努力。这在很大程度上归功于当时最年轻的政治局委员——托多尔·日夫科夫的女儿柳德米拉·日夫科娃（Lyudmila Zhivkova）的干劲。从20世纪70年代中期开始，她逐渐被推到政治生活的前台上，并最终负责整个文化领域的工作。很明显，日夫科夫正在培养她成为党内的接班人。20 世纪 70 年代末，人们对日夫科娃在保加利亚发展中地位和作用的看法并不一致，甚至相互对立，但关于她帮助保加利亚实现了对外开放这一点，大家几乎都没有异议。经过几十年的“国门紧闭”，许多知识分子有了更多的机会周游世界，了解当代的政治和意识形态趋势。莫斯科方面对保加利亚的周年庆典持保留态度，认为这是保加利亚民族主义和反对无产阶级国际主义的表现。1981 年，日夫科娃突然去世，结束了这一新的发展。

保加利亚领导人对波兰事态的发展感到震惊，因为这预示着东欧共产主义政党前景不妙。为了防止索非亚反对派情绪的上升，保加利亚领导人更加注重满足消费者的需求，从西方进口了更多的消费品。蓝色牛仔裤成了社会地位的象征。由于西方国家操纵货币汇率，所产生的汇率差又必须由保加利亚国家政府自己承担，这反过来又导致了外债的进一步增加。负面的社会现象在 20 世纪 80 年代中期开始逐渐增多，非法外汇交易盛行。在黑海沿岸、城市和山区度假胜地，中间人以有利可图的汇率招揽西方游客。有幸换到美元、英镑或德国马克的人可以在科雷科姆国有公司（Corecom stateowned company）这样拥有更好货源的商店购物，该公司进口质量更高的消费品，并只以可兑换货币出售。保加利亚在国际上的声望因以下指控而开始下降：特工组织了对移民作家乔治·马尔科夫（Georgi Markov）的谋杀，并于 1981 年企图暗杀教皇约翰·保罗二世（Pope John Paul Ⅱ）。保加利亚的经济发展速度有所放缓，并且虽然科兹洛杜伊（Kozloduy）附近有一座核电站在运行，但仍存在电力短缺的问题。其实，即使以欧洲国家的标准来看，保加利亚的发电量也不算小，但由于生产技术落后，发电消耗了其太多能源。20 世纪 80 年代中期开始，保加利亚被迫实行轮流停电制度，由此产生了许多苦涩的故事。根据其中一个故事的说法，保加利亚的夜晚灯火忽暗忽明，犹如一个迪斯科舞厅。

20 世纪 80 年代，社会上的冷漠情绪迅速增长，特别是年轻人，他们沉浸在自己的问题中，理所当然地拒绝了宣传运动。变革希望渺茫，保加利亚知识界也没有波兰和捷克斯洛伐克知识界那样的信心。20 世纪的悲惨命运、国家灾难以及一再表现出的对大国政策的依赖表明，在莫斯科开始变革之前，保加利亚的变革几乎是不可能出现的。因此，知识界很快就认可了戈尔巴乔夫在苏联的上台及其宣布的“公开性”和“改革”政策(policy of glasnost and perestroika)。人们对苏联发生的事件产生了浓厚的兴趣，并且令保共高层极为不满的是，人们开始急切地阅读苏联报纸和杂志，而这些报纸和杂志公开批评了苏共高层的无能和腐败。托多尔·日夫科夫在当时的一次演讲中表达了他的理想，他说人们应该“低头”，等待风暴过去，但他已经不再有任何回旋的机会了。

在这样狂热的社会状态下，一场环保运动兴起了。羽翼未丰的反对派高举多瑙河沿岸城市鲁塞的旗帜，因为这座城市被河对岸的罗马尼亚化工厂所污染。这一选择是由反对派运动的有利前景决定的，但前提是这个问题已成为一个国际问题。1988 年 3 月 8 日，共产党员和有反共思想的知识分子共同成立了保护鲁塞委员会（Cornmitte for the Defence of Rousse)。尽管保共领导层迅速作出了反应，但该运动并没有像往常那样在萌芽状态就被粉碎。1988 年秋季之后，反对派政治团体和独立工会运动也开始出现，包括支持“公开性”和“改革”的讨论俱乐部（Discussion Club in Support of Glasnost and Perestroika)、生态开放运动（Ecoglasnost Movement）和波德克雷帕工会（Podkrepa Trade Union)。法国总统弗朗索瓦·密特朗（Francois Mitterrand）的访问有力地推动了反对派的情绪，他邀请了保加利亚最著名的反对派到索非亚的法国大使馆共进早餐。日夫科夫不得不同意这样一次前所未有的会面，这被看作是他软弱的表现。1989 年春天，每个人都期待着变化，许多人都希望日夫科夫在年底前下台。5 月，土耳其族人居住地区的局势严重恶化，土耳其秘密组织发动了几次恐怖袭击，造成了无辜妇女和儿童的死亡。经过几次大规模的示威游行，政府决定向所有保加利亚公民开放边境。土耳其曾宣布将接受来自保加利亚的移民，但没有人预料到有大批移民涌向保加利亚南部边境。在 30 多万名土耳其族人越过边境后，安卡拉在 8 月再次关闭边境，造成不少家庭两地分离。这次大规模迁徙再次引起了全世界对保加利亚的关注，从长远来看，连苏联也不在这一问题上支持索非亚。日夫科夫在国内外都被孤立了。1989 年 11 月 10 日，他被迫辞去保共总书记一职。他的职位被外交部长佩塔尔·姆拉德诺夫（Petar Mladenov）接替，后者曾在政治局中领导反对派。

制度的变迁

尽管困难重重，但各党派最终还是达成了一项协议：召开大国民议会，就新宪法进行讨论。在随后进行的选举中，保共希望向选民展示一种新的民主面貌。因此，它更名为保加利亚社会党（Bulgarian Socialist Party，BSP），其喉舌《工人事业报》（*Rabotnichesko Delo*）更名为《言论报》（*Douma*），由党内的反对派之一斯特凡·普罗德夫（Stefan Prodev）领导。社会党在选举中赢得了 44%的选票，这确保它在议会的 400 个席位中拥有 211 名议员。反过来，尽管竞选时间很短，民主力量联盟（Union of Democratic Forces，UDF）还是取得了相当大的成功，赢得了 144 个席位。农民联盟赢得了 16 个席位，而主要代表土耳其族利益的争取权利和自由运动（Movement for Rights and Freedoms，MRF）赢得了 23 个席位。

民主力量联盟设法在 1991 年秋季举行的大选中获得了极微弱的优势。结果显示，民主力量联盟获得 110 个席位，保加利亚社会党获得 106 个席位，争取权利和自由运动获得 24 个席位，这体现了国民议会中的权力平衡。11 月 8 日，民主力量联盟政府成立，其由菲利普·季米特洛夫（Philip Dimitrov）领导，并得到了争取权利和自由运动的支持。保加利亚恢复议会民主的过渡时期由此宣告结束。

摇摆不定的民主

在某些方面，保加利亚此前近十年的发展与其他东欧国家没有什么不同，不过在其他方面，它也有自己的特点。

计划经济崩溃了，大多数农业合作社——包括亏损的和盈利的——都被解散了。将土地归还给前所有者的过程也持续了多年。土地问题的关键在于，这些前所有者中的许多人已经在城市里生活了多年，他们已经无意耕种自己的土地，而是把这些土地视为可能出售的一种资金来源。然而，土地无人问津，甚至直到今天，耕地也没有真正的市场。保加利亚的耕地急剧减少，成千上万公顷的果园和菜园被遗弃，烟草和玫瑰油等传统产业濒临破产。保加利亚这个原本向其他东欧国家提供农产品的国家，在 20 世纪 90 年代中期左右竟然走上了进口主要粮食的道路。

此外，保加利亚的工业产量下降了三分之一，数十家亏损经营的公司被关闭。一些企业实际上被它们的新所有者洗劫一空，这些人并不想发展生产，只是想出售原企业的物资。保加利亚失去了东欧和阿拉伯世界的传统市场，并很难获得新的市场。它的失业率达到了近代历史上前所未有的水平，全国的失业率达到 20%，在一些不发达地区则高达 30%—40%。私有化是一个缓慢而艰难的过程，立法的缺陷和政治上的顾虑阻碍了它的进程。相当大一部分工业资产被交给了执政党的政治伙伴，还有一部分落入了与犯罪者有关联的人手中，外国投资则来得缓慢而犹豫。

社会保障体系崩溃了。国家动用了养老基金，这导致保加利亚（人口老龄化国家之一）的养老金储备只能让领取者勉强维持生活。教育也遭受了一系列冲击，数以万计的儿童（主要是罗姆人）失学。

受教育程度较低的阶层受经济和社会危机的影响最大，一些城市的罗姆人失业率高达 90%。

然而，维持社会稳定的代价太高了。事实证明，许多民主力量联盟的政客太过腐败，他们和某些经济界人士的联系非常密切。大量的年轻人离开了这个国家，这对知识界的打击尤其严重。尽管国家尽了一切努力，但犯罪活动仍未得到遏制，这导致公众情绪发生了新的根本性变化。2001 年 6 月 17 日，以保加利亚前国王为核心的西梅翁二世民族运动（Simeon Ⅱ National Movement，SNM）以多数票赢得了大选。此前，该党在竞选活动中向民众承诺迅速提高生活水平，实现透明政府，并打击腐败和犯罪。总统选举结果加剧了前君主成为共和国总理的矛盾。民主力量联盟的候选人、现任总统佩塔尔·斯托扬诺夫（Petar Stoyanov）败选，而社会党的领袖格奥尔基·普尔瓦诺夫（Georgi Purvanov）于2002年1月当选总统。

政府在几乎前所未有的公众的高度信任下开始运作，却很快就失去了权威。西梅翁总理本人也没能清楚地说明他从政的原因。事实证明，竞选时所作的承诺太大了。收入最低的阶层情况略有改善，国家的经济形势稳定下来，并且过去几年的经济增长让人们看到了希望，尽管一切都发展得缓慢而痛苦。令人意想不到的是，在他任期结束时，西梅翁·萨克森-科堡-哥达（Simeon Saxe-Coburg-Gotha）开始重新获得一些他已失去的政治影响力。在此前的十年中，保加利亚人民第一次感到他们的生活水平有了一定的提高，尽管提高的幅度相对有限。

旅游业和建筑业在2004—2005年出现了前所未有的增长。英国、德国、荷兰和比利时游客的数量再次增加。西梅翁这位前沙皇成功地在社会上建立了一种对抗性不那么强的政治风格，这种风格立即受到了选民的欢迎，他们对持续不断的粗鲁的政治争吵感到厌恶。然而，前几届政府遗留下来的大量问题并没有得到解决——犯罪仍然猖獗，教育质量落后，罗姆人处境极其艰难的问题无法解决，人民的医疗援助系统仍然存在不足。

从外部看保加利亚

（第23S期，机密）索非亚，4月15日

先生：

我将荣幸地报告我在保加利亚待了三个月后对这个国家的一些印象。

2.[①] 当得知我要离开巴黎去索非亚时，我想起了伏尔泰笔下的“老实人”（Candid）[②] 是如何被赶出他的“人间天堂”，来到

① 此处原文即缺失序号1的内容。——译者注

② 即“老实人”甘迪德，法国著名启蒙思想家伏尔泰的小说《老实人》中的主人公。——译者注

了保加利亚的蛮荒之地的。在那里，他经历了许多磨难，后来才逃到别处继续冒险。接下来，在我这个没有战后在东欧生活经历的人与其他有相关经历的人讨论了前景之后，我必须承认，我对自己在这个国家的未来生活感到非常不安。结果，现在我却发现这种新的体验很迷人，甚至很有挑战性（这个词我不喜欢，但它却可以明确表达我的意思）。

3. 索非亚这座城市的海拔为1800英尺，它在冬天是单调和沉闷的，尤其是当人离开市中心——这里的房子都很破旧，即便是新的，也是按照较低的标准建造的——的时候。但随着冬天的过去，这种单调感便消失了。此时人行道上肮脏的雪消融了；街道两旁的树木和布局良好的空地都呈现出缤纷的色彩。此外，在半小时或更短的时间内，人们可以在一个可与瑞士媲美的乡村漫步。随着工业和官僚机构的发展，索非亚的人口在1946—1961年间增加了一倍多，现在至少占据了保加利亚800万总人口的十分之一。虽然在过去几年里索非亚建造了大量新的公寓大楼，并且建设仍在进行，但两个或两个以上的家庭共用一间公寓是很常见的，许多家庭都挤在一间公寓里。很少有西欧人能看到保加利亚人家中的内部环境。统治集团的房子和公寓都很豪华，在索非亚市中心的总理的公寓里，一段绿色大理石楼梯通向装饰雅致、家具齐全的大厅和客厅。与之相比，普通工人或专业人士的家庭内部在各方面就显得平平无奇，就和廉价油漆剥落的建筑外立面或街上常见的黑漆漆的脏楼梯一样，没有太大的吸引力。许多公寓缺乏自来水和电力。毫无疑问，保加利亚的普通城市居民生活在英国工人都觉得无法忍受的拥挤环境中。人们的工资和薪金很低，由于配送体系较差和其他因素，许多生活必需品还会定期出现短缺，而且由于奢侈品——还是质量相当低的那种——只能在破旧的商店里以很高的价格买到，保加利亚普通城镇居民的日子并不好过。

《苏联和保加利亚》（*Soviet Bulgaria*）第二卷，1964—1966年，引自英国

首任驻保加利亚大使在任时的外交部档案，索非亚，1999 年

赫兹·M.（Herz M.）：《美国大使生命中的 215 天》（*215 Days in the Life of an American Ambassador*），乔治城大学外交研究所，1990 年

1977 年 1 月 2 日。昨天相当于保加利亚人的圣诞节，新年前夜人们会互赠礼物并与家人团聚，有时大家会围坐在“新年树”旁。当然，仍有相当多的保加利亚人在圣诞节当天庆祝圣诞节，但政府并不理会他们。商店橱窗里的装饰品仍然体现出一点圣诞气氛，其中一些不仅有金属箔和银球，甚至还有装饰好的树，但整体情况相当敷衍。鉴于商店普遍单调的外观和广告的缺失，不知何故，一切看起来都有点像走过场。然而，在这个季节，可以在商店里买到更多的东西。据报道，已有 94 种商品为此降价。星期五，即 12 月 30 日①，我和伊丽莎白去市中心散步，想看看有什么变化。

让我们印象深刻的第一件事是，可以买到橙子了——它们全部装在网袋里，每袋 2 千克，售价 1.96 列弗（原价为 2 列弗）。当我们试图数数这样一个袋子里有多少个橙子时，我们注意到一共有 7 个，相当于 28 斯托廷基②（约 29 美分）1 个橙子。这个时候，一位售货员自豪地拿出另一个同样重的袋子，里面装着 11 个较小的橙子。汇率在很大程度上肯定是被人为操控的，所以说柠檬 1.18 列弗 1 千克相当于 50 美分 1 磅这样的换算方式并不完全准确，但保加利亚工人的月平均工资是 150 列弗，我们由此可以得出列弗的购买力。

还有大量的肉类，价格从每千克 2.4 列弗到 3.2 列弗不等，比我们在外交商店付的价格还要低，但外交商店卖的肉质量更

① 1976 年 12 月 30 日是星期四，因此这里实际应为 12 月 31 日。——译者注
② 1 列弗等于 100 斯托廷基（Stotinki）。——译者注

高，普通民众一般是买不到的。我们还看到了冷冻鱼，它们被从大块切成小块来售卖，价格从每千克 80 斯托廷基到 1.5 列弗不等。香肠每千克 4.6 列弗，肉酱每千克 1.8 列弗。还有两千克一装的价值 1.76 列弗的小葡萄柚。它们应该很多汁，但在这里很少见。最令人惊奇的是，我们看到几个知名品牌的进口苏格兰威士忌的标价只有 12 列弗，但好像已经卖完了。人们挂在新年树上的银球价值 60 斯托廷基。

当然，只注意保加利亚工人的平均工资，而不注意他们享受的福利，这是非常不公平的。这些人只需付很少的房租，还享受免费教育和医疗保健，并且通常只以象征性的价格在公共度假胜地度假。打一次电话要 2 美分，在索非亚城内寄一封信要 1 美分，寄到保加利亚其他地方要 2 美分。坐电车要 4 美分，坐公共汽车 6 美分。如果要将保加利亚与西方进行真正的比较，我们需要进行大量复杂的分析，但有两点是清楚的：一是保加利亚的消费品供应非常短缺，质量差且价格昂贵；二是今天普通保加利亚人的生活肯定要比几年前好。此外，一些人很有钱，因此当国家宣布乌赫牌（Uher）录音机的价格从 1650 列弗降到 1400 列弗时，只有他们买得起。

在漫长假期的周末，我们拜访了一位在这里待了三个月的美国教授……他说，大学教授的基本工资为每月 320 列弗（理论上等于 310 美元），但还有额外补贴：如果此人有博士学位——这对教授来说是正常的——那么他每月还有 80 列弗的额外收入，而如果他是某部门的负责人，他每月还有 15 列弗。副教授的基本工资是每月 260 列弗，讲师每月 205 列弗，助教每月 165 列弗。除此之外，他们的工资也会随着工龄的增加而增加：5 年后增加 4%，10 年后增加 8%，等等。如果此人（或其他任何人）有一个孩子，他每月会再得到 5 列弗；如果有两个孩子，一个月能得到 20 列弗；如果有三个孩子，一个月能得到 80 列弗——保加利亚鼓励人们多生孩子。除了工资和津贴，一位教授还可以获得学术出版物的报酬——一篇75页的文章可以获得600列弗的酬劳。此外，教授会因为额外的工作而获得额外的报酬，例如在学期之间的假期授课。最重要的是，教授的家庭中可能有三名成员可以为家里赚钱。这位美国教授认识的一位保加利亚教授每月花19列弗租房，前者说后者的公寓按保加利亚的标准来说很有吸引力。

顺便说一句，大学最近修改了对学生的奖励制度，除了免交学费，学生还可以根据成绩和参与政治活动的情况领取一定的“津贴”。平均成绩为A的学生每月可获得65列弗，平均成绩为B的学生每月获得50列弗，平均成绩为C的学生每月获得40列弗。如果参加共青团（Komsomol）活动与劳动队的工作，还可以获得额外的酬劳。由于大学里的共青团领导人往往都是党内要人的子女，因此一定比例的津贴最终会落到这些索非亚的“镀金青年”手里。权威人士告诉我，活跃在共青团的C级学生现在可以比不活跃的A级学生得到更多的奖励。顺便说一句，已婚学生每多生一个孩子每月可得到80列弗……

我在前面已经提到过，这里有些人很有钱。这是一个令人困惑的问题，因为我们不清楚，特别是一些年轻人，当他们去维托沙山滑雪时，为什么可以开着自己的汽车并展示西方最新款的运动设备。显而易见，保加利亚出现了一个“新阶层”，但我们还不太清楚它的规模。索非亚（一个大约有100万人口的城市）共有大约10万辆私人汽车。只要有钱，任何人都可以买到一辆汽车——一辆小型日古利汽车（Zhiguli）大约价值5000列弗——但要在等候名单上排在前列，并在优惠的付款条件下才能买到这辆车，而这显然取决于一个人的政治地位和社会关系；所有权本身确实是私有的，就像公寓和乡村住宅可以被那些有权利的人拥有一样。

然而，政治精英并不炫耀自己的财富。日夫科夫自己就住在一间公寓里——博亚纳（Boyana）的“官邸”只是作为象征，就和在洛塞内茨（Losenets）和弗拉纳（Vrana）的“官邸”一样。但政府的一些大人物也确实拥有很棒的私人别墅，带有游泳池和精心修剪的花园，这些别墅位于博亚纳附近，一般公众无法进入。

BBC 新闻，1999 年 11 月 22 日

美国总统比尔·克林顿在参加完在保加利亚首都索非亚举行的庆祝活动后，结束了对保加利亚的访问。1989 年柏林墙倒塌时，人们在涅夫斯基广场（Nevski Square）举行了游行，如今克林顿在这里发表讲话，感谢保加利亚支持北约最近对邻国塞尔维亚的空袭。他表示，美国人和保加利亚人应该共同努力，建设一个统一、民主、和平的欧洲。

“当这种对未来的憧憬受到米洛舍维奇（Milosevic）总统在科索沃的野蛮行动的威胁时，你们站在了北约这一边。我知道这对大家来说都很艰难。但我请你们想一想，如果你们没有站出来，会发生什么。整个地区会被难民淹没，‘远离东南欧’的消息会传到世界各地。”

克林顿的演讲结束后，教堂钟声敲响，烟花照亮天空，民谣歌手演唱了歌曲《我美丽的森林》（*My Beautiful Forest*），这首歌成为保加利亚反共行动的颂歌。克林顿是第一位访问保加利亚的美国总统，他受到了英雄般的欢迎。大约有 3 万人聚集在广场上聆听他的演讲，当他走上舞台时，人们不断地高喊他的名字。早些时候，克林顿对保加利亚争取加入北约的努力给予了鼓励。一名白宫高级官员提到，在与保加利亚总统佩塔尔·斯托扬诺夫的会谈中，克林顿表示，“从某种程度上说，科索沃冲突后，北约有更令人信服的理由在下一轮东扩中考虑东南欧国家的加入”。这位官员补充说：“这些国家支持北约在科索沃的行动的决定实

际上是他们看待世界的方式的一个分水岭。”

在经济方面，美国官员承认，前南斯拉夫多年的冲突和对贝尔格莱德的制裁对保加利亚的伤害比其他大多数国家都更大，它们切断了保加利亚与塞尔维亚的贸易和通往西欧的运输路线。美国官员表示，此次访问的主要目的之一是鼓励持续的经济改革。

斯托扬诺夫总统表示，尽管在民主化方面面临经济问题，但他的国家将坚持民主。

美国承诺帮助保加利亚解决经济困难的问题。它会给保加利亚提供2500万美元用于债务偿还，700万美元用于司法系统的改善，500万美元用于粮食援助。

地名索引

Adrianople：阿德里安堡，现在称埃迪尔内或者奥德林（Odrin）。一个重要的拜占庭和土耳其城市，位于土耳其与保加利亚和希腊的边界附近。在那里的建筑遗迹中，最重要的是苏丹塞利姆清真寺（Sultan Selim Mosque）①。

Aenos：埃诺斯，土耳其的一个小镇，位于马里查河上，离爱琴海不远。根据1913年的《伦敦和约》，它是保加利亚和土耳其边界的两端之一。

Ahtopol：阿赫托波尔，保加利亚黑海海岸最南端的度假小镇。它始建于公元前7世纪，后来经历了希腊人的殖民、罗马人的征服、野蛮人的摧毁，后被拜占庭人重建为一座名为阿加托波利斯（幸福之城）的堡垒。镇上有建筑遗迹、城堡墙壁、一座建于1776年的教堂、一座19世纪的剧院、一座名为圣伊沃阿尼斯（St. Ioannis）的小修道院和一所古老的学校。

Bachkovo Monastery：巴奇科沃修道院，位于阿塞诺夫格勒（Assenovgrad）南部，罗多彼山北麓。由格鲁吉亚人格雷戈里·帕克里亚诺（Gregory Pakourianos）于1083年创建。它是保加利亚主要的修道院之一，保存着11世纪的珍贵壁画。

Balkan Range：巴尔干山脉，巴尔干半岛因它而得名，它从西到东横贯保加利亚。

---

① 即塞利米耶清真寺（Selimiye Mosque），1568—1574年建成。——译者注

Bansko：班斯科，皮林山脚下的拉兹洛山谷（Razlog valley）中的度假小镇，18 世纪末至 19 世纪是工艺品中心。这里有古老的房屋、教堂，如有一座钟楼和一座钟塔的圣三一教堂（1835 年建成），可追溯到保加利亚第二王国时期并有精美木雕的圣母玛利亚教堂。班斯科被认为是东正教修道士希兰达的帕伊西的故乡，也是保加利亚最大、最现代化的滑雪中心之一。

Ber：贝尔，即现在的韦里亚（Veria），位于希腊的一座城镇。

Bitolja：比托利亚，始建于 11 世纪的城镇，位于佩拉戈尼亚平原（Pelagonian plain）。一直到 1912 年，它都是马其顿西南部的商业中心。人们在那里发现了一段古老的保加利亚碑文（比托利亚碑文），这段碑文可以追溯到沙皇约翰·弗拉迪斯拉夫（1015—1018 年在位）时期，上面写道“保加利亚血统的保加利亚沙皇伊沃阿尼斯”修复了堡垒。该镇今天位于在北马其顿共和国境内。

Bolgrad：博尔赫拉德，位于比萨拉比亚（乌克兰）南部的城镇。那里的很大一部分人口是保加利亚人，他们是 18—19 世纪的定居者的后代。保加利亚第一所完整的教育机构——博尔赫拉德高中于 1858 年在此成立。

Borovo：博罗沃，保加利亚北部的一个村庄，位于多瑙河平原。

Boyana：博亚纳，中世纪要塞，现为保加利亚首都索非亚的一个住宅区，位于维托沙山山麓。该地以一座教堂而闻名，教堂中有绘制于 1259 年的壁画。

Bunarhissaar：布纳希萨尔，土耳其欧洲领土东色雷斯地区的一个小镇。位于斯特朗加山（Strandja）的西南坡。

Buyuk mosque：布尤克清真寺，位于索非亚的保加利亚国家考古博物馆的现所在地。

Catalça：加塔尔萨，距离伊斯坦布尔约 30 千米的一个狭窄的半岛。

Chiprovtsi：奇普罗夫齐，保加利亚西北部的一个小镇。至今仍是重要的地毯产业中心。

Constantinople：君士坦丁堡，公元 4 世纪，君士坦丁大帝将古老的拜占庭定为东罗马帝国（后来的拜占庭帝国）的首都。君士坦丁堡在5世纪成为普世牧首的驻地。斯拉夫人用他们自己的语言翻译了它的名字，称之为沙皇格勒（皇帝之城）。后来土耳其人把它的希腊语名字改成了伊斯坦布尔。

Danubian principalities：多瑙河公国，瓦拉几亚公国和摩尔达维亚公国的俗称，两公国1862年合并为罗马尼亚联合公国。

Debar：德巴尔，现位于北马其顿西部的一座城镇。保加利亚民族复兴运动期间著名的圣像画师和木雕师的聚集地。

Devnya：德夫尼亚，瓦尔纳市附近的工业中心。

Dimitrovgrad：季米特洛夫格勒，一座在20世纪40年代末设计和建造的城市，是社会主义工业政策的典范。

Dobro Pole：多布罗波尔地区，一个山区，今天位于北马其顿共和国境内。

Doiran：多里安，北马其顿和希腊边界附近的一个湖泊名和一座城镇名。

Eastern Thrace：东色雷斯，今天土耳其在欧洲的领地。

Eski Çumaya：埃斯基苏马亚，今天的特尔戈维什特（Targovishte），保加利亚东北部的一座城镇，是最早拥有钟楼的城镇之一并以此闻名。

Gabrovo：加布罗沃，保加利亚中北部的一座城镇，位于扬特拉河沿岸。埃塔拉（Etara）户外博物馆就在它附近，当地的特色是几十座典型的民族复兴时期的房屋，其中有作坊和商店。熟练的手工工人在游客眼前锻造刀具、编织地毯或缝制衣服，游客可以购买自己喜欢的物品。

Golden Horn：金角湾，博斯普鲁斯海峡欧洲海岸的一个海湾。伊斯坦布尔位于其两岸。

Gorna Djumaya（**Çumaya**）：上朱马亚，今天保加利亚西南部的布拉戈耶夫格勒市（Blagoevgrad）。城中有一个保存完好的民族复兴时期的社区瓦罗沙（Varosha）。它还是一座大学城，其中包括保加利亚美国大学（American University in Bulgaria）。

Gümürdjina：居缪尔吉纳，一座小镇，今天位于希腊境内。

Haskovo：哈斯科沃，保加利亚东南部的一座小镇，是一个烟草加工业中心。

Hilandar：希兰达，18—19 世纪阿托斯山上受到保加利亚广泛影响的修道院之一。

Ioannina：约阿尼纳，位于希腊的小镇。

Kabyle：卡比尔，一座古代色雷斯城市，位于今天的扬博尔附近，一直存在到 4 世纪末。它在古希腊时代铸造了自己的硬币。该遗迹包括部分城墙和大型建筑。

Kailar：凯拉，今天位于希腊的托勒马伊达（Ptolemaïda）。

Karlovo：卡尔洛沃，巴尔干山脉南坡的一座城镇。精油（玫瑰、薄荷、薰衣草）种植和生产中心之一。拥有玫瑰博物馆。瓦西尔·列夫斯基、伊万·博戈罗夫（Ivan Bogorov）、埃夫洛吉·格奥尔吉耶夫和赫里斯托·格奥尔吉耶夫兄弟的故乡。

Kavadartsi：卡瓦达尔齐，北马其顿的一座城镇。

Kavala：卡瓦拉，希腊东北部的一座城镇，位于爱琴海之滨。

Kazanlak：卡赞勒克，保加利亚的一座城镇，位于托恩加河（river Toundja）畔。著名的卡赞勒克墓在附近被发现，这是欧洲完整保存的最古老的古代遗迹之一。该墓葬的墙壁上覆有壁画，以植物图案、战争场景和对一场葬礼宴会的独特描绘为特色。色雷斯城镇修托波利斯的遗迹也在附近。从 16 世纪末至今，卡赞勒克一直都是玫瑰精油的生产和贸易中心。当地保有许多民族复兴时期的房屋，还有几座教堂、一座珍贵的钟楼、一座内置式喷泉和一个由德巴尔工匠制作的独特的圣障①。

Kicevo：基切沃，北马其顿的一座城镇。1913 年以前是一位保加利亚大主教的驻地。

Koprivshtitsa：科普里夫什蒂察，号称博物馆之镇，也是一处旅游胜地，它的大部分房屋都可以追溯到 18—19 世纪。

---

① 圣障，东正教用来分隔教堂内殿用的屏帏。——译者注

Kostur：科斯图尔，今天希腊的卡斯托利亚（Kastoria）镇，位于一个湖边。

Krushevo：克鲁舍沃，北马其顿共和国的一座城镇。一个以它命名的共和国在 1903 年的圣以利亚日起义中被宣布成立。

Kukush：库库什，今天希腊的基尔基斯（Kilkis），爱琴海马其顿的城镇。戈采·代尔切夫（Gotse Delchev）、赫里斯托·斯米尔恩斯基（Hristo Smirnenski）和赫里斯托·马克东斯基（Hristo Makedonski）的故乡。

Kurdjali：库尔贾利，罗多彼地区东南部的一个小镇。镇上有历史博物馆，其中展示着新石器时代、青铜时代和铁器时代以及古代和中世纪丰富的考古发现。所谓的“石蘑菇”——呈蘑菇、圆柱或方尖碑状的岩层，以及拜占庭时期的佩尔佩利孔（Perperikon）堡垒都位于附近。

Lerin：莱林，今天希腊的弗洛里纳（Florina）镇。

Lom：洛姆，保加利亚北部的一座城镇。19 世纪 70 年代多瑙河下游最重要的港口之一。

Lovech：洛维奇，保加利亚北部的一座城镇，有一个民族时期的街区和一座教堂，教堂里有德巴尔工匠雕刻的圣障。1872—1874 年，建筑师克利奥·菲切托（Kolyo Ficheto）在当地建造了这个国家唯一的廊桥，桥身完全由木头构成，基座用石头建造。

Lozengrad：洛岑格勒，保加利亚民族复兴运动的中心之一，位于斯特朗加山，今天位于土耳其东色雷斯地区的克尔克利斯（Kirklise）。

Lüleburgaz：吕勒布尔加兹，土耳其欧洲部分的一座城镇，位于布尔加泽尔河（river of Burgazdere）畔。

Madan，**Rudozem**：马丹、鲁多泽姆，罗多彼地区的工业城镇。

Madara：马达拉，保加利亚北部的一个村庄。它以保有诸多遗迹而闻名，包括一座罗马人的大型庄园，一座古罗马时代色雷斯人的圣坛，古保加利亚人的神坛、宫殿、水池的遗迹，以及马达拉骑士（Madara Horseman）的浮雕（展现了 8 世纪一位保加利亚统治者的凯旋）。高原上有一座岩石城堡，其中有一座保加利亚第一和第二王国时期的小教堂。

Maritsa：马里查河，保加利亚最大的河流。它发源于里拉山，向东和东南流动，直到爱琴海。在民族复兴时期，它被用来运输木材，后随着铁路的修建而失去了意义。

Mehomia：麦霍米亚，今天的拉兹洛格（Razlog），保加利亚西南部的一座城镇，位于里拉山和皮林山之间。

Messembria：默森布里亚，今天的内塞巴尔（Nessebur）。它是黑海上的一个港口，始建于约公元前6世纪，是色雷斯人的聚居地和希腊人的殖民地。中世纪时期，它在拜占庭和保加利亚之间来回易手。这座博物馆式的小镇保存着一批中世纪教堂和一个建于18世纪末19世纪初的民族复兴时期的街区。这里是黑海最大的度假胜地之一，阳光海滩（Sunny Beach）就在附近。

Mezek：梅泽克，保加利亚南部的村庄，它早在16世纪就已为人所知。在它附近有一座堡垒和一座色雷斯人的坟墓。

Midia：米迪亚，土耳其欧洲部分的一座城镇，濒临黑海。根据《伦敦和平条约》（London Peace Treaty），它是保加利亚和土耳其边界的两端之一。

Morea：摩里亚半岛，即希腊的伯罗奔尼撒半岛。

Mt. Athos：阿索斯山，希腊北部的一个半岛山，是更大的查尔西迪斯半岛（Chalcidice peninsula）的一部分。中世纪早期这里成为一个修道院中心。这里拥有数十座修道院和教会建筑，包括希腊、塞尔维亚、保加利亚和格鲁吉亚的修道院。它是中世纪的学术中心，即使在今天，它在希腊内部也享有一定的自治权。

Muglen：穆格伦，中世纪的保加利亚城镇，南马其顿的一位主教的驻地，今天位于希腊境内。在奥斯曼帝国入侵期间被摧毁。

Negotino：内戈蒂诺，瓦尔达河畔的一座北马其顿城镇。

Nevrokop：内夫罗科普，即今天位于皮林和罗多彼地区之间的梅斯塔河河谷的戈采·代尔切夫镇。保加利亚最大的古罗马城镇之一——尼科波利斯和内斯图姆，以及保存有民族复兴时期建筑的科瓦切夫齐（Kovachevtsi）

村和多伦（Dolen）村都位于附近。

Nicopolis：尼科波利斯，今天的尼科波尔（Nikopol），位于多瑙河南岸的城市。

Nicopolis ad Istrum：尼科波利斯和·阿德·斯特鲁姆，保加利亚国内罗马风格的城镇。由图拉真皇帝在106年战胜达契亚人后建立（多瑙河畔的胜利镇）。10世纪，一座保加利亚小镇在废墟上拔地而起。当地的考古发现包括城镇、广场、剧院、商店、浴室等。

Nicopolis ad Nestum：尼科波利斯·阿德·内斯图姆，保加利亚国内罗马风格的城镇。由图拉真皇帝在106年战胜达契亚人后建立（梅斯塔河畔的胜利镇）。位于今天戈采·代尔切夫附近的加尔门（Garmen）村。当地的考古发现包括5—6世纪的早期基督教教堂，其中带有彩色马赛克地板和丰富的装饰。

Niš：尼斯，今天位于塞尔维亚境内。

Novae：诺瓦埃，古代晚期和拜占庭早期一个设防的军营和主要的城市中心，当时它也是一个大型的基督教中心，位于今天的斯维什托夫以东。它在7世纪被摧毁。当地的考古发现包括四座大殿以及铭文和浮雕。

Ochrid：奥赫里德，奥赫里德湖畔的一座城市，建于公元前4世纪，在9世纪成为保加利亚的一部分。保加利亚民族复兴时期的中心之一。今天位于北马其顿境内。

Oescus：拉丁语单词，即伊斯克尔（Iskur），古罗马城镇，现已成为废墟，位于今天普列文地区的吉根（Gigen）村附近。当地的考古发现包括一幅3世纪的彩色马赛克地板、一座巨大的公共建筑、一座福尔图娜（Fortuna）神庙、一个浴室以及商店、房屋等。

Ouzoundjovo：乌苏恩德约沃，保加利亚南部的一个村庄。它以拥有保加利亚境内最大的集市而闻名，但在铁路修建衰落了。

Panagyurishte：帕纳久里什泰，一个传统的地毯工业中心。

Pannonia：潘诺尼亚，一片今天位于匈牙利境内的平原。

Phanagoria：法纳戈里亚，一座古代和中世纪城市，位于亚速海上的塔曼半岛。它可能是7世纪大保加利亚的首都。

Pirot：皮洛特，今天位于塞尔维亚境内。

Pleven：普列文，保加利亚北部的一座城镇。为了纪念保加利亚解放一百周年，那里建造了一个精美的全景展——《普列文史诗1877》。

Pomorie：波摩莱，黑海之滨的城镇。

Prilep：普里莱普，今天是北马其顿共和国的一座城镇。根据《布加勒斯特条约》(1913)，它曾是塞尔维亚王国的一部分。

Rabisha：拉比沙，保加利亚西北部的一个村庄，拥有全国最美丽的岩洞之一，岩洞中的岩画保存完好。

Razgrad：拉兹格勒，保加利亚东北部一座建于古代的城镇，当时的名称是阿伯里图斯（Abritus）。两座古代要塞的遗迹今天仍然保存。

Rhodope mountains：罗多彼山，位于保加利亚南部。

Rila Monastery：里拉修道院，保加利亚最大的修道院建筑群（占地8800平方米），位于里拉山。它由里拉的圣约翰于10世纪创建，并接受了保加利亚沙皇约翰·阿森二世（1218—1241）、卡利曼一世（1241—1246）和约翰·希什曼（1371—1393）的慷慨捐赠。这座修道院内有丰富的壁画和精美雕刻的圣障，是保加利亚最重要的文化、教育和文学中心之一，目前约有9000本古籍存放在这里。

Rogozen：罗戈曾，保加利亚北部的一个村庄。在周围的田野里发现了一批公元前5世纪末的色雷斯宝藏（罗戈曾宝藏）。这些宝藏有165件纯银制品，上面覆盖着黄金，是迄今为止发现最大的色雷斯人金属雕刻和工艺方面的收藏品。

Sadovo：萨多沃，保加利亚南部的一座城镇。该镇南部有一个古代定居点的遗迹和一座由六个埋葬土堆组成的墓地，里面有1—3世纪的遗迹。

Samokov：萨莫科夫，里拉山脚下的一座城镇。当地的拜拉克利清真寺（Bairakli Mosque）是保加利亚最典型的伊斯兰教建筑的之一。保加利亚最大的两个冬季滑雪场之一——博罗维茨（Borovets）滑雪场，距其只有15千米远。

Sardica：撒尔底迦，公元前 8 世纪由色雷斯人建立。公元 1 世纪被罗马人征服，取名撒尔底迦。9 世纪它成为保加利亚的一部分，当时它被重新命名为斯雷德茨（Sredets）。14 世纪末被奥斯曼帝国统治，改名为索非亚。

Sharköy：萨科，土耳其的一座城镇，位于马尔马拉海的北岸。

Serres：塞雷斯，希腊的一座城镇。它最初是色雷斯部落的一个定居点，在 19 世纪是马其顿的一个手工业和贸易中心，并根据《布加勒斯特条约》被割让给希腊。

Seuthopolis：修托波利斯，早期希腊时代的色雷斯城市，其遗迹如今位于一座水库的底部。

Shkodër：斯库台，阿尔巴尼亚北部的一座城镇，靠近斯库台湖。

Shoumen：舒门，保加利亚北部的一座城镇，最初是中世纪早期的一座要塞。当地有保存相对完好的古保加利亚人的防御工事、岩石修道院、12—14 世纪的教堂、中世纪城镇的遗迹和保加利亚建国者的纪念碑。

Silistra：西利斯特拉，保加利亚北部的一座城镇，它在古代是一个主要的城市中心，当时名为杜罗斯托鲁姆（Durostorum）。它保有 19 世纪的要塞。

Skopje：斯科普里，保加利亚民族复兴运动的一个中心，位于马其顿，今天是北马其顿共和国的首都。

Sliven：斯利文，保加利亚东部的一座城镇。保加利亚第二王国时期的知识和精神生活中心，周围建有 24 座修道院。它是保加利亚民族复兴时期一个重要的贸易、手工业和文化中心，被称为“百英之镇”（town of the hundred voyvodes）。

Sopot：索波特，保加利亚南部城镇，民族诗人伊万·瓦佐夫的故乡。当地一直保存至今的神圣救赎修道院（Holy Salvation Monastery），是保加利亚民族解放运动的领导人瓦西尔·列夫斯基曾经为躲避土耳其人而藏身的地方。

Sozopol：索佐波尔，黑海上的一个度假小镇，建在古希腊殖民地阿波罗尼亚（Apollonia）的位置上。在4世纪被命名为索佐波利斯，即“拯救之城”。这里有保存完好的19世纪的建筑和精致的小教堂。

Stara Zagora：旧扎戈拉，保加利亚南部城市。它起源于色雷斯人的贝罗亚（Beroia）镇。考古学家在此发掘出了公元前5世纪的遗迹，包括有马赛克地板的公共建筑和住宅。

Starosel：斯塔罗塞尔，保加利亚南部的一个村庄。2000年，这里发现了当时东南欧最大的、保存最完整的色雷斯建筑群（包括一座陵墓寺庙）。它所具备的特色（拥有多瑙河和爱琴海之间地区，特别是公元前4世纪的特征）使其成为所谓纪念性建筑（即最令人印象深刻的奥德里西亚和马其顿王国的纪念碑）的典范。

Strandja：斯特朗加山，保加利亚南部的一座低山。

Struga：斯特鲁加，一座位于奥赫里德湖上的城镇，靠近德里宁（Drin）河的泉水。它是保加利亚民族复兴运动的中心之一，今天在北马其顿境内。

Strumica and Strumica region：斯特鲁米察和斯特鲁米察地区，今天是位于北马其顿共和国的一座城镇。

Sveshtari：斯维什塔里，保加利亚北部的一个村庄，在周围田野的南部有许多色雷斯人的墓地。其中包括斯维什塔里墓，这是一个独特的有三间墓室的色雷斯人的王室墓地，可以追溯到公元前3世纪，其中饰有丰富的壁画和浮雕。

Svishtov：斯维什托夫，保加利亚北部多瑙河畔的城镇。在附近发现了建立在一个古老的色雷斯人定居点废墟上的诺瓦埃古镇。

Tarnovo（Veliko Tarnovo）：特尔诺沃（大特尔诺沃），保加利亚北部城市，像古罗马竞技场一样建在特尔诺沃高地的陡坡上，中部深深的凹陷是扬特拉河蜿蜒的河水所致。它于1185年成为保加利亚第二王国的首都。扬特拉河将萨雷维茨山（Tsarevets）、特拉佩西萨山（Trapezitsa）、斯维塔格拉山（Sveta Gora）这几座山分割开来。其中，萨雷维茨山上有一座被城堡围墙包围的宫殿、一座大教堂和大主教的住所，特拉佩西萨山上有高高的石墙和城垛。保加利亚公国的制宪会议于 1879 年在这里召开，这是一座有许多历史文化遗迹的博物馆式的小镇。

Teteven：特特文，靠近巴尔干山脉中一个名为里巴里察（Ribaritsa）的美丽度假胜地。

Thessaloniki / Salonika：塞萨洛尼基/萨洛尼卡，希腊北部的一座城市，位于瓦尔达尔河和爱琴海沿岸。它是斯拉夫字母发明者西里尔和美多迪乌斯的故乡。

Tikvesregion：蒂克韦斯地区，今天位于北马其顿境内。

Toutrakan：图特拉坎，多瑙河畔的一个港口小镇。

Tran：德兰，保加利亚西部小镇，紧邻塞尔维亚边境。埃尔马（Erma）河流经此地，河岸边有一座建于 11 世纪的修道院和一个风景如画的峡谷。

Troyan：特罗扬，附近有保加利亚最大的修道院之一，其中有一座美轮美奂的圣母玛利亚圣像。奥雷沙克综合体（Oreshak complex）就在修道院旁边，其中全年都有民间工艺品展览。

Tryavna：特里亚夫纳，保存完好的民族复兴时期的城镇之一，这里有一所很大的学校、一座美丽的钟楼和一座圣像博物馆。

Vardar：瓦尔达尔，流经北马其顿和希腊的河流。发源于比斯特拉山（Bistra Mountain），流入希腊塞萨洛尼基湾。

Varna：瓦尔纳，保加利亚在黑海的最大港口。黄金沙滩（Golden Sands）、圣君士坦丁和海伦娜（St. Constantine and Helena）以及罗萨卡（Roussalka）等热门度假胜地位于这座城市的北部。

Veles：韦莱斯，瓦尔达河畔的城镇，民族复兴运动的中心之一，今天位于北马其顿境内。

Vidin：维丁，保加利亚西北部多瑙河畔上的一座城镇，从古罗马时期到 19 世纪，它都是重要的要塞。这里的巴比尼·维迪尼·库利堡（Babini Vidini Kouli Fort）建于保加利亚第二王国时期，并在奥斯曼帝国统治的几个世纪中被多次重建。从前（统治过维丁的）奥斯曼·帕兹万托格鲁的兵营和他书房所在的建筑如今成了博物馆。

Vratsa：弗拉察，保加利亚西北部城市，这里有一座保存完好的民族复兴时期建造的可住人的防御塔楼。保加利亚最美丽的洞穴之一——弗拉察洞穴就位于该市附近。

Yambol：扬博尔，保加利亚南部城市。它拥有一个保存完好的有屋顶的市场。罗马人的定居点卡比尔（那里有一座博物馆）离这座城市不远。

Zographou monastery：佐格拉福修道院，阿索斯山上最大的修道院之一。它大概建于9世纪末10世纪初，是保加利亚人的一个宗教和文化中心。它接受了保加利亚沙皇约翰·阿森二世和约翰·亚历山大的捐赠。正是在那里，希兰达的帕伊西完成了他的《斯拉夫-保加利亚史》（1762）。

人名索引

Alexander Ⅰ Karadjordjevic：亚历山大一世·卡拉乔尔杰维奇（1888—1934），南斯拉夫国王（1921—1934）。他与法国外交部长路易斯·巴尔图（Louis Barthou）一起在马赛被暗杀。

Alexandrov，Todor：托多尔·亚历山大罗夫，马其顿和色雷斯民族革命运动的活动家，1923 年 6 月 9 日政变和 1923 年镇压九月起义的参与者。他因组织内部的争论被杀害。

Anastasius Bibliothecarius：阿纳斯塔修斯·比布利奥特卡里乌斯（800—880），罗马教士和作家。他将君士坦丁堡大公会议（869—870）的《公报》（*Actae*）从希腊文翻译成拉丁文，其中包括 9 世纪保加利亚人的信息。他还编写了所谓的《编年史三卷》（*Chronographia Tripertita*）。

Bacho Kiro：巴乔·基罗（1835—1876），保加利亚革命家、教师和作家。他为报纸《马其顿》（*Macedonia*）撰稿。他还是游记和戏剧《可怜的坦乔》（*Poor Tancho*）的作者。他在 1876 年的四月起义中是哈里顿（Hariton）神父部队的成员。该部队在德里亚诺沃修道院被击败，巴乔·基罗被土耳其人抓住并绞死。

Bagryanov，Ivan Ivanov：伊万·伊万诺夫·巴格里亚诺夫（1891—1945），保加利亚政治家。1838—1941 年任农业部部长，1944 年 6—9 月任首相。他最终被人民法院判处死刑并处决。

Baldwin Ⅰ，Count of Flanders：佛兰德斯伯爵鲍德温一世（1171—

1206)，第四次十字军东征的领袖之一，拉丁帝国的皇帝（1204—1205）。在1205年的阿德里安堡战役中，他被沙皇卡洛扬指挥的保加利亚军队击败并俘虏。他最终死于特尔诺沃。

Basil Ⅱ Bulgaroctonus："保加利亚屠夫"巴西尔二世，拜占庭帝国皇帝（976—1025），他于1018年征服了保加利亚第一王国。他被称作"保加利亚屠夫"，因为他曾下令将大约15000名在贝拉西察（Belasitsa）战役中被俘的保加利亚士兵刺瞎。

Bayazid Ⅰ：巴亚齐德一世（1354—1402），绰号"闪电"，奥斯曼帝国苏丹（1389—1402）。在父亲穆拉德一世被塞族人米洛什·奥比利奇（Miloš Obilić）刺杀后，巴亚齐德在科索沃战场登上了王位。他征服了巴尔干半岛中部的大部分地区，包括特尔诺沃王国、维丁王国、帖撒罗尼迦（塞萨洛尼基）和斯科普里。他曾围攻君士坦丁堡七年而无果。

Bourchier, James David：詹姆斯·戴维·鲍彻（1850—1920），英国记者，生于爱尔兰。1892年起，他担任《泰晤士报》驻巴尔干地区的记者，并就该地区的问题写了数百篇文章。他于1920年在索非亚去世，人们为了实现他的临终愿望，将他安葬在里拉修道院的入口处。

Bozhilov, Dobri：多布里·博齐洛夫（1884—1945），保加利亚政治家。他曾多次担任财政部长，并于1943—1944年担任保加利亚首相。在任期间，他主张与德国缔结经济和政治联盟。他最终被人民法院判决死刑并处决。

Boyle, Edward：爱德华·博伊尔（1878—1945），英国公众人物，男爵，曾多年担任英国巴尔干委员会的主席。索非亚大学法学硕士和荣誉博士。他曾获得多项国家荣誉，包括保加利亚公务员勋章。他还撰写过文学和政治论文。

Bryce, James：詹姆斯·布莱斯（1838—1922），英国子爵。曾任巴尔干委员会第一任主席、英国副外交大臣（1886），兰开斯特大学名誉校长（1892），海牙法庭（Hague Tribunal）的英国成员之一。

Bourmov, Todor：托多尔·布尔莫夫（1834—1906），保加利亚民

族复兴时期的作家和公众人物。保加利亚第一任首相兼内政部长。

Buxton，Charles：查尔斯·巴克斯顿（1875—1942），英国公众人物和政治人物，议会议员。在第一次世界大战期间（1914—1915），他和他的兄弟诺埃尔·巴克斯顿一起访问了巴尔干半岛，目的是确保保加利亚加入协约国。兄弟俩写了一系列关于巴尔干问题的文章。

Buxton，Noel：诺埃尔·巴克斯顿（1869—1948），英国公众人物和政治人物，曾任议会成员、农业大臣。他从1903年起担任巴尔干委员会的主席（chairman），1907年起担任负责人（president）。20世纪初以来他一直参与巴尔干事务。

Chernopeev，Hristo：赫里斯托·切尔诺佩夫（1868—1915），马其顿-埃迪尔内革命运动的活动家，1913—1915年担任议会议员。作为一名军官，他死于第一次世界大战。

Chervenkov，Valko：瓦尔科·切尔文科夫（1900—1980），保加利亚共产主义者，国家领导人。1925年，他移民到苏联，在那里生活了20年。1950—1956年，他担任保加利亚部长会议主席，1956年，他失去了在党内的影响力，后来虽然恢复了党员身份，但再也没有担任过领导职务。

Clement of Ochrid：奥赫里德的克莱门特（840—916），保加利亚作家，西里尔和美多迪乌斯的门徒和助手。他是第一批斯拉夫语和保加利亚语文学的作者之一，一生创作了大量的布道作品和赞美诗。

Constantine Ⅳ Pogonatus：君士坦丁四世波戈纳图斯，拜占庭帝国皇帝（668—685）。他被保加利亚人击败，于681年被迫缔结和平条约并支付赔款，从而实际上承认了保加利亚的独立。

Constantine Ⅶ Porphyrogenete：君士坦丁七世“生于紫室者”（905—959），拜占庭皇帝和作家，他留下了有关保加利亚人的宝贵信息。他撰写了《帝国行政论》（*De Administrando Imperii*）和《论行政区》（*De Themae*）等著作。

Dr. Danev，Stoyan：斯托扬·达内夫博士（1858—1949），进步自由党领袖，保加利亚首相（1901—1903、1913）。

Dimitrov，Georgi：格奥尔基·季米特洛夫（1882—1949），保加利亚和国际工人运动的杰出人物，保加利亚共产党和共产国际的领导人。九月起义（1923）的组织者和领导者之一。1933 年 3 月 9 日，他在柏林被捕，并被指控纵火焚烧德国国会大厦。在莱比锡的审判中，他为自己辩护的方式赢得了全世界的同情和支持。他被判无罪，但被剥夺了保加利亚公民的身份，后在莫斯科生活了很多年。回到保加利亚后，他当选为总理（1945—1949）。他在保加利亚采用斯大林模式的社会主义方面发挥了重要作用。他一直担任保共总书记直到去世。

Dimitrov，Philip：菲利普·季米特洛夫（1955—），1991—1992 年担任保加利亚总理。第 36 届和第 37 届国民议会议员（1990—1997）。保加利亚常驻联合国代表兼驻美国大使（至 2001 年）。

Dogan，Ahmed：艾哈迈德·多安（1954—），保加利亚土耳其裔政治家，争取权利和自由运动的创始人。2001 年以来，他的政党一直是执政的西梅翁二世民族运动的联盟伙伴。

Dyustabanov，Tsanko：灿科·久斯塔邦诺夫（1844—1876），保加利亚革命者。四月起义期间加布罗沃革命地区的重要成员。战败后，他在特尔诺沃被捕并被绞死。

Euthymios of Tarnovo，Patriarch of Bulgaria：保加利亚牧首（约 14 世纪 20—30 年代至 15 世纪初）。他可能曾在特尔诺沃的一座修道院里学习。在基里法雷沃修道院当了几年僧侣后，他前往君士坦丁堡和阿索斯山。1371 年左右，他回到特尔诺沃，建立了圣三一修道院。1375 年，他成为牧首。特尔诺沃王国垮台后他遭到流放，地点可能是巴奇科沃修道院。

Evans，Arthur：亚瑟·埃文斯（1851—1941），英国学者，最了解巴尔干半岛的人之一。19 世纪 80 年代，他在《曼彻斯特卫报》上发表了一张地图，确定了保加利亚人在半岛上的位置。

Filov，Bogdan：博格丹·菲洛夫（1883—1945），考古学家，保加利亚科学院正式成员，政治家、公众人物。保加利亚国家考古博物馆馆长，索非亚大学教授。保加利亚教育部长、首相（1940—1943）、摄政委员会成员（1943—1944）。他最终被人民法院判处死刑。

Georgiev, Evlogi and Hristo：埃夫洛吉·格奥尔吉耶夫（1819—1898）和赫里斯托·格奥尔吉耶夫（1824—1872），保加利亚公众人物和政治人物，拥有巨额财产的商人和银行家，美德公司（Virtuous Company）的创始人。民族解放后，叶夫洛吉为保加利亚一所高等学校（今天的索非亚大学）的建设捐赠了 600 万金列弗。

Georgiev, Kimon：基蒙·格奥尔吉耶夫（1882—1969），保加利亚政治家和国家领导人，1934—1935 年和 1944—1946 年两度担任首相。

Geshov, Ivan E.：伊万·E. 盖绍夫（1849—1924），保加利亚政治家、经济学家和作家，东鲁米利亚人民党的领导人之一。公国人民党领袖。担任过若干次部长职位和部长会议主席（1911—1913）。

Gladstone, William E.：威廉·E. 格莱斯顿（1809—1898），英国政治家，自由党领袖。曾任英国首相（1868—1874、1880—1885、1886、1892—1894）。他趁土耳其镇压保加利亚四月起义之机在英国重新上台。在担任首相期间，他对巴尔干的政策远比他作为反对派时所宣扬的要谨慎。

Grekov, Dimitar：迪米塔尔·格雷科夫（1847—1901），保加利亚政治家，1895 年起担任保守党和国家自由党的领导人之一。他多次担任部长职务。他还是保加利亚文学协会（现保加利亚科学院）的成员。

Grey, Edward：爱德华·格雷（1862—1933），1882 年袭男爵，1916 年受封为法洛顿的格雷子爵（Viscount Grey of Fallodon）。英国政治家、外交官、外交大臣。他在建立协约国集团方面发挥了重要作用。

Hadrian Ⅱ：哈德良二世（792—872），867—872 年担任教皇。在与鲍里斯一世的外交谈判中，他拒绝任命保加利亚人建议的神职人员作为保加利亚大主教。公元 868 年，他在罗马迎接了斯拉夫人的使徒西里尔和美多迪乌斯，并给斯拉夫人的书籍献上祝福。870 年，他任命美多迪乌斯为潘诺尼亚主教。

Hristov, Kiril：基里尔·赫里斯托夫（1875—1944），保加利亚诗人、

剧作家、回忆录和小说作家、翻译家。

Isaac Ⅱ Angelos：伊萨克二世安杰洛斯，拜占庭帝国皇帝（1185—1195）。

Joanna of Savoy：萨伏依的乔安娜（1907—2000），翁贝托国王（King Umberto）的妹妹，保加利亚王后，鲍里斯三世国王的妻子。

John Sratsimir：约翰·斯拉齐米尔，保加利亚国王，维丁王国的统治者（1371—1396年在位）。尼克波尔战役（1396）后，他被奥斯曼苏丹巴亚齐德一世俘虏。

John the Exarch：主教约翰（约9—10世纪），古代保加利亚作家，属于沙皇西梅翁的圈子，可能是出身于保加利亚贵族精英阶层。他流传至今的作品包括翻译作品以及《创世六日》（*Hexameron*），这部手稿基本上成为中世纪学问的百科全书。

Joseph Ⅰ, Exarch：主教约瑟夫一世（1840—1915），他在君士坦丁堡的一所法国天主教学校和索邦（Sorbonne）接受教育。1876年他被任命为主教，并被选为洛维奇大主教。从1877年到去世，他一直担任保加利亚东正教的主教。

Kableshkov, Todor：托多尔·卡布列什科夫（1851—1876），保加利亚革命家。他是1876年4月20日在科普里夫什蒂察（Koprivshtisa）宣布发动四月起义的所谓“鲜血信件”的作者。他在被土耳其人抓获后自杀。

Karavelov Lyuben：柳本·卡拉维洛夫（1834—1879），出生于科普里夫什蒂察（Koprivshtitsa）的一个富裕家庭，曾在俄国学习。19世纪60年代中期他返回巴尔干，但仍在塞尔维亚和罗马尼亚游历。在那里，他出版报纸和期刊，撰写书籍，为保加利亚革命中央委员会的建立奠定了基础。

Karima, Anna：安娜·卡丽玛（1871—1949），保加利亚作家、公众人物、翻译家。

Kostov, Ivan：伊万·科斯托夫（1949—），前保加利亚总理（1997—2001年在任），他执政期间，保加利亚货币局得以建立，保加利亚也受邀启动加入欧盟的谈判。他是第七届大国民议会和1990年之后历届国民议会的成员。他1990—1992年担任财政部长，1995—2001年担任“民主力量联盟”主席。他在2004年创立了自己的政党。

Krustevich, Gavril：加夫里尔·克鲁斯特维奇（1820—1898），保加利亚民族复兴时期的重要人物，土耳其高级官员，1884—1885年担任东鲁米利亚总督。

Kyosseivanov, Georgi：格奥尔基·乔瑟伊万诺夫（1884—1960），保加利亚政治人物。曾任外交部长兼部长会议主席（1935—1940）。

Lazarov, Nikola：尼古拉·拉扎洛夫（1870—1942），建筑师，在巴黎受过教育。他单独或联合设计和建造了许多公共建筑，包括奥辛诺格拉德城堡（Chateau Euxinograde）、大法院、弗拉纳宫和索非亚大学。

Lyapchev, Andrei：安德烈·利亚普切夫（1866—1933），保加利亚政治家，民主党和民主协约（Democratic Entente）的领导人。他在不同的内阁中担任过农业部长、贸易部长、财政部长、首相和内政部长。

Malinov, Alexander：亚历山大·马林诺夫（1867—1931），保加利亚政治家、法学家。曾任首相（1908—1911、1918、1931），第23届国民议会的主席（1931、1934）。

Manolov, Emanuil：埃马努伊尔·马诺伊洛夫（1860—1902），保加利亚作曲家。保加利亚第一部歌剧《贫苦女人》的作者。

Mehmed Ⅱ Fatih（the Conqueror）：“法提赫”（征服者）穆罕默德二世（1451—1481年在位），他在当时接受了相对良好的教育，对基督教以及同期西欧作家的作品感兴趣。在他统治时期，国家充斥着断断续续的征服战争。

Mihailov, Ivan（Vanche）：伊万·米哈伊洛夫（1896—1990），马其顿-埃迪尔内革命运动活动家，马其顿内部革命组织的领导人之一。

Miladinov, Dimiter and Konstantin：康斯坦丁·米拉迪诺夫（1830—1862）和迪米特尔·米拉迪诺夫（1810—1862），保加利亚民族复兴时期教育界、文化界人士和公众人物，出生于北马其顿的斯特鲁加。他们收集并出版了《保加利亚民谣》（1861），其对保加利亚民族文化史具有特殊的重要性。

Milanov，Yordan：约尔丹·米拉诺夫（1867—1932），建筑师，毕业于维也纳。他设计了很多公共建筑，包括设计了亚历山大医院，参与了圣西里尔和美多迪乌斯教堂以及圣徒教堂、邮局的重建，圣亚历山大·涅夫斯基大教堂和索非亚大学的修建，联合参与了圣会大厅、中央矿物浴场的修建。

Mithad Pasha，Ahmed：艾哈迈德·米特哈德帕夏（1822—1884），土耳其政治家和改革家。曾任多瑙河省总督（1864—1867）、大维齐尔[①]（1873—1874、1876—1877）。

Momchil：莫奇尔（约 14 世纪初—1345），第一批抵抗奥斯曼帝国入侵的保加利亚战士之一，是南罗多彼和西色雷斯的独立领主。他相当于西欧的雇佣军首领，在拜占庭帝国内乱期间，他曾与奥斯曼军队结盟。此后，他建立了一个自治国家，并试图阻止奥斯曼帝国的入侵。最终，在奥斯曼和拜占庭联军的进攻下，莫奇尔在决战中倒下。

Momchilov，Petko：佩特科·蒙奇洛夫（1864—1923），建筑师，毕业于布拉格。他设计了索非亚一些最美丽的建筑——学校、医院、圣会大厅、索非亚矿物浴场等。

Muraviev，Konstantin：康斯坦丁·穆拉维耶夫（1893—1965），保加利亚政治人物、记者。保加利亚农业人民联盟的领袖之一。他于 1944 年 9 月担任首相，后来被人民法院审判。

Moushanov，Nikola：尼古拉·穆萨诺夫（1872—1951），保加利亚政治人物，民主党成员。他曾多次担任议员和内阁部长，并于 1931—1934 年担任首相。

Moutkourov，Sava：萨瓦·穆特库罗夫（1852—1891），保加利亚军人，少将。曾任摄政团成员（1886—1887）和战争部长（1887—1891）。

Nevinson，Henry Wood：亨利·伍德·内文森（1856—1941），英

① 维齐尔，伊斯兰国家历史上对宫廷大臣或宰相的称谓。——译者注

国新闻工作者、战地记者，法学和文学博士。1903 年任巴尔干救济基金会（Balkan Relief Fund）的代表，1912 年任保加利亚军队《每日纪事》（*Daily Chronicle*）的通讯员。

Nicephorus Ⅰ：尼基弗鲁斯一世（？—811），拜占庭帝国皇帝（802—811）。他进军保加利亚并烧毁了普利斯卡。811 年，他在乌尔比察山口（Vurbitsa Pass）被保加利亚可汗克鲁姆率领的军队击败，并在战斗中阵亡。

Nicholas Ⅱ：尼古拉二世（1868—1918），俄国最后一位沙皇。

Panaretov，Stefan：斯特凡·帕纳莱托夫（1853—1931），保加利亚外交官、公众人物、保加利亚文学协会成员。他曾参与签署《纳伊条约》（1919），他还是保加利亚驻国际联盟的代表（1921）。

Pelin，Elin：埃林·佩林（1877—1949），保加利亚著名作家。

Petkov，Dimiter：迪米特尔·佩特科夫（1858—1907），保加利亚政治家，新闻工作者。曾任索非亚市长、国民议会主席（1892—1893）、首相（1906—1907）。他在索非亚市中心被刺杀。

Petleshkov，Vassil：瓦西尔·佩特列什科夫（1845—1876），保加利亚民族解放运动的活动家，四月起义的参与者。他把那封“鲜血信件”带到了布拉齐戈沃（Bratsigovo）和佩什特拉（Peshtera）。

Petrov，Racho：拉乔·佩特罗夫（1861—1942），将军，保加利亚第一批军官之一。他在塞保战争期间担任的陆军参谋长（1885），还曾担任战争部长、首相、内政部长（1901）。他参加了第二次巴尔干战争（1913），并在第一次世界大战期间任马其顿的军事长官。

Pimen of Zographou：佐格拉弗的皮门（约 16 世纪下半叶至 1618 年），作家和艺术家。佐格拉弗的僧侣。他装修了许多保加利亚的修道院。

Princip，Gavrilo：加夫里洛·普林西普（1894—1918），年轻的波斯尼亚塞族革命组织的成员。1914 年 6 月 28 日，他在萨拉热窝刺杀了奥匈帝国王储弗朗茨·斐迪南和他的妻子苏菲，这一事件导致了第一次世界大战的爆发。

Parvanov，Georgi：格奥尔基·普尔瓦诺夫（1957—），保加利亚社会党（BSP）领导人，1996年当选为社会党主席。他使该党改变了对外政策的方向，接受了欧洲-大西洋路线（Euro-Atlantic line）和保加利亚加入北约的策略。他在2002—2012年担任保加利亚共和国总统。

Radoslavov，Vassil：瓦西尔·拉多斯拉沃夫（1854—1929），保加利亚自由党领袖，曾多次担任部长、首相（1886—1887、1913—1918）等职务。

Shishmanov，Ivan：伊万·希什马诺夫（1862—1926），教授，文学史专家，索非亚大学的创始人之一，曾任保加利亚教育部长（1903—1907）。

Sigismund Ⅰ：西吉斯蒙德一世（1361—1437），匈牙利国王（1387—1437），神圣罗马帝国皇帝（1410—1437）。

Simeon Saxe-Coburg-Gotha：西梅翁·萨克森-科堡-哥达（1938—），保加利亚沙皇（1943—1946年在位），1946年退位后离开了保加利亚，后住在不同的国家。他曾在美国的军事学院学习，后成为商人。1989年以后，保加利亚人逐渐将他视为一位温和的政治家。2000年底他开始积极参与政治。2001年他与自己的政党西梅翁二世民族运动（SNM）一起赢得选举，并成为保加利亚总理。他在2005年的选举中失败。

Sitalkes：西塔尔克斯（？—公元前424年），色雷斯奥德里西亚部落的国王（公元前440—前424年在位）。他参加了伯罗奔尼撒战争。他在与特里巴利人（Triballi）的战斗中被杀。

Sophronius of Vratsa：弗拉察的索弗罗尼乌斯（1739—1813），保加利亚民族复兴时期的作家、教师、牧师和公众人物。他编纂并出版了一本周日和宴会布道集《礼拜日书卷》（*Nedelnik*），这是保加利亚现代文学史上第一本印刷本书籍。他还写了自传《罪人索夫罗尼乌斯的生活和苦难》（*Life and Tribulations of Sophronius the Sinner*）。

Stoyanov，Zahari：扎哈里·斯托扬诺夫（1850—1889），保加利亚革命家、作家和政治家。四月起义的组织者之一。他是一名热心的记者，还是三卷本《保加利亚起义笔记》（*Notes on Bulgarian Uprisings*）的作者。

斯托扬诺夫为保加利亚公国和东鲁米利亚公国的统一奠定了基础。他曾任国民议会主席（1888—1889）。

Sulaiman Ⅱ, the Magnificent：伟大的苏莱曼二世（1494—1566），土耳其苏丹（1520—1566）。

Theodore Comnenos：西奥多尔·科姆内诺斯，伊庇鲁斯君主国的统治者（1215—1230年在位）。他于1224年宣布自己为拜占庭皇帝。他率领军队入侵保加利亚领土，在科洛克尼察战役中被击败并被俘（1230）。

Tervel：特尔维尔，保加利亚可汗（701—718）。他705年到达君士坦丁堡，帮助拜占庭皇帝查士丁尼二世复位，并因此获得“恺撒”的头衔。

Tonchev, Dimiter：迪米特尔·顿切夫（1859—1937），保加利亚政治家、法学家和记者。曾任司法部长、贸易部长、农业部长、公共建筑部长、外交部长、国民议会主席、议员。

Tsankov, Alexander：亚历山大·灿科夫（1879—1959），保加利亚政治家和国家领导人，法学家，保加利亚科学院正式成员，索非亚大学教授兼校长，极右翼政党“人民协商”（Popular Accord）的领袖。曾任首相（1923—1926）、教育部长（1930—1932）、国会议员和第21、第22届国民议会主席。他被人民法院缺席判决。

Tsankov, Dragan：德拉甘·灿科夫（1828—1911），保加利亚自由党的创始人和领导人之一。曾任保加利亚首相（1880）。他还是亲俄的进步自由党的创始人。

Tsanov, Naicho：纳伊乔·察诺夫（1857—1923），保加利亚公众人物、政治家、舆论家、律师。他参与了民主党的发展和激进民主党的建立。曾任国会议员和第28届国民议会主席。他还是反君主制文章的作者。

Vazov, Ivan：伊万·瓦佐夫（1850—1921），保加利亚诗人、作家和剧作家。他被认为是保加利亚的“民族”诗人。

Videnov, Zhan：然·维德诺夫（1959—），保加利亚总理（1995—1997），社会党主席（1991—1996），第7届大国民议会、第36届和第37届国民议会成员（1990—1997）。

Vlaikov，Todor：托多尔·弗拉伊科夫（1865—1943），保加利亚作家和公众人物。他撰写过回忆录、中篇小说和短篇小说，讲述了保加利亚农村地区父权制生活方式的瓦解。

Volov，Panayot：帕纳约特·沃洛夫（1851—1876），保加利亚革命家，1876年四月起义的组织者和领导人，久尔久革命委员会的主要成员之一，帕纳久里什泰革命地区的"使徒"，奥博里什泰会议的发起者。

Yavorov，Peyo K.：佩约·K. 亚沃罗夫（1878—1914），保加利亚著名诗人，曾参加马其顿的民族解放斗争。

Zabounov，Yanko：扬科·扎布诺夫（1868—1909），保加利亚农业人民联盟（1899年成立）的创始人之一。

专有名词

bashibozouk：巴什波祖克，奥斯曼帝国非正规的编外部队。

beylik：侯国，奥斯曼帝国半自治的封建领地。

boyar：波雅尔，中世纪的保加利亚贵族。该名称来源于古保加利亚语的称呼“boil”。

societies of gymnasts：体操协会，保加利亚人的一种军事训练形式，在解放后的东鲁米利亚最为流行。

konak：大官邸，指可以留宿的地方。在保加利亚解放前，这里是土耳其警察和行政部门的驻地；也指显要人物的住宅或宫殿（palace/seray）。

Cumans：库曼人，印欧游牧民族。从 11 世纪起，他们就生活在巴尔干半岛北部和保加利亚。库曼贵族与保加利亚人有通婚的传统，他们长期以来都是保加利亚人的真正盟友。

pasha：帕夏，奥斯曼帝国高级行政和军事官员。

khan：可汗，保加利亚统治者的头衔，这个称谓一直延续到 9 世纪中叶。今天，一些历史学家对这个称谓的存在形式表示怀疑。

时 间 表

欧洲与中东	巴尔干半岛中北部（保加利亚）
公元前 45000—前 10000 年：旧石器时代	
公元前 7000—前 6000 年：新石器时代	
公元前 5000—前 4000 年：铜石并用时代	
公元前 4000—前 2000 年：青铜时代	
公元前 2000—前 1000 年：铁器时代	
约公元前 3000 年：国家生活在埃及开始	
公元前 10 世纪：第一亚述帝国	
公元前 10 世纪：巴勒斯坦的以色列和犹太王国	
公元前 8—前 6 世纪：古希腊在爱琴海和黑海沿岸建立殖民地	公元前 8—前 7 世纪：一些色雷斯部落移居小亚细亚
	公元前 7 世纪：阿波罗尼亚（今天的索佐波尔）建立
公元前 6 世纪：波斯帝国建立，罗马建国	公元前 514—前 513 年：波斯皇帝大流士一世行军穿越色雷斯

续表

<table>
<tr><th>欧洲与中东</th><th>巴尔干半岛中北部（保加利亚）</th></tr>
<tr><td rowspan="3">公元前 5 世纪：希波战争、伯罗奔尼撒战争</td><td>公元前 480 年：波斯皇帝薛西斯一世行军穿越色雷斯</td></tr>
<tr><td>公元前 5 世纪：特雷斯一世建立奥德里西亚王国</td></tr>
<tr><td>公元前 429 年：奥德里西亚统治者斯托克斯进军马其顿</td></tr>
<tr><td rowspan="2">公元前 4 世纪：马其顿的崛起与希腊化国家的建立</td><td>公元前 356 年：马其顿的腓力二世打败色雷斯人，夺取了色雷斯南部丰富的银矿和金矿</td></tr>
<tr><td>公元前 341 年：菲利波波利斯在一个已存在的色雷斯城镇的基础上建立</td></tr>
<tr><td>公元前 74—前 71 年：斯巴达克斯起义</td><td>公元前 148 年：马其顿行省建立</td></tr>
<tr><td>公元前 58—前 51 年：恺撒征服高卢</td><td>公元 15 年：摩西亚省建立</td></tr>
<tr><td>公元 1 世纪：罗马帝国的建立</td><td>公元 45 年：色雷斯行省建立</td></tr>
<tr><td>161—180 年：罗马皇帝马可 · 奥勒留在位</td><td>约 165 年：保加利亚人在北高加索地区的某处建立国家</td></tr>
<tr><td>313 年：君士坦丁大帝颁布米兰敕令</td><td>378 年：罗马皇帝瓦伦斯在阿德里安堡被哥特人击败</td></tr>
<tr><td>4—6 世纪：蛮族国家在西欧建立</td><td>395 年：东、西罗马帝国建立</td></tr>
<tr><td>451 年：匈奴王阿提拉在加泰罗尼亚战场上被出生于杜罗斯托鲁姆（西利斯特拉，现位于保加利亚境内）的罗马将军弗拉维乌斯 · 埃提乌斯击败</td><td rowspan="2"></td></tr>
<tr><td>476 年：西罗马帝国灭亡</td></tr>
</table>

续表

欧洲与中东	巴尔干半岛中北部（保加利亚）
493—555 年：东哥特王国	586 年：斯拉夫人第一次试图占领塞萨洛尼基
	602 年：斯拉夫人在巴尔干半岛大规模定居
	626 年：斯拉夫人、格皮德人和古保加利亚人进攻君士坦丁堡
	645 年：斯拉夫人试图夺取塞萨洛尼基
732 年：普瓦提埃之战（阿拉伯帝国-法兰克王国）	681 年：阿斯帕鲁可汗建立多瑙河保加利亚
756 年：教皇国建立	755 年：拜占庭帝国连续九次向保加利亚人发动进攻
8—9 世纪：塞尔维亚公国建立	818—829 年：保加利亚与法兰克王国（“虔诚者”路易当政时期）之间发生冲突
800 年：查理曼大帝加冕为神圣罗马帝国皇帝	
9 世纪初：大摩拉维亚国建立	855 年：西里尔和美多迪乌斯兄弟创造斯拉夫字母表
862 年：维京人在罗斯北部建立诺夫哥罗德	864 年：保加利亚人皈依基督教
	866 年：新皈依的保加利亚特使抵达罗马
	876—945 年：隐士、保加利亚人民的庇护者之一里拉的圣约翰在世
904 年：阿拉伯人征服萨洛尼卡	896 年：保加利亚沙皇西梅翁在保加罗菲格战役中对拜占庭人取得重大胜利
960 年：波兰人建立国家	927 年：拜占庭正式承认彼得一世的沙皇头衔
962 年：奥托一世加冕为神圣罗马帝国皇帝	
988 年：基辅罗斯皈依基督教	
1000 年：匈牙利人建立国家	1040 年：彼得·德尔扬领导的反抗拜占庭统治的起义爆发

续表

欧洲与中东	巴尔干半岛中北部（保加利亚）
1054 年：东西方教会之间的分裂 1066 年：黑斯廷战役，威廉征服了英格兰 1096—1099 年：第一次十字军东征 1169—1172 年：英国开始征服爱尔兰 1189—1191 年：第三次十字军东征	1072 年：格奥尔基·沃伊特赫领导的起义爆发
1202—1204 年：第四次十字军东征，征服了君士坦丁堡并建立拉丁帝国	1204 年：保加利亚与罗马教廷缔结联盟。保加利亚教会的领袖被公认为“首席主教”，而保加利亚沙皇卡洛扬则被公认为“国王”
1212 年：西班牙基督徒在托洛萨战役中取得决定性胜利	1211 年：特尔诺沃教会反对鲍格米勒派
1215 年：英国《自由大宪章》签署	1259 年：博亚纳教堂完成装修
1223 年：罗斯各公国落入鞑靼人的统治之下 1258 年：牛津大学建立 1261 年：拜占庭帝国复国	1299 年：鞑靼人恰卡成为保加利亚沙皇
1306 年：罗伯特·布鲁斯在苏格兰发动起义	1300—1321 年：斯维托斯拉夫·特尔特尔统治时期。保加利亚王国的巩固
1309—1377 年：教皇在阿维尼翁成为“巴比伦之囚”	1330 年：塞尔维亚人在维尔布日德战役中打败保加利亚人
1337—1453 年：英法百年战争	1347 年：黑死病蔓延到了保加利亚
1345 年：塞尔维亚统治者斯泰凡·杜尚宣布称帝	1359 年：特尔诺沃教会反对鲍格米勒派

续表

<table>
<tr><th>欧洲与中东</th><th>巴尔干半岛中北部（保加利亚）</th></tr>
<tr><td>1348 年：布拉格大学建立。黑死病首次在英国出现</td><td rowspan="3">1396 年：在奥斯曼帝国的冲击下，保加利亚第二王国灭亡</td></tr>
<tr><td>1381 年：英国爆发瓦特·泰勒领导的农民起义</td></tr>
<tr><td>1389 年：塞尔维亚军队在科索沃（“黑鸟之地”）战役中被奥斯曼人击败</td></tr>
<tr><td>1410 年：条顿骑士团在格伦瓦尔德战役中被击败</td><td>1404—1413 年：保加利亚西北部爆发起义</td></tr>
<tr><td>1414—1418 年：康士坦斯大公会议，其间宗教改革家扬·胡斯被判处火刑</td><td rowspan="9">1451—1481 年：奥斯曼帝国统治者“征服者”穆罕默德二世在位</td></tr>
<tr><td>1415 年：英军在阿金库尔战役中击败法军</td></tr>
<tr><td>1439 年：东正教会与天主教会在佛罗伦萨召开会议，宣布东西方教会统一</td></tr>
<tr><td>1455 年：古登堡发明金属活字印刷术</td></tr>
<tr><td>1455—1485 年：英国玫瑰战争</td></tr>
<tr><td>1477 年：英国出现第一本印刷版书籍</td></tr>
<tr><td>1492 年：西班牙征服格拉纳达，收复失地运动结束</td></tr>
<tr><td>1492 年：哥伦布发现美洲新大陆</td></tr>
<tr><td>1517 年：马丁·路德发布《九十五条论纲》，拉开了宗教改革的序幕</td><td>1520—1566 年：被称为“卡努尼”（“立法者”）的奥斯曼帝国苏丹苏莱曼一世在位</td></tr>
</table>

续表

欧洲与中东	巴尔干半岛中北部（保加利亚）
1519—1522 年：麦哲伦首次环球航行	1535 年：法国国王弗朗西斯一世与奥斯曼帝国达成关于授予法国所谓治外法权的协议
1552 年：俄国征服喀山汗国	1571 年：西班牙-威尼斯联合舰队在勒班多战胜奥斯曼舰队
1569 年：波兰与立陶宛结盟	1575 年：阿德里安堡的塞利姆苏丹清真寺完工
1572 年：圣巴托洛缪之夜	1598 年：第一次特尔诺沃起义
1588 年：西班牙的“无敌舰队”被英国击败	16 世纪：索非亚文学学派撰写了遭受土耳其人迫害的圣徒的传记
	16 世纪末：海杜克袭击了保加利亚北部和西部
1618—1648 年：三十年战争	17 世纪：保加利亚商人进入匈牙利
1620 年：新教徒开始移民北美	1651 年：保加利亚基督教主教菲利普·斯坦尼斯拉沃夫在罗马出版了第一本保加利亚语书籍《阿巴加》
1642—1649 年：英国内战	1686 年：第二次特尔诺沃起义
1660 年：英国斯图亚特王朝复辟	1688—1690 年：保加利亚西北部和马其顿的基督教徒发动起义
1665—1666 年：英国发生最后一次大瘟疫，伦敦在大火中被摧毁	
1707 年：英格兰与苏格兰合并	1722 年：希兰达的帕伊西出生在班斯科
1740 年：奥地利王位继承战争	1737 年：保加利亚西部发生起义
1756—1763 年：七年战争	1762 年：《斯拉夫-保加利亚史》完成
1768—1774 年：俄土战争以《库楚克—凯纳尔吉和约》告终	
1773 年：波士顿倾茶事件	
1776 年：美国发表《独立宣言》	
1789—1794 年：法国大革命	
1795—1799 年：法国督政府时期	

续表

欧洲与中东	巴尔干半岛中北部（保加利亚）
1799—1804 年：法国执政府时期	1810 年：希腊-保加利亚学校在斯利文开办
1804—1814 年：拿破仑帝国	1835 年：混合学校在加布罗沃开办
1804—1813 年：塞尔维亚起义	1835 年：保加利亚北部起义的准备——维尔乔阴谋
1821—1828 年：希腊独立战争	1841 年：保加利亚西部尼斯地区爆发起义，罗马尼亚爆发未遂起义
1821—1823 年：爱尔兰大饥荒	1842 年：亚历山大主教向法国和英国政府发送备忘录，要求保加利亚自治
1828—1829 年：俄土战争爆发，并以《阿德里安堡和约》结束	1846 年：保加利亚出版第一份报纸
1834 年：英国废除奴隶制	1850 年：保加利亚西北部爆发起义
1839 年：《居尔哈内的谢里夫诏书》授予基督徒某些权利	1850 年：普罗夫迪夫开办班级学校
1839 年：英国宪章运动	1856 年：保加利亚第一所私立学校在斯维什托夫设立
1853—1856 年：克里米亚战争	1856 年：保加利亚最早的一批戏剧表演出现
1863 年：美国的罗伯特学院在君士坦丁堡成立	1858 年：拉科夫斯基提出第一个解放保加利亚的计划
1869 年：苏伊士运河开通	1859 年：保加利亚开办第一所男子高中
1870—1871 年：普法战争，巴黎公社	1860 年：保加利亚宣布教会自治
1876 年：贾纽埃里厄斯·麦加汉关于镇压四月起义的报道震惊了欧洲公众舆论	1862 年：保加利亚第一军团在贝尔格莱德成立
1876 年：威廉·格莱斯顿在英国发起了一场支持保加利亚的运动	1867 年：保加利亚第二军团成立

续表

欧洲与中东	巴尔干半岛中北部（保加利亚）
1876 年：维克多·雨果为保加利亚人发声	1868—1869 年：瓦西尔·列夫斯基首次在保加利亚巡行
1876 年：维多利亚女王加冕为印度女皇	1872 年：准备发动四月起义
1876 年：列强在君士坦丁堡举行会议	1873 年：瓦西尔·列夫斯基在索非亚被绞死
1877—1878 年：俄土战争爆发，并以《圣斯特凡诺和约》结束	1875 年：在旧扎戈拉地区准备发动起义
1878 年：柏林会议	1876 年：四月起义爆发
1879 年：奥斯曼政府宣布破产	1876 年：保加利亚代表团访问法国、英国、德国和俄国，要求实现保加利亚人自治
1880 年：威廉·格莱斯顿第二次担任英国首相	1879 年 4 月 16 日：《特尔诺沃宪法》通过
1881 年：希腊获得塞萨利和阿尔塔湾的一部分	1879 年 5 月 6（18）日：博格里迪亲王被任命为东鲁米利亚总督
1882 年：塞尔维亚宣布独立	1881 年 4 月 27 日至 1883 年："威权"政府时期
1882 年：英国占领埃及	1883 年：普罗夫迪夫第一家专业性戏剧公司成立
1894—1896 年：奥斯曼帝国对亚美尼亚人实行大屠杀	1885 年 9 月 6 日：保加利亚统一
1896 年：意大利在意大利-埃塞俄比亚战争中在阿杜瓦被击败	1885 年：塞尔维亚-保加利亚战争
1896—1898 年：英国镇压苏丹的马赫迪起义	1886 年 8 月 9 日：保加利亚发生政变，亚历山大一世被迫退位
	1887 年：萨克森-科堡-哥达的斐迪南被选为保加利亚大公

续表

欧洲与中东	巴尔干半岛中北部（保加利亚）
	1887 年：经索非亚连接君士坦丁堡和西欧的铁路线建成
	1888 年：高等学校课程《未来的索非亚大学》制成
	1891 年：保加利亚社会民主党成立
	1892 年：保加利亚第一条城际电话线开通
	1892 年：保加利亚在普洛夫迪夫举办第一届工农业展览会
	1892—1894 年 12 月：斯特凡·斯塔姆博洛夫政权的倒台
	1892 年：《地方工业保护法》通过
	1895 年：马其顿地区爆发起义
	1895 年：首位有备而来的旅行者登上维托沙山的切尔尼·弗拉赫峰
	1895 年：斯特凡·斯塔姆博洛夫被刺杀
1897 年：希土战争	1897 年：作家阿列科·康斯坦丁诺夫被刺杀
1899 年：布尔战争爆发	
1900 年：无政府主义者刺杀了意大利国王翁贝托一世	1900 年：农民起义被武力镇压。保加利亚农业人民联盟成立
1903 年：塞尔维亚国王亚历山大一世和王后德拉加在血腥政变中被谋杀。奥布雷诺维奇王朝被卡拉乔尔杰维奇王朝取代	1901 年：索非亚有了第一辆有轨电车
1904 年：英法协约签订	1901 年：保加利亚妇女协会第一届会议
1904—1905 年：日俄战争	1902 年：美国传教士埃伦·斯通被马其顿革命者绑架，在交付赎金后得到释放

续表

欧洲与中东	巴尔干半岛中北部（保加利亚）
1906 年：塞尔维亚和奥匈帝国之间的“海关战争”	1902 年 7 月 20 日（8 月 2 日）：圣以利亚日起义
1907 年：罗马尼亚农民起义	1903 年 9 月 6 日（19 日）：约翰 · B. 杰克逊向斐迪南大公提交国书，保加利亚和美国建立外交关系
1908 年：奥匈帝国吞并波斯尼亚和黑塞哥维那	1904 年：保加利亚第一所音乐学院建立
1908 年：青年土耳其党人发动政变	1907 年：国家剧院在索非亚落成
1912 年：意土战争结束。奥斯曼帝国失去了利比亚。意大利占领多德卡尼斯群岛	1908 年 9 月 22 日：保加利亚宣布独立
1912 年：阿尔巴尼亚宣布独立	1910 年：保加利亚第一部纪录片诞生
1913 年：科威特宣布成为奥斯曼帝国的“自治省”	1912 年：巴尔干同盟建立
1913 年：匈牙利修改选举法，支持匈牙利人反对少数民族	1912—1913 年：第一次巴尔干战争，并以签订《伦敦和约》结束
1913 年：伦敦妇女发起参政游行	1913 年：第二次巴尔干战争。《布加勒斯特条约》签订。保加利亚遭受第一次国家灾难
1913 年：希腊国王乔治一世在塞萨洛尼基被刺杀	
1914 年：奥匈帝国对塞尔维亚发出最后通牒；第一次世界大战开始	1914 年：保加利亚最好的诗人之一佩约 · 亚沃罗夫自杀
1914 年：英国吞并塞浦路斯，埃及成为英国的保护国	
1914 年：意大利占领阿尔巴尼亚的弗洛雷（瓦洛纳）	

续表

欧洲与中东	巴尔干半岛中北部（保加利亚）
1914 年：奥地利军队占领贝尔格莱德，不到一个月后被迫撤离	
1914 年：巴尔干委员会主席诺埃尔·巴克斯顿访问巴尔干	
1915 年：德国开始实行食物配给制	1915 年：保加利亚第一部电影诞生
1915 年：意大利加入协约国阵营参战	1915 年：保加利亚参加第一次世界大战，保军进入瓦尔达尔马其顿和塞尔维亚东部
1915 年：德国人在伊普雷斯战役中首次使用毒气	
1915 年：达达尼尔海峡战役	
1915 年：协约国部队在萨洛尼卡登陆	
1916 年：在布鲁西洛夫将军的指挥下，俄军对奥匈帝国的攻势取得了成功	1916 年：保加利亚军队解放多布罗加，跨过多瑙河
1916 年：由英国人发起和资助，由麦加的谢里夫·侯赛因·本·阿里领导的阿拉伯反抗奥斯曼帝国起义爆发	1916 年：马其顿南部的战斗；协约国夺取比托利亚
1916 年：索姆河战役，日德兰海战	
1917 年：美国宣布与德国断交，一个月后对德宣战	1917 年：希腊向保加利亚宣战
1917 年：俄国二月革命	1918 年：《布加勒斯特条约》的签订标志着罗马尼亚的失败，南多布罗加被归还给保加利亚
1917 年：奥匈帝国提出单独媾和	1918 年：保加利亚军队击退英国对马其顿南部多伊兰的袭击

续表

欧洲与中东	巴尔干半岛中北部（保加利亚）
1917 年：《贝尔福宣言》宣布英国支持在巴勒斯坦建立一个犹太人的民族之家	1918 年：协约国突破马其顿的多布罗波尔
1917 年：俄国十月革命	1918 年：保加利亚士兵发起弗拉达亚起义，起义军企图推翻政府，成立共和国
1917 年：意大利人在卡波雷托战役中战败	1918 年：协约国与保加利亚签订《萨洛尼卡停战协议》。英国、法国和意大利军队占领保加利亚领土
1918 年：美国总统伍德罗·威尔逊提出其关于未来和平的“十四点原则”	1918 年：保加利亚沙皇斐迪南一世退位，其长子鲍里斯三世继位
1918 年：同盟国与苏俄签订《布列斯特–利托夫斯克和约》	1919 年：在保加利亚生活多年的美国传教士试图为保加利亚争取美国公众的舆论支持
1918 年：法国军队哗变	1919 年：《纳伊条约》签订。保加利亚遭受第二次国家灾难
1918 年：德国在西线战败，奥匈帝国解体	1919 年：保加利亚“狭隘的”社会主义者（社会民主党）在莫斯科采纳了第三国际的原则，并将他们的政党转为共产党
1918 年：英法德三国签署停战协定	1920 年：保加利亚农业党政府建立
1919 年：凡尔赛会议	
1919 年：德国发生暴动	
1919 年：墨索里尼发起法西斯主义运动	
1919—1922 年：希土战争	
1922 年：墨索里尼在意大利掌权	1923 年：保加利亚发生军事政变；首相亚历山大·斯坦博利斯基被刺杀

续表

欧洲与中东	巴尔干半岛中北部（保加利亚）
1924 年：英国第一届工党政府上台	1925 年：圣内德尔亚大教堂发生大规模爆炸
1928 年：阿尔巴尼亚宣布建立王国	1927 年：希腊和保加利亚签署少数民族相互交流的协议
1929 年：塞尔维亚-克罗地亚-斯洛文尼亚王国改名为南斯拉夫王国	1931 年：人民集团政府成立
1933 年：希特勒当选德国总理	1934 年：兹维诺集团发动军事政变
1934 年：法国外交部长路易斯·巴尔图和南斯拉夫国王亚历山大一世在马赛遇刺	1934 年：保加利亚与苏联建立外交关系
1935 年：流亡的希腊国王乔治二世回国	1937 年：保加利亚和南斯拉夫签订睦邻友好条约
1936—1939 年：西班牙内战	1938 年：保加利亚和邻国签订的《萨洛尼卡协定》取消了《纳伊条约》中的军事限制
1938 年：慕尼黑会议	1940 年：保加利亚与罗马尼亚签订《克拉约瓦协定》，收回了南多布罗加
1939 年：德国占领波希米亚和摩拉维亚	1941 年：保加利亚加入《德意日三国同盟条约》
1939 年：意大利占领阿尔巴尼亚	1941 年：保加利亚军队在纳粹德国击败南斯拉夫后进入南斯拉夫。保加利亚占领爱琴色雷斯和一些爱琴海岛屿
1939 年：南斯拉夫的塞尔维亚人和克罗地亚人签署协议，给予克罗地亚自治地位	1941 年：保加利亚与美国断交
1939 年：第二次世界大战爆发	1942 年："祖国阵线"建立
1939—1940 年：西线"假战"（"晦暗不明的战争"）	1942 年：美国向保加利亚宣战

续表

欧洲与中东	巴尔干半岛中北部（保加利亚）
1940 年：意大利向法国宣战	1943 年：保加利亚国王鲍里斯三世去世，摄政开始
1940 年：法国投降，戴高乐领导下的“自由法国”建立	1944 年：英美联军轰炸索非亚
1940 年：不列颠之战	1944 年：苏联向保加利亚宣战
1941 年：德国进攻苏联	1944 年：保加利亚向德国宣战，国家出现政治变革
1942 年：日本占领新加坡，英国取得阿拉曼战役的胜利	1944 年：保加利亚与美国、英国和苏联在莫斯科签署停战协定
1943 年：苏联在斯大林格勒战役和库尔斯克战役中取得胜利	1944 年：保加利亚法院通过“条例法”
1944 年：诺曼底登陆	1945 年：保加利亚数百名部长、议员和政治家被法院判处死刑
1944 年：南斯拉夫解放	1945 年：反对派加入政府
1945 年：美英苏三国举行雅尔塔会议和波茨坦会议。纳粹德国被击败，日本投降。联合国建立	1946 年：保加利亚宣布成立人民共和国
1946 年：温斯顿·丘吉尔发表著名的“铁幕演说”	1947 年：保加利亚政府拒绝参加“马歇尔计划”
1947 年：帮助欧洲复兴的“马歇尔计划”提出	1947 年：反对党领袖尼古拉·佩特科夫被处决
1947 年：罗马尼亚国王米哈伊被迫退位，罗马尼亚宣布成立共和国	1947 年：保加利亚和美国恢复外交关系
1947 年：印度、巴基斯坦、缅甸宣布独立	1947 年：《巴黎条约》签订
1948 年：苏联封锁西柏林	1947 年：保加利亚出台《国有化法案》

续表

欧洲与中东	巴尔干半岛中北部（保加利亚）
1949 年：北约建立	1949 年：保加利亚参与建立经济互助委员会
1949 年：欧洲委员会建立	1949 年：贝莱内劳改营建成
1953 年：约瑟夫·斯大林逝世	1950 年：保加利亚与美国断交
1953 年：苏联试爆原子弹	1952 年：天主教神父被控从事有利于西方国家的间谍活动
1954—1962 年：阿尔及利亚战争	1953 年：普洛夫迪夫大主教西里尔成为重建后的保加利亚东正教会的大牧首
1956 年：苏伊士运河战争	1954 年：托多尔·日夫科夫成为保共中央委员会第一书记
1956 年：苏联共产党第二十次代表大会	1955 年：保加利亚成为联合国成员国
1956 年：波匈事件	1956 年：保共中央委员会四月全会召开
1957 年：苏联发射第一颗人造卫星	1956 年：逮捕行动在匈牙利事件期间开始，贝莱内劳改营恢复
1958 年：欧洲共同市场建立	1956 年：保加利亚在墨尔本奥运会上获得第一枚金牌
1959 年：苏联发射的火箭登陆月球 1960 年：土耳其发生军事政变	1959 年：保加利亚与美国恢复外交关系
1961 年：尤里·加加林成为世界上首名宇航员	1962 年：托多尔·日夫科夫出任保加利亚总理
1962 年：古巴导弹危机可能引发核冲突，但最终和平解决	1964 年：保加利亚与希腊的关系发生根本性改善
1963 年：《部分禁止核试验条约》签订	1968 年：保加利亚实行五天工作制
1967 年：希腊发生军事政变	1971 年：保加利亚通过新宪法

续表

欧洲与中东	巴尔干半岛中北部（保加利亚）
1968 年：华约军队出兵捷克斯洛伐克，镇压“布拉格之春”	1971 年：拒绝支持官方抗议亚历山大·索尔仁尼琴获得诺贝尔奖的作家被保加利亚作家联盟开除
1972 年：英国矿工罢工	1973 年：保加利亚穆斯林试图将自己的名字改成基督教徒的形式，引发骚乱
1973 年：英国和法国同意修建英吉利海峡隧道	1979 年：第一位保加利亚宇航员格奥尔基·伊万诺夫在太空飞行
1975 年：塞浦路斯发生未遂政变，随后土耳其军队占领塞浦路斯北部，驱逐了居住在那里的希腊人	1980 年：保加利亚出台与外资建立合营企业的法案
1976 年：在独裁者佛朗哥去世后，西班牙举行了第一次自由选举	1985 年：保加利亚强制要求穆斯林采用保加利亚语或斯拉夫语姓名
1979 年：人力飞机首次飞越英吉利海峡	1988 年：保加利亚独立人权协会成立
1979 年：埃及和以色列签署和平条约	1988 年：鲁塞环境保护公共委员会成立
1981 年：弗朗索瓦·密特朗当选法国总统	1988 年：支持“公开性”和“改革”俱乐部成立
1982 年：英国和阿根廷爆发马尔维纳斯群岛战争	1989 年：保加利亚反对派举行首次大型集会
1984—1985 年：英国全国矿工大罢工	1989 年：民主力量联盟成立
1987—1988 年：苏联实行“公开性”和“改革”政策	1990 年：保共与反对派举行圆桌会议
1989 年：尼古拉·齐奥塞斯库政权在罗马尼亚倒台	1990 年：保加利亚举行多党自由选举

续表

欧洲与中东	巴尔干半岛中北部（保加利亚）
1990 年：英吉利海峡隧道建成	1990 年：保加利亚成为世界银行和国际货币基金组织的成员
1990—1991 年：海湾战争	1990 年：保加利亚国家元首首次访问美国
1991 年：南斯拉夫解体	1991 年：保加利亚通过新宪法
	1992 年：首位民主力量联盟党总理菲利普・季米特洛夫辞职
	1995 年：保加利亚申请加入欧盟
	1997 年：保加利亚引入货币发行局
1998—1999 年：科索沃危机，北约轰炸南斯拉夫	1999 年：科索沃危机期间，保加利亚议会允许北约军队进入保加利亚部分领空
1999 年：苏格兰举行第一次议会选举，威尔士举行第一次国民议会选举	2001 年：保加利亚成为申根协定的成员国
2000 年：南斯拉夫米洛舍维奇政权倒台	2001 年：西梅翁二世民族运动在保加利亚议会选举中获胜
2001 年：纽约的世贸中心遭到袭击	2004 年：保加利亚正式成为北约成员国
2003 年：伊拉克战争爆发	2004 年：保加利亚参与伊拉克维和行动
	2005 年：西梅翁二世民族运动在保加利亚议会选举中失败，但其作为与社会党与争取权利和自由运动联盟的一部分继续掌权

译后记

本书的书名虽为《巴尔干玫瑰：保加利亚简史》(*The Rose of the Balkans*: *A Short History of Bulgaria*)，但作者对保加利亚历史的描述并不简略。除了详细描述政治、军事等方面的重要事件与人物，对于保加利亚历史一些特定阶段的经济活动、文化教育、日常生活等方面，作者也以很大的篇幅和细致的笔触为读者展现了生动的历史画面。此外，本书英文版在很多地方使用的句法结构也较为复杂。对于中文翻译而言，本书的这些特点一方面带来了不少乐趣，另一方面也造成了不少困难。对于一些生僻的非英语词汇、复杂的句子结构，以及初看时颇为费解的上下文联系，译者需要多方查找、反复推敲、来回商讨，可谓苦乐皆在其中。

本书第一至五章由张国琨翻译，第六至十章及附录由张炜伦翻译。由于译者水平和时间所限，译稿难免有错漏、不妥之处，敬请读者予以指正。

首都师范大学历史学院的刘文明教授为本书出版付出了大量心血，特此致谢。

张国琨　张炜伦

2021 年 10 月于北京